Heinrich Preschers

Beiträge zur Völker und Länderkunde

Vierter Band

Heinrich Preschers

Beiträge zur Völker und Länderkunde
Vierter Band

ISBN/EAN: 9783744702898

Hergestellt in Europa, USA, Kanada, Australien, Japan

Cover: Foto ©ninafisch / pixelio.de

Weitere Bücher finden Sie auf **www.hansebooks.com**

Beiträge
zur
Völker
und Länderkunde.

Herausgegeben
von
M. C. Sprengel.

Vierter Theil.

Leipzig,
in der Weygandschen Buchhandlung.
1784.

Vorrede.

Nach einer Verzögerung von anderthalb Jahren, erscheint endlich dieser vierte Theil, der nicht ganz ohne Beifall seit 1781 vom deutschen Publicum aufgenommenen Beyträge zur Länder und Völkerkunde. Verschiedene Hindernisse, mit deren Anführung wir unsern Lesern nicht beschwerlich fallen mögen, vorzüglich aber, daß der Herr Professor Forster an diesem vierten Bande keinen Theil nehmen können, haben dessen Aufenthalt veranlaßt. Indessen da wir uns in unserm ersten Plan nicht gerade anheischig gemacht, jede Messe mit einem neuen Bande vor dem Publicum zu erscheinen, sondern nur so oft wir uns im Stande sehen würden, neue, wichtige und interessante Nachrichten von bekannten und unbekannten Ländern zu liefern, so wiederholen wir nur gegenwärtig, daß ungeachtet seit unsrer ersten Erscheinung verschiedene geogragraphische Sammlungen ähnlichen Innhalts, angefangen worden, die unsrige doch nach dem einmal angelegten Plane, den wir im folgenden Theil zu verbessern und zu erweitern gedenken, fortgesetzt werden wird, und so lange fortgesetzt werden wird, als die Litteratur unserer Nachbaren Materialien dazu darbietet, oder wir mit einheimischen geographischen und statistischen Nachrichten zum Vergnügen und Unterricht für Liebhaber der Erd- und Staatenkunde abwechseln können.

Gegenwärtiger Theil enthält zuerst das einzige bis jezt vorhandene Journal von der ersten Umseglung unserer Erde durch Ferdinand Magellan, und es verdient wol mit Recht den Namen des einzigen, weil alles was wir bisher davon wissen, aus demselben geflossen, und alle Schriftsteller, die bisher von dieser wichtigen Reise gehandelt haben, aus dieser bisher noch nicht ganz und mit allen kleinen Nebenumständen vollständig verdeutschten Quelle geschöpft haben. Sie ist hier an verschiedenen Stellen aus neuern Beobachtern der von Magellan besuchten Gegenden erleutert und mit Anmerkungen versehen.

Als Anhang dazu folgt zweitens ein Aufsatz über Riberos bisher unbekante und noch nie beschriebene Weltcharte. Ribero war ein spanischer Cosmograph, der 1529 bei Gelegenheit der spanisch-portugiesischen Streitigkeiten über die Molucken, die erste deutliche
und

und richtige Charte von der damals bekanten Welt lieferte. Er wollte dadurch beweisen, die Portugiesen hätten kein Recht, an den von ihnen zuerst gefundnen Gewürzinseln, und sezte sie daher zwischen 170 und 180 Grad westlicher Länge, von der Demarcationslinie angerechnet, wodurch beide 1494 die unbekanten Länder unter sich theilten.

Cappers Bemerkungen über eine zu Lande durch Egypten angestellte Reise, geben drittens verschiedene interessante Nachrichten über den jezigen Zustand von Egypten, und Vorschläge über einen kürzern und weniger gefährlichen Weg nach Indien, als man gewöhnlich glaubt. Sie zeigen, daß der Engländer Eiles Irwin, der 1780 seine ihm in Egypten auf einer ähnlichen Reise zugestossenen Fährlichkeiten beschrieb, diese gröstentheils durch seine eigene Schuld litte, zugleich auch die bisher ganz unbekante Ursache, warum es den Engländern nicht glücken wollen, den Handel auf dem rothen Meer mit indischen Waaren wieder herzustellen.

Viertens werden die im vorigen Bande angefangenen Nachrichten von Sumatra fortgesezt. Sie sind aus Marsdens Geschichte dieser Insel gezogen, und beschreiben das Reich Menangcabo, das mit Einführung der Mohammetanischen Religion von den Malaien im Innern der Insel gestiftet wurde, und eine Zeitlang das mächtigste Reich in diesen Gegengenden war. Der folgende fünfte Band wird mit der dritten Lieferung diese Nachrichten beschliessen, und unsere Leser werden sodann das wichtigste von den Einwohnern, Produkten, Handel und andern Merkwürdigkeiten dieser Insel hier beisammen haben.

Im fünften und lezten Aufsatze dieses Theils sind zwei unbekante und von den Europäischen Handelsgesellschaften wenig besuchte Reiche Ava und Pegu beschrieben. Sie enthalten zwar bei weiten nicht alles was sich von den Eigenthümlichkeiten dieser grossen Länder sagen ließ, die Frankreich zweimal an Grösse übertreffen. Allein da dies gerade die neuesten Nachrichten von beiden Königreichen sind, welche wir hier aus einer wegen ihres ſchrigen Inhalts kaum lesbaren Lebensbeschreibung eines 1776 dort verstorbenen Missionars Johann Maria Percoto, (Della vita di Monsignor Giov. Maria Percoto, Missionario né Regni di Ava, e di Pegu, Libri tre scritti dal Padre Michel Angelo Griffini. Udine, ohne Anzeige des Jahrs 4.) zusammengezogen haben, sie auch über die Geschichte, vorzüglich das Religionssystem dieser Völker Licht verbreiten, so hoffen wir auch bei diesem Aufsatz unsere Wahl rechtfertigen zu können.

I.
Erste
Reise um die Welt,
durch
Ferdinand Magelhan.

Beschrieben
von dessen Reisegefährten
Anton Pigafetta.

Aus dem Italienischen.

Einleitung.

Magelhans merkwürdige Reise, welche die Erdkunde von so vielen verjährten Vorurtheilen reinigte, die wahre Gestalt der neuen Welt entwickelte und die Farth in einem nie befahrnen Ocean eröfnete ist noch nicht deutsch vorhanden, ob wir gleich ein vollständiges Tagebuch derselben besitzen, daß einer von den wenigen Gefährten Magelhans die das Glück hatten ihr Vaterland wieder zu sehen auf der Reise verfaßte. 1) Was wir bisher in unserer Sprache über diese Reise besaßen, waren übersezte Auszüge aus diesem Journal, dergleichen der Präsident de Brosse und Herr Dalrymple französisch und englisch in ihren Sam-

---

1) Unter den Handschriften der Leidner Bibliothek findet sich eine portugiesische Nachricht von dieser Reise. Viage de Ferd. Magelhanes. Ob sie aber mehr wie Pigafetta enthält, oder gar nur aus seinem Tagebuch gezogen ist, kann ich wegen Mangel an nähern Nachrichten nicht bestimmen. v. Cat. libr. Bibl. Lugd. Bat. 1716. p. 372.

lungen merkwürdiger Reisen in die Südsee gegeben haben. 2) Aus der ersten Geschichte hat Herr Adelung den französischen Auszug von Magelhans Reise, in der vollständigen Geschichte der Seefarthen nach den größtentheils unbekannten Südländern, (Halle 1767. 4.) übersezt, und durch verschiedene interessante Anmerkungen zum Besten deutscher Leser erleutert.

Der Verfasser des von dieser Reise vorhandenen Tagebuchs, war Anton Pigafetta, 3) ein Vicentiner, und Mitglied des Rhodiser Johanniterordens. Er überreichte bey seiner Zuhausekunft von seinem Journal zwey Abschriften dem Kaiser Karl dem fünften, und der Mutter König Franz des ersten von Frankreich, Louise von Savoyen. Die erste Abschrift ist so wie das italienische Original nicht mehr vorhanden, und was wir jezt von dieser Reise wissen, ist größtentheils aus dem der Königin von Frankreich gegebenen Bericht zu uns gekommen. Sie ließ Pigafettas Tagebuch durch Jakob le Fevre französisch übersetzen, woraus bald hernach eine italienische Uebersetzung verfertigt wurde, die zu Venedig 1534 in Quart gedruckt,

---

2) Histoire des Navigations aux terres australes. Paris 1756. 2. Vol. 4. Alex. Dalrymples Historical Collection of the South pacific Ocean. Lond. 1770. 2. Vol. 4.

3) Herrera nennt ihn in dem Verzeichniß der mit Sebastian del Can, von dieser gefährlichen Reise zurück gekommener Seefahrer Anton Lombardo.

druckt, und nachher vom Ramusio, im ersten Bande seiner bekannten Sammlung aufgenommen worden.

Nach dieser italienischen Uebersetzung ist gegenwärtige deutsche gemacht worden, dabey aber noch Maximilians von Siebenbürgen Brief über eben diese Reise an den Kardinal von Salzburg den Hertwagen und Ramusio erhalten haben benutzt worden.

In der Erwartung beym Dr. Ortega, der 1769 seine spanische Uebersetzung von Birons Reise um die Welt zu erleutern, eine besondere Geschichte von der ersten Farth um die Welt heraus gab, 4) neue Aufklärungen über Magelhans Reise zu finden, sind wir nach erhaltenen Gebrauch dieses Buchs getäuscht worden, indem der Verfasser Pigafettas Erzählungen blos in eine bessere Ordnung gebracht, und durch Zeugnisse des Herrera, Gomara und anderer spanischen Schriftsteller bestätigt hat.

---

4) Resumen historico del primer Viage hecho al Reddor del mondo por Hernando de Magellanes por el Doctor Don Casimiro de Ortega. Madrit 1769 in klein Quart. 52. S.

Bal-

Balboas Endeckung der Südsee von den Gebirgen Pancas in der Provinz Panama, im Jahr 1513 veränderte die bisherige geographischen Systeme außerordentlich. Die Muthmaßung, daß Amerika und Indien irgendwo vielleicht zusammen hiengen, und die Chane der großen Tartarey daher den Incas in Peru wohl gegen die Spanier Hülfe leisten könnten, 5) verschwand dadurch auf einmal, und spanische und portugiesische Seehelden wurden gleich begierig dies neue Meer zu erforschen. Unter diesen gelang es auch bald hernach dem Ferdinand Magelhan, einen edlen Portugiesen der Ostindien besucht hatte, und 1511 Malacca erobern half, einen Weg in dieses Meer südwärts um Amerika, und dessen Gemeinschaft mit dem indischen Ocean zu finden, wodurch er bewies daß Portugiesen und Spanier ohne die päbstliche Demarkationslinie zu überschreiten, dasselbe jeder auf besondern Wegen erreichen könnten. Magelhan hatte von den bisher gemachten Endeckungen der Spanier und Portugiesen die besten Nachrichten gesammelt, und stand mit Franz Sorrano, der 1511 den Weg zu den Molucken fand in genauer Verbindung. Er war daher anfangs willens in portugiesischen Diensten den Ocean jenseits der Molucken zu erforschen, allein Beschuldigungen, welche seine Feinde gegen ihn, wegen seines Verhaltens in Nordafrika vorbrachten, wo er einige Zeit

gegen

---

5) S. Beyträge zur Völkerkunde 3. Th. S. 5.

gegen die Mohren gefochten hatte, und die fehlgeschlagene Hofnung eine Vermehrung seines Wartgeldes (Moradia) zu erlangen, bewogen ihn seine Dienste den Spaniern anzubieten, welche den Portugiesen den Besitz der Gewürzinseln beneideten, und im Norden der neuen Welt vergeblich eine Strasse in die Südsee gesucht hatten. 6)

Magelhan gieng daher 1517 in Begleitung des berühmten aber ebenfalls in Portugal beleidigten Astronomen Rui Falero nach Spanien, bewies Karl dem fünften und seinen Ministern, daß die Molucken, deren Lage die Portugiesen dreyßig Grade ostwärts von Malacca sezten, der päbstlichen Welttheilung von 1495 gemäß, den Spaniern gehören müsten, und daß er diese auf dem westlichen Wege durch eine südamerikanische Strasse, dergleichen ihm damals der La Platafluß zu seyn schien, aufsuchen wollte. Dem Kaiser gefiel Magelhans Project so wohl, daß er ihn und Falero zu Rittern des Ordens von Compostella erhob, und mit ihnen einen förmlichen Tractat schloß, der beynahe dem gleichförmig war, den sein Großvater Ferdinand mit dem Entdecker der neuen Welt Christoph Colon 1592 eingieng. Magelhan versprach die Molucken, und andere westliche Inseln innerhalb der spanischen Grenzlinie, auf dem Wege nach Westen aufzusuchen, dagegen gab Karl die Versicherung, daß binnen zehn Jahren
kein

6) Epistola, di Massimiliano Transilvano. p. 375. beym Ramusio. T. I.

kein anderer Spanier die von ihm gefundene Straße befahren sollte. Magelhan und Falero sollten von allen Vortheilen der Reise nach Abzug der Kosten den zwanzigsten Theil ziehen, auch der erste und seine Erben den Titel Adelentado oder eines Stadthalters der neu entdeckten Länder führen. Sie sollten künftig Freyheit haben in des Königs Schiffen alle Jahr für tausend Dukaten Waaren dahin zu senden, und dafür Produkte der Inseln zu erhandeln, davon aber den königlichen Zoll erlegen. Würden sie mehr als sechs Inseln auffinden, so sollten ihnen von zweyen der funfzehnte Theil überlassen werden. für die erste Reise aber den fünften Theil des Werths von den zurückkommenden Schiffen haben. 7)

Dem zufolge gieng Magelhan den 15ten August 1519, mit einer Flotte von fünf königlichen Schiffen von Sevilla unter Segel, die auf zwey Jahre verproviantirt waren, und zusammen 234 Mann an Bord hatten.

Ehe sie ausliefen, giengen alle zur Messe und Beichte, auch ward es beschlossen, daß keine Weibsperson diese Reise mit machen sollte. Den 20sten September segelten sie von der Rheede ab, richteten ihren Lauf nach Südwesten und erreichten den 26sten desselben Monats Teneriffa, eine von den Canarischen Inseln, die 25 Grade nordwärts der Linie liegt, wo sie sich mit Holz und Wasser versorgten.

Auf

---

7) v. Dalrymples historical Collection. p. 10.

Auf einer andern von diesen Inseln giebt es kein Wasser, aber alle Tage um Mittag aus, scheint sich eine große Wolke vom Himmel herunter zu senken, diese umgiebt einen großen Baum, der sich auf der Insel befindet, und eine große Menge Wasser tröpfelt von seinen Blättern und Zweigen herab, welches sich unten am Fuße sammelt, und alle Einwohner und Thiere der Insel reichlich tränkt. 8)

Den 3ten Oktober um Mitternacht giengen sie wieder unter Segel, nach Süden zu: kamen an das grüne Vorgebürge auf der Küste von Afrika und die benachbarten Inseln vorbey, welche im funfzehnten Grade der Breite liegen, und segelten so verschiedene Tage längst der Küste von Gui-

---

8) Diesen Wunderbaum haben fast alle Reisebeschreiber auf einer von den kanarischen Inseln bemerkt, doch wird sein Daseyn wieder von andern, wie von Le Maire in einer Reise nach den kanarischen Inseln und dem grünen Vorgebürge in Zweifel gezogen. Eigentlich findet er sich auf der Insel Hierro, im Distrikt Tigulahe. Wahrscheinlich ziehen die Waldungen hier auf den Gebirgen die Ausdünstungen des Erdreichs, und die Regenwolken, wie auf andern Inseln des heissen Erdgürtels an sich, und versorgen auf diese Art zu gewissen Zeiten die Einwohner mit Wasser. Glas der neueste Beobachter dieser Inseln, ist nicht auf Hierro gewesen, er giebt daher von diesem Baum keine gewissere Nachricht, als seine Vorgänger, und erzählt beynahe nach den Berichten anderer noch mehr Wunder von demselben. Glas Geschichte der Canarischen Inseln. S. 288.

Guinea, wo der Berg Sierra Liona im 8ten Grade der Breite liegt; diese ganze Zeit über bis sie an die Linie kamen, hatten sie beynahe eine gänzliche Windstille. Hier ließen sich viele große Fische an den Seiten der Schiffe sehen, welche schreckliche Zähne hatten, und Menschen fressen, wenn sie solche im Wasser antreffen. Von diesen wurden verschiedene mit Hacken gefangen, die kleinen aber nur zum Essen tauglich befunden.

In dieser Gegend hatten sie einen großen Sturm, während dessen sie einige hellleuchtende Flammen, oder das sogenannte St. Elmesfeuer auf dem Spitzen der Masten zweyer Schiffe wahrnahmen. Diese waren so hell, daß sie die Augen blendeten und alle in großes Schrecken versezten weil sie ihren Tod vorher zu sehen glaubten, da aber das Meer stille ward, beruhigte sich ein jeder wieder.

Hier sahen sie auch eine Menge Vögel, unter welchen eine Art war die keine Oefnung zu Abführung der verdauten Speisen hatten, von diesen legt das Weibchen die Eyer durch den Rückgrab, wo sie auch entstehen. Sie haben auch keine Füße, und halten sich beständig im Wasser auf. 9) Eine andre Art nährte sich von den Auswurf

---

9) Dergleichen Wunder gehören zu den Eigenthümlichkeiten dieses Reisejournals, das überall die Vorurtheile seines Jahrhunderts an sich trägt. Es wäre ein leichtes gewesen, dergleichen Sagen, wie Pigafattas

wurf der andern Vögel, und man sahe sie solche oft verfolgen, um sie zu nöthigen ihren Unrath von sich zu geben, diesen verzehrten sie mit großer Gierigkeit; und ließen die Flüchtlinge sodann in Ruhe. Sie sahen auch fliegende Fische, und zwar in solcher Menge, daß sie einer Insel ähnlich schienen.

Sobald wir die Linie vorbey waren, verloren wir den Polarstern aus dem Gesicht, und segelten nach Südwesten bis an ein Land, welches Brasilien heißt, und im 22sten Grade südlicher Breite liegt. Dieses Land ist eine Fortsetzung des Vorgebürges Sankt Augustino, welches acht Grade von der Linie entfernt ist.

Hier wurden wir mit vielen Früchten erfrischt, und unter andern waren auch Battaten, die an Geschmack unsern Kastanien gleichen, und eine längliche Gestalt wie Rüben haben, auch hatten wir eine andre Art die wir Ananas nannten, und die sehr wohlschmeckend waren. Wir aßen auch das Fleisch eines Thiers, welches Anta heißt, und einer Kuh etwas ähnlich ist. 10) Noch

fan=

---

settas Epitomatoren auch immer gethan haben, wegzulaßen. Aber sodann wäre diese Uebersetzung keine getreue Darstellung jenes alten wichtigen Monuments gewesen, dem wir geleuterte Begriffe des achtzehnten Jahrhunderts nicht unterschieben mochten.
10) Falkner beschreibt dies Thier das man auch außer Brasilien weiter gegen Süden findet, genauer. Das Anta sagt er, gehört zum Geschlecht der Hirsche.

Sein

fanden wir hier Zuckerrohr und eine Menge anderer Dinge, die ich der Kürze wegen nicht erwähne. Wir langten in den Hafen am Tage St. Lucia an; die Sonne befand sich damals gerade über unserm Scheitel, so daß wir mehr Hitze als unter der Linie ausstehen mußten. Das Land Brasilien ist größer als Portugal, Spanien, Frankreich und Italien zusammen genommen, und hat einen Ueberfluß an allen Dingen. Die Einwohner desselben haben keinen Gottesdienst, und leben ganz im Stande der Natur, sie werden hundert und fünf und zwanzig bis hundert und vierzig Jahr alt. 11) Die Männer und Weiber gehen nackend, und wohnen in länglichen Häusern die sie Boi nennen. Ihre Betten sind ein großes aus Baumwolle verfertigtes Netz, welches an große Balken befestiget wird, und von einem Ende der Wohnung bis an das andre hängt. Zuweilen wenn es kalt ist, machen sie ein Feuer unter dem

---

Sein Körper ist von der Größe eines ansehnlichen Esels, es hat einen großen Kopf, der allmählich an Breite abnimt, und sich in einer kleinen Schnauze endigt. Seine Beine und Schenkel sind lang und stärker gebaut, wie eines Hirschen, und die Hufe gespalten. Es hat einen kleinen Schwanz wie ein Rehe. Das Thier ist von ungewöhnlicher Stärke, und im Stande zwey Pferde von der Stelle zu ziehen. Ob es je zahm gemacht worden weis er nicht. Falkners description of Patagonia. p. 88.

11) Eben dies berichtet Lery in der Histoire d'un Voyage fait en la terre au Bresil. p. 108.

dem Netze. In jeden von diesen Betten schlafen gewöhnlich zehn bis zwölf Männer nebst ihren Weibern und Kindern, und man hört sie darin sehr lärmen. Ihre Kähne welche sie Kanoes nennen, bestehen aus einen einzigen Stück Holz, und werden mit spitzen Steinen ausgehöhlt, die so hart sind, daß sie statt des Eisens, welches ihnen fehlt, gebraucht werden können. Diese Böte sind groß genug um dreyßig bis vierzig Mann zu fassen, und ihre Ruder haben die Gestalt einer Schaufel. Die Einwohner des Landes sind schwärzlich aber dabey wohlgebildet und sehr geschmeidig; sie haben den Gebrauch Menschenfleisch zu essen, üben aber diese Grausamkeit nur gegen ihre Feinde aus, und sagen diese Gewohnheit habe ihren Anfang durch eine Frau genommen, deren einziger Sohn war ermordet worden, und als man hernach verschiedene von den Thätern gefangen zu der Alten führte, wäre sie als ein wütender Hund auf einen von ihnen gestürzt, und hätte ihm einen Theil der Schulter abgefressen: dieser wäre nachher zu den Seinigen entflohen, und hätte ihnen seine Schulter gewiesen, worauf sie alle angefangen das Fleisch ihrer Feinde zu verzehren. Doch essen sie solches nicht auf einmal, sondern schneiden es in Stücken und hängen es in den Rauch, und einen Tag essen sie ein Stück gekocht, und den andern gebraten, zum Andenken ihrer Feinde. Die Weiber sowohl als die Männer bemahlen ihren ganzen Leib auf eine

son-

sonderbare Weise, sie sengen sich auch alle Haare ab, so daß die Männer keinen Bart und die Weiber keine Haare auf dem Leibe behalten. 12) Ihre Kleider sind aus Papageyenfedern verfertiget, und hinten mit einen großen Schweif gezieret, welches uns sehr lächerlich vorkam. Alle Männer, Weiber und Kinder haben in der Unterlippe drey Löcher, in welche sie gewisse runde Steine ungefähr eines Fingers lang hängen. 13) Die Farbe ihrer Haut ist weder schwarz noch weiß, sondern Olivenfarbig, und beides Männer und Weiber haben die Geschlechtstheile ganz blos ohne Haare. Sie nennen ihr Oberhaupt Kacique.

Er

12) Nach Hans Stadens Bericht eines Deutschen, der 1549 unter den Wilden in Brasilien lebte, schoren sie sich sogar die Augenbraunen kahl.

13) Diese sonderbare Mode der Brasilier ihr Gesicht durch eingesezte länglichte Steine von allen Farben zu verzieren haben, alle alte Reisebeschreiber des sechszehnten Jahrhunderts bemerkt. Sie war im Grunde eben dieselbe, welche wir noch heut zu tage bey den Aleuten, und andern ihnen östlicher wohnenden Insulanern finden, welche sich Löcher in den Wangen und Unterlippen schneiden, und in denselben Knochen und Beine stecken. Allein nach Lery und den angeführten Staden, puzten die Männer, die überhaupt bey den Wilden in Vergleich des andern Geschlechts mehr auf Schmuck und Verzierung ihres Körpers halten, sich nur auf die angeführte und dem Anblick nach scheusliche Art. Die Weiber so wie bey den Aleuten bemahlen sich ihr Gesicht nur, tragen aber dagegen lange Haare, und Ohrengehänge.

Er hatte eine sehr große Menge Papageyen, und schenkte uns zehen oder zwölf davon für einen Spiegel. Sie haben auch kleine sehr schöne Meerkatzen, welche gegessen werden, ihr Brod ist weiß und rund, und wird aus dem Mark eines Baumes zubereitet, hat aber keinen besondern Geschmack. Wir bemerkten auch einige Vögel bey ihnen, die einen großen wie einen Löffel gestalteten Schnabel und keine Zunge hatten. Für ein Beil verkauften sie eins oder zwey ihrer Kinder als Sklaven, ihre Weiber aber hätten sie um keinen Preis weggegeben, auch konnte man diese nicht bereden ihren Männern untreu zu werden, sie leiden auch nicht, daß die Männer des Tages bey ihnen schlafen, sondern blos des Nachts. Diesen tragen sie das Essen in Körben nach den Bergen, oder wo sie sonst hingehen und verlassen sie niemals; sie führen auch einen Köcher von Brasilien oder schwarzen Palmenholz, und darin ein Bund Pfeile von Rohr verfertiget. Ihre Kinder tragen sie in einem Netz von Baumwolle, das um den Hals befestiget ist.

Wir blieben in diesem Lande zwey Monat, während welcher Zeit es gar nicht regnete; einige von den unsrigen schickten wir in das Land hinein, wo sie eine Menge Brasilienholz fällten, aus welchen wir ein Haus verfertigten. Zufälliger Weise traf es sich, daß es eben regnete da unsre Leute zum Hause zurück kamen, worauf die Eingebohrnen sagten, die unsrigen wären vom Himmel ge-
kom-

kommen und hätten ihnen den Regen mitgebracht. Diese Leute sind sehr gutmüthig, und es würde leicht seyn sie zum Christlichen Glauben zu bekehren.

Wir hatten verschiedene schwangere Sklavinnen aus andern Ländern an Bord; diese wurden von den Geburtsschmerzen überfallen, als wir zuerst diese Küste erreichten. Wir sezten sie daher allein an Land, und nachdem sie entbunden waren, kamen sie wieder mit ihren Kindern auf den Armen in das Schiff zurück. 14)

Nachdem wir wieder dreyzehn Tage in dem Hafen zugebracht hatten, verließen wir dieses Land, und segelten bis zum $34\frac{1}{2}$ Grad südlicher Breite, wo wir einen großen Fluß von süssen Wasser und gewisse Leute fanden, die man Canibalen nennt, und die Menschenfleisch essen. Unter andern sahen wir einen derselben von unserm Schiff, der so groß wie ein Riese war, und eine Stimme hatte wie ein Stier. Aus Furcht vor diesen flohen die Einwohner auf dem Lande, und verließen alles das Ihrige. Da wir dieses gewahr wurden sprangen zehen von den unsrigen in einen Kahn und ruderten an Land, um mit diesen Leuten zu sprechen, oder sie mit Gewalt wegzunehmen,

---

14) Pigafetta sagt ausdrücklich zu Anfange seiner Reisebeschreibung, es wäre verboten worden Weibspersonen mitzunehmen. Magelhans Gefährten raubten also diese Sklavinnen wahrscheinlich auf ihrer Farth längst der guineischen Küste.

men, diese waren aber so behende, daß sie alle entkamen. In der Mündung des oben erwähnten Flusses findet man sieben Inseln, auf der größten unter diesen giebt es Edelsteine und man nennt sie das Cap St. Maria. Die unsrigen glaubten hier in das Südmeer kommen zu können, es ist aber dort keine andere Durchfarth als der Fluß (der La Plataflluß) der an der Mündung siebzehn Meilen breit ist. Bey einer andern Gelegenheit verzehrten die oben genannten Canibalen einen spanischen Capitain, Namens Giovanni Solisio, nebst sechszig der Seinigen, die wie wir auf Entdeckungen ausgegangen waren.

Wir segelten hierauf längst der Küste des Landes gegen Süden, und stießen auf zwey Inseln wo wir eine so große Menge Gänse 15) und Robben die im Wasser leben, fanden, daß man in wenigen Stunden alle fünf Schiffe mit Gänsen hätte anfüllen können. Sie sind schwarz, können nicht fliegen und nähren sich von Fischen, wovon sie so fett werden, daß wir die Haut abstreifen mußten. Sie haben keine Federn und ihr Schnabel ist dem eines Raben gleich. Die Robben waren von verschiedener Farbe und so groß wie ein Kalb. Der Kopf glänzte als wenn er vergoldet gewesen wäre, die Ohren waren klein und rund, die

---

15) Dieß sind die durch nachherige Reisen bekannter gewordene Pinguins. S. 1. Theil dieser Beyträge S. 171. Note 15.

die Zähne groß. Sie hatten nur zwey Füße am Vordertheil des Leibes die wie Hände mit kleinen Nägeln aussahen; sie sind sehr grimmig und leben von Fischen. Hier hatten wir einen großen Sturm, so bald wir aber auf den Mastbäumen der Schiffe das St. Elmsfeuer bemerkten, legte sich der Wind.

Wir segelten hierauf bis zum 49½ Grad südlicher Breite, und weil es Winter war mußten wir uns in dieser Gegend zwey Monat aufhalten, während welcher Zeit wir keine Menschen sahen; ausgenommen eines Tages kam ein Mann von riesenmäßiger Größe springend und singend an den Hafen, und denn schien er sich Staub auf den Kopf zu streuen. Der Capitain sandte hierauf einige von den unsrigen an Land, die eben das zum Zeichen des Friedens thun mußten. Sobald dies der Riese bemerkte, faßte er Zutrauen und ließ sich zum Capitain auf eine kleine Insel führen. Als er vor ihn kam, bezeigte er eine große Verwunderung und hob den Finger in die Höhe, wodurch er zu verstehen zu geben schien die unsrigen wären vom Himmel gekommen. Er war so groß daß wir ihm nur an den Gürtel reichten, dabey aber sehr wohlgestaltet; sein Gesicht war groß und rund herum mit gelber Farbe bemahlt, um seine Augen herum hatte er einen ähnlichen gelben Strich, und auf den Wangen zwey herzenförmige Flecke. Seine Haare waren weiß gefärbt und seine Kleider aus der Haut eines Thieres

res künstlich zusammen genäht. Dieses Thier hatte wie es uns schien den Kopf und die Ohren eines Maulthiers, einen Hals und Leib wie ein Kameel, und den Schweif eines Pferdes. An den Füßen trug der Riese eine Art Schuhe von dem nemlichen Fell; und in seiner Hand einen kurzen dicken Bogen, dessen Sehne auch von diesem Thiere genommen war, nebst einem Bündel langer, aus Rohr verfertigter Pfeile: Sie waren wie die unsrigen gefiedert, und an der Spitze statt des Eisens mit einem scharfen Steine, von der Gattung der Feuersteine, versehen. Der Capitain ließ ihm zu essen und zu trinken geben, und hielt ihm einen großen Spiegel von Stahl vor. So bald er darin seine Gestalt erblickte, erschrack er sehr und sprang so schnell zurück, daß er drey oder vier der unsrigen über den Haufen warf. Nachher gab man ihm Schellen, einen Spiegel, einen Kamm und Glaskorallen, und schickte ihn nebst vier von unsern Leuten gut bewafnet ans Land. Als einer von seinen Landsleuten ihn mit den Unsrigen kommen sahe, lief er hin wo noch einige mehrere waren, die sich sogleich nackend auszogen, und als unsre Leute ankamen zu tanzen und springen anfiengen. Sie hielten einen Finger in die Höhe, und zeigten ihnen ein weisses Pulver das aus einer Wurzel gemacht ist und welches sie essen, weil sie nichts bessers haben. Die Unsrigen machten ihnen Zeichen an Bord zu kommen, worauf sie blos ihre Bogen nahmen, und ihre Weiber

der auf gewiſſe Thiere die Eſeln ähnlich ſahen, ſez=
ten, und beyſeite führten. Dieſe Leute waren
nicht ſo groß als der erſte, doch aber ſehr ſtark
und unterſezt, und ihr Kopf beynahe eine hal=
be Elle lang; ſie waren überall bemahlt, und nicht
wie die andern bekleidet, ſondern trugen bloß ein
Fell vor den Geſchlechtstheilen. Gewöhnlich füh=
ren ſie vier kleine Thiere an einem Stricke bey
ſich, und wenn ſie mehrere haben wollen, binden
ſie dieſe an einen Buſch oder Baum und verſtecken
ſich in der Nähe, denn kommen die großen Thiere
um mit den kleinen zu ſpielen, und werden bald
von den Pfeilen der verſteckten Wilden getödtet.
Dieſe hatten jezt drey Männchen und drey Weib=
chen bey ſich, weil ſie einige große fangen wollten.

Nach dieſen ſahen wir einen andern Rieſen,
welcher größer und beſſer geſtaltet war als die an=
dern; er trug einen Bogen und Pfeile, und re=
dete die unſrigen an, indem er ſeinen Kopf be=
rührte, ſich umkehrte, und die Hände gen Him=
mel hob, eben das thaten auch die unſrigen. Der
Capitain ſandte ihm hierauf ein Boot, ihn nach
einer kleinen Inſel im Hafen zu führen. Dieſer
Wilde war ſehr freundlich und gefällig, er tanzte
und ſprang, und zwar ſo ſtark, daß er immer eine
Hand breit, tief in die Erde hinein drang. Er
blieb lange bey den unſrigen die ihm den Namen
Johann beylegten, den er, wie auch die Worte
Jeſu, Paternoſter, Avemaria, ſehr deutlich aus=
ſprach, und völlig wie wir nur mit einer ſehr ſtar=

ken

fen Stimme. Der Capitain der ganzen Flotte gab ihm ein leinenes Hembde, und eines von wollenen Zeuge, eine Mütze, einen Spiegel, einen Kamm und andre Sachen, und schickte ihn zu den seinigen zurück, wo er auch voller Freude hingieng. Den andern Tag kam er wieder zu uns, und brachte eines von den vorerwähnten großen Thieren, nach diesem aber haben wir ihn nicht wieder gesehen, woraus wir schlossen, seine Landsleute möchten ihn vielleicht wegen seines Umganges mit uns umgebracht haben.

Einige Zeit nachher kamen vier dieser Riesen ganz ohne Waffen zu uns, sie hatten aber solche unter Sträuchern versteckt. Der Capitain behielt zwey von ihnen, die die jüngsten und wohlgebildesten waren, durch folgende List bey sich. Er schenkte ihnen Messer, Scheeren, Spiegel, Schellen und gläserne Kugeln und Korallen, so daß sie beyde Hände von diesen Sachen voll hatten: hierauf ließ er zwey eiserne Fesseln bringen, und ihnen um die Füsse legen, indem er ein Zeichen machte, daß er ihnen solche auch geben wollte, welches sie gerne sahen da sie von Eisen waren, auch ließen sie sich solche ohne Umstände anlegen, weil sie nicht wußten wie sie alles wegbringen sollten, und ihre Hände bereits voll hatten, die andern beyden erboten sich zwar, ihnen tragen zu helfen, der Capitain wollte es aber nicht erlauben. Als nun die Eisen, welche quer über die Beine gehen zugeschlossen wurden, fiengen sie an etwas

zu

zu argwöhnen, der Capitain aber sprach ihnen wieder Muth ein, so daß sie stille hielten; da sie endlich bemerkten daß man sie hintergangen hätte, brüllten sie wie ein paar Stiere, und riefen sehr laut, daß ihnen Setebos helfen möchte, sie wurden aber sogleich in zwey verschiedene Schiffe gebracht. Die beyden andern konnte man nicht so leicht gefangen nehmen; nur mit großer Gewalt wurde einer von neun der unsrigen zur Erde gerissen; wo man ihm die Hände band, er zerriß aber das Band augenblicklich, und entflohe, und eben das thaten auch die übrigen die mit ihnen gekommen waren. Die kleineren aber flohen noch schneller als die großen, und auf der Flucht schossen sie alle ihre Pfeile auf uns los, wodurch einer von unsern Leuten an der Lende verwundet ward und davon starb. Man konnte sie niemals weder mit der Büchse noch mit dem Armbrust treffen, weil sie zuweilen nach einer Seite zuweilen nach der andern flohen. Diese Leute sind sehr eifersüchtig auf ihre Weiber. Sobald sie sich entfernt hatten begruben wir unsern Todten.

Wenn diesen Leuten übel wird, pflegen sie sich zwey Finger und nachher einen Pfeil in den Hals zu stecken, worauf sie grüne Galle mit Blut vermischt ausbrechen, und zwar lezteres weil sie eine Art Disteln essen. Haben sie Kopfschmerzen so machen sie sich einen Schnitt auf der Stirne, wie auch am Arme, am Beine oder andern Theilen des Körpers, und ziehen sich auf diese Art eine

Menge Blut ab. Eines Tages sagte der Riese den wir gefangen hatten, und der im Schiffe war, daß das Blut so er im Leibe hätte nicht länger dort bleiben wollte, und daß ihm dies Uebelkeit mache. Sie tragen ihre Haare wie die Mönche verschnitten nur etwas länger, und binden solche in einen Knoten mit einem baumwollenen Bande, und in diesem Knoten stecken sie ihre Pfeile wenn sie auf die Jagd gehen. Wegen der großen Kälte die sich zuweilen in dieser Gegend einstellt, 16) pflegen sie sich mit Binden so fest einzuschnüren und einzuwickeln, daß sich das männliche Glied ganz im Leibe versteckt. Stirbt einer von ihnen so sagen sie, es erschienen ihnen zehn bis zwölf böse Geister die um den Körper des Verstorbenen sprängen und tanzten, sie schienen über den ganzen Leib bemahlt zu seyn, einer aber wäre größer als die übrigen, dieser freue sich sehr und lache. Den großen nennen sie Setebos und die kleinen Cheleule. Derjenige Riese den wir gefangen hatten, versicherte uns durch Zeichen, daß er auch die Geister gesehen habe; sie hätten zwey Hörner auf dem Kopfe, lange Haare die bis auf die Füße herunter hiengen und spien Feuer von vorne und hinten.

Unser Befehlshaber legte diesen Wilden den Nahmen Patagonier bey, die mehresten bekleiden sich

16) Costumano di fasciarsi con alcune legami di modo che il membro genitale si nasconde tutto dentro al corpo.

sich mit den Fellen des oft erwähnten Thieres; sie haben keine festen Wohnplätze, sondern blos Hütten aus eben den Fellen verfertigt, die sie von einem Ort zum andern bringen. Ihre Nahrung ist rohes Fleisch und eine süsse Wurzel die sie Capar nannten. Unser Patoganier aß auf einer Mahlzeit einen ganzen Korb Zwieback, und trank einen halben Eymer Wasser auf einem Schluck.

Wir blieben ungefähr fünf Monate in diesem Hafen den wir St. Julian nannten, und gleich nach unsrer Ankunft faßten die vier Capitains der andern Schiffe Johann von Cartagena, der Cassirer di Mendoza, Anton Cocco, und Caspar Casedo, den Vorsaz, den Oberanführer Ferdinand Magelhan verrätherischer Weise umzubringen. Ihr Vorhaben wurde aber entdeckt und der Capitain ließ den Cassirer und Caspar Casedo viertheilen, aber Johann von Cartagena wurde nebst einem Geistlichen an Land gesezt und den Patagonen gelassen. An diesem Orte sahen wir einige Ziegen die einen langen Leib hatten, und die man Missiliones nennt. Es waren auch kleine Austern hier die aber nicht zu essen waren; wir sahen auch Straußvögel, Füchse, und Kaninchen aber kleiner als die unsrigen. Wir errichteten hier ein großes hölzernes Kreuz auf der Spitze eines Berges, zum Zeichen, daß wir von diesem Lande für das Königreich Spanien Besitz genommen hatten und nannten diesen Ort den Berg Christi.

Wir

Wir segelten von hier bis zum 53sten Grade südlicher Breite, wo wir einen Fluß mit süssen Wasser fanden, in dem die Schiffe beynahe gescheitert wären, aber Gott errettete uns nach seiner Barmherzigkeit. In diesen Hafen blieben wir auf zwey Monate, um uns mit Wasser, Holz und Fischen zu versehen. Leztere fanden wir sehr groß, über eine Elle lang, ganz mit Schuppen bedeckt und von vortreflichen Geschmack. Ehe wir abreiseten mußte ein jeder auf Befehl des Capitains als ein guter Christ zur Beichte und zum Abendmahl gehen.

Da wir zum 52sten Grade der Breite kamen, welches eben am Tage der eilftausend Jungfrauen geschahe, entdeckten wir eine Meerenge die neunzig Seemeilen oder 330 italienische Meilen lang war, und weil wir dies für sehr wunderbar hielten, nannten wir es das Cap der eilftausend Jungfrauen. Diese Meerenge welche an einigen Stellen mehr an andern weniger als eine halbe Seemeile breit ist, ist rings mit hohen Schnee bedeckten Bergen umgeben, und erstreckt sich bis in ein andrers Meer, welche wir den stillen Ocean nannten.

Diese Durchfarth ist an einigen Stellen sehr tief, nemlich zwischen 25 und 30 Klaftern, und wurde eigentlich blos von Magelhan entdeckt, denn alle andern Capitains waren des Meinung, es wäre nur ein Fluß oder landeinwärts gehende Bay; aber Fernando wußte, daß es eine Durchfarth

farth war, denn er hatte diese auf einer Charte in der Schatzkammer des Königes von Portugall gefunden, und diese Charte 17) war von einem ge-

17) Dieser Martin de Bohemia kann kein anderer seyn, als der bekannte deutsche Seefahrer und Mathematiker in Portugiesischen Diensten Ritter Martin Beheim, dessen Geschichte Herr von Murr zuerst pragmatisch und kritisch untersucht hat. (Nürnberg 1778. 8.) Allein über diese Charte, welche den Magelhan zu seiner Reise veranlaste, und von derjenigen welche noch vom Ritter Beheim in Nürnberg vorhanden ist gewis verschieden war, sagt er nichts was die Zweifel über die von Magelhan gebrauchte Charte, zerstreuen oder etwa bestätigen könnte und er leugnet sogar das Daseyn derselben. Der Herr von Murr scheint aber nicht gewußt zu haben, daß außer dem Herrera, auch Magelhans Reisegefehrte Pigafetta, den er mit einem andern gleiches Namens dem Uebersetzer des Lopez verwechselt dieser besondern Charte von America erwehnt, und hauptsächlich Herreras und Postels Zeugnisse für dieselbe eben deswegen verworfen zu haben. Allein warum sollte Jakob Beheim der 1506 starb nicht eine Charte von America haben machen können, da vor seinen Tode, Vespucci einen großen Theil von Südamerica befahren hatte, und Brasilien bereits von den Portugisen entdeckt war, oder vielleicht eben so von diesem Welttheil aus den Muthmassungen und Erzählungen damaliger Reisenden, und Geographen eine Charte haben entwerfen können, so wie er würklich nach den wahren und falschen Erzählungen des Marco Polo und Mandeville seine noch in Nürnberg vorhandene Charte entwarf. Pigafettas und Herreras Zeugniß für dieselbe sind uns auch

geschickten Manne Namens Martin Beheim verfertiget worden. So entdeckten wir nach vielen Schwierigkeiten die Meerenge.

Da wir in die Meerenge einliefen, entdeckten wir zwey Oefnungen, eine gegen Südost und die andre gegen Südwest. Hierauf befahl der Capitain, daß die Schiffe St. Antonia und La Conceptione, die Oefnung gegen Südosten untersuchen sollten, ob sie einen Ausgang in das stille Meer habe: aber die Leute in dem Schiffe St. Antonia wollten das andere nicht erwarten, weil sie gesonnen waren nach Spanien zurückzukehren. Dies führten sie auch die folgende Nacht aus, und nahmen einen Neffen des Anführers Namens Alvaro Mesquito, den sie in Fesseln legten gewaltthätig nach Spanien. In diesem Schiffe war einer von den gefangenen Riesen, der sobald er in ein heißes Clima kam, plötzlich starb. Die andern Schiffe welche die andre Oefnung gegen Südwesten unter-

auch wichtiger, da der erste von Magelhan selbst wahrscheinlich seine Nachrichten hatte, als Barros Stillschweigen von derselben, der eigentlich die ostindischen Seefahrten der Portugiesen beschrieb, und nur beyläufig bey Gelegenheit des Streits zwischen Spanien und Portugal, über die Molucken erwehnt. Entschieden wird dieser gelehrte Zwist erst werden, wenn es einmal spanischen oder portugisischen Gelehrten gelingen sollte, die der Welt so lange verborgenen geographischen Schätze des Thurms del Tombo in Lißabon, und des spanischen Archivs in Simancas bekannt zu machen.

tersuchen sollten, segelten immer in der Meerenge fort, bis sie an einen schönen Fluß kamen, den sie den Sardellenstrom nannten, weil sie hier eine große Menge dieser Fische, fanden. Hier blieben sie ungefähr vier Tage und erwarteten die andern beyden Schiffe, und mittlerweile sandten sie ein Fahrzeug aus, um das äußerste Vorgebürge in dieser Strasse zu untersuchen: dieses kam in einigen Tagen mit der Nachricht zurück, daß sie den Anfang des andern Meers gesehen hätten. Sobald der Anführer dieses hörte war seine Freude so groß, daß ihm die Thränen in die Augen kamen, und er beschloß es Capo Desiderato zu nennen, weil er so lange darauf gehoft hatte. Hierauf segelten sie wieder zurück um die andern Schiffe aufzusuchen, fanden aber nur die Conception, als sie sich nach dem andern Schiff erkundigten, gab man ihnen zur Antwort, sie wüßten nicht ob es verloren gegangen sey, indem es seit der Zeit solches in die Meerenge einlief nicht wieder war gesehen worden. Das Schiff ward hierauf in der ganzen Meerenge gesucht, aber man fand es nirgends. Endlich steckte man auf der Spitze eines kleinen Berges eine Fahne mit einem Briefe auf, daß wenn sie hinkämen sie den Brief finden und daraus den Verfolg der Reise ersehen möchten eben dasselbe geschahe auch an zwey andern Orten. Noch errichteten sie ein Kreutz auf einer kleinen Insel, neben welcher ein schöner Fluß floß, der auf einen hohen mit Schnee bedeckdeckten Berge seinen Ursprung hatte, und nicht weit von dem Sardellenflusse ins Meer fiel. Es war eben im Oktober da sie sich in der Meerenge befanden, und die Nacht war nur vier Stunden lang. Sonst war unsers Führers Absicht wenn er keinen Durchgang in das andere Meer fände, bis zum 75sten Grade nach dem Südpol zu segeln, weil es eben dort Sommer war und die Nächte ganz helle sind. Diese Meerenge nannten wir die Patagonische, und indem wir darin segelten, fanden wir alle drey Meilen einen sichern Hafen, gutes Wasser zum Trinken, Holz, Fischend, und das Kraut Appio genannt wuchs in großer Menge und sehr hoch neben den Flüssen. Gewiß giebt es in der ganzen Welt keine schönere Meerenge: hier sahen wir auch eine sehr sonderbare Fischjagd: es giebt nemlich drey Arten Fische, ungefähr eine Elle lang, Goldfische, Albacoren und Boniten welche insgesamt die fliegenden Fische die etwa einer Spanne lang, und von vortreflichem Geschmack sind, verfolgen. Sobald nun ein solcher fliegender Fisch von einem der drey andern gejaget wird, hebet er sich aus dem Wasser und flieget über einen Büchsenschuß ohne das Wasser zu berühren, wird aber immerfort von seinem Feinde unter dem Wasser begleitet, der dem Schatten folget, und ihn sobald er in das Wasser fällt, fängt und verzehrt.

Der andre Riese den wir in dem Schiffe hatten sagte uns, daß sie das Brod so sie aus einer Wurzel bereiten Capar nennen, das Wasser nen=

nennen sie Oli, rothes Tuch Cherecai, rothe Farbe Cheiche, schwarze Farbe Aniel. 18) Alle diese Worte sprach er durch den Hals aus, und wenn sie nebst vielen andern geschrieben wurden, pflegten sie die unsrigen ihnen vorzusagen, und er verstand sie. Einsmals schlug einer ein Kreuz in seiner Gegenwart, und küßte das Crucifix und zeigte es ihm, sogleich schrie dieser Setebos, und machte Zeichen, daß wenn er noch öfter ein Kreuz schlüge, Setebos in ihn hereinfahren und ihn tödten würde. Zulezt aber als er krank wurde, fieng er an das Kreuz zu verlangen, es zu umarmen und oft zu küssen, er wollte auch ein Christ werden ehe er starb und man nannte ihn Paul.

Den 28sten November 1530 liefen wir aus der Meerenge in das stille Meer, und segelten drey Monate und 20 Tage ohne je Land zu sehen. Mittlerweile verzehrten wir unsern ganzen Vorrath von Zwieback, und da wir keinen mehr hatten, aßen wir die zurückgebliebenen Krumen die voller Würmer waren und entsetzlich nach Mäuseurin rochen. Wir tranken Wasser dazu, das ganz gelb und schon seit langer Zeit verdorben war.

---

18) Einige von diesem Worten hat Falkner ebenfalls in seinen patagonischen Sprachproben erhalten, die aber mit den von Pigafetta hier angeführten, und denem am Ende der Reise bemerkten, nicht die mindeste Aehnlichkeit haben. So heist Brod beym Falkner Cosque, doch so mögen vielleicht die Patagonen das Brod der Spanier nennen.

Nachher aßen wir gewiſſe Felle mit denen wir die großen Schifftaue bewickelt hatten: dieſe Felle waren aber durch Sonne, Wind und Wetter ſehr hart geworden, ſo daß wir ſie erſt vier oder fünf Tage in der See einwäſſern mußten, alsdenn wurden ſie gekocht und gegeſſen. Einigen von unſern Leuten aber wuchs das Zahnfleiſch ſo weit über die Zähne das ſie nicht eſſen konnten und erbärmlich ſterben mußten. Auf dieſe Art verloren wir 19 Mann, und unter dieſen den Rieſen und einen Indianer aus Braſilien. Ueberdem waren fünf und zwanzig bis dreyßig ſo krank, daß ſie keine Dienſte thun konnten, und nur ſehr wenige waren ganz geſund. Während dieſen drey Monaten und zwanzig Tagen ſegelten wir in einem fort viertauſend Seemeilen auf dem ſtillen Meer, welches wohl mit Recht ſo heiſſen kann, weil wir in dieſer ganzen Zeit ohne feſtes Land zu ſehen, dennoch keinen Sturm oder Ungewitter hatten. Wir entdeckten auch nur zwey kleine unbewohnte Inſeln, wo wir nichts als einige Bäume und Vögel ſahen, daher wir ſie die unglücklichen (Ilhas Desventuradas) Inſeln nannten. Sie ſind etwa 200 Seemeilen von einander entfernt, die See iſt an ihren Küſten ſehr tief, und man findet dort eine ziemliche Anzahl Hayfiſche. Die erſte dieſer Inſeln iſt im funfzehnten Grade ſüdlicher Breite, die zweyte in neunten. Unſer gewöhnlicher Lauf alle Tage war 50, 60 bis 70 Seemeilen: und wenn uns Gott nach ſeiner Güte nicht günſtiges Wetter

geges

gegeben hätte, wären wir in diesem großen Meere alle vor Hunger umgekommen. Man kann auch gewiß glauben, daß nie wieder eine solche Reise gemacht werden wird.

Außer der Straſſe oder vielmehr dem Cap der eilftausend Jungfrauen im Atlantischen Meer, und dem entgegengeſezten Cap Desiderato in dem stillen Meer, findet man kein ander Vorgebürge, und diese beyden sind etwa 52 Grade vom Südpole entfernt.

Der Südpol hat ganz verschiedene Sterne vom Nordpole. Dort sieht man eine Menge Sterne zusammen, die zwey von einander etwas entfernten, und in der Mitte ein wenig dunkeln Wolken gleichen. Zwischen diesen findet man zwey nicht sehr große doch glänzende Sterne, die sich wenig bewegen, und dies sind die südlichen Polarsterne.

Die Nadel unsers Compasses zeigte mit einigen wenigen Abweichungen immer nach Norden, aber sie hatte doch nicht so viel Kraft als in unsern nördlichen Gegenden, so daß wir sie immer mit dem Magnet bestreichen mußten, wenn wir darnach segeln wollten, und sie nicht mehr abweichen sollte als in unserm Theile der Welt. Da wir mitten in diesem Meer waren, sahen wir ein Kreutz von fünf von einander gleich entfernten hellen Sternen, gerade in Westen.

Um diese Zeit segelten wir nach Westen zu, so daß wir uns der Linie näherten, und von dem

Ort

Ort wo wir zuerst ausliefen im hundert und zwanzigsten Grade der Länge waren. Auf dieser Farth paßirten wir zwey hochliegende Inseln. Die eine welche zwanzig Grade vom Pol liegt, heißt Cipanghu, die andre ist funfzehn Grade entfernt und heißt Sumbdit. 19) Als wir die Linie vorbey waren, segelten wir nach West-Nordwest, über hundert Seemeilen, und richteten nachher die Segel nach Südwest, bis zum dreyzehnten Grade südlicher Breite, mit dem Vorsatze uns so sehr als möglich dem Cap zu nähern, welches die Alten Cattigara nannten. Dieses ist aber nach den Berichten der Weltbeschreiber gar nicht zu finden, sondern liegt wie wir nachher erfuhren zwölf Grade (etwas mehr oder weniger) nördlicher.

Nachdem wir endlich auf dieser Reise sechszehn Grade jenseit der Linie, und 146 Grade der Länge wie oben erwähnt worden, gesegelt waren, entdeckten wir den 6ten März eine kleine Insel gegen Nordwesten, und zwey andre gegen Südwesten, wovon eine aber höher und größer als die beyden andern war. Auf dieser war der Capitain zu landen gesonnen um uns von unsern ausgestandenen Beschwerden zu erholen: aber diese Hofnung schlug fehl, weil die Einwohner dieser Insel, sobald sie unsere Schiffe gewahr wurden, sich

---

19) Diese Inseln sind so wenig wie die beyden vorhergehenden, von irgend einem spätern Südseefahrer unter der angegebenen Breite gesehen worden.

sich in ihren Kähnen denselben näherten, an Bord kamen, und alles was ihnen vorkam, stahlen, so daß man sich nicht genug vor ihnen hüten konnte. Endlich verlangten sie so gar, wir sollten die Segel einziehen, damit sie die Schiffe an Land ziehen könnten. Der Capitain ward zulezt aufgebracht, nahm vierzig bewafnete Leute mit, stieg ans Land, verbrannte vierzig bis funfzig von ihren Wohnungen nebst vielen Fahrzeugen, tödtete sieben Mann, und brachte das Boot eines unsrer Schiffe, welches die Einwohner gestohlen hatten, wieder zurück, worauf er sogleich wieder unter Segel gieng und seine Reise fortsezte.

Bey dieser Gelegenheit bemerkten wir, daß wenn sie von unserm Pfeilen die sie durch und durch bohrten, verwundet wurden, sie solche herauszogen mit Verwunderung betrachteten und bald darauf starben. Dem ungeachtet verliessen sie uns nicht, sondern folgten unsern Schiffen mit mehr als hundert ihrer Kähne, kamen ganz nahe heran, zeigten uns eine Art Fische, vermuthlich uns solche zu geben, und entfernten sich denn geschwinde wieder. Wir liefen aber mit vollen Segeln mitten durch ihre Böte, in welche wir verschiedene Weiber sahen welche weinten und sich die Haare ausrauften, wahrscheinlich weil ihre Männer das Leben in diesem Streit verloren hatten.

Diese Leute leben, so viel wir erfahren konnten, ganz nach ihrem eignen Gutdünken, und haben gar kein Oberhaupt unter sich. Sie gehen nackend,

nackend, einige unter ihnen haben schwarze Haare und Bärte, die so lang sind, daß sie solche an den Gürtel binden; sie tragen Hüte von Palmfasern gemacht, wie bey uns die Straßenräuber. Sie sind groß, wohlgestaltet und olivenfarbig, obgleich sie weiß zur Welt kommen. Ihre Zähne sind roth und schwarz, welches sie für eine große Schönheit halten. Die Weiber gehen auch nackend, ausgenommen, daß sie die Geschlechtstheile mit der dünnen Rinde eines Palmbaumes bedecken. Diese Weiber sind schön und zart gebaut, weißer als die Männer und haben dabey pechschwarzes dickes Haar welches bis auf die Erde hängt. Sie verrichten keine Arbeiten außer dem Hause, sondern bleiben immer daheim, und verfertigen aus den Fasern des Palmbaums, Matten und Netze und andre Geräthe auf eine sehr künstliche Art. Ihre Nahrung besteht aus Kokosnüssen, die unten beschrieben werden sollen und aus Bataten, deren schon oben erwähnt worden ist. Außerdem haben sie eine Menge Vögel, Feigen einer Hand groß, Zuckerrohr, und fliegende Fische von der oben gedachten Art, nebst vielen andern Dingen. Sie salben ihren ganzen Leib und ihre Haare mit Kokosnußöl. Ihre Häuser sind aus Holzwerk verfertiget, mit Brettern gedeckt, über welche Feigenblätter einer Ellen lang, gelegt werden. Diese Häuser bestehen aus einem großen Zimmer mit Fenstern und Kammern, und ihre Schlafstellen sind mit schönen Palmmatten versehen; sie schla-

fen

fen dabey auf Palmblättern die sehr klein und weich sind. Sie haben keine andern Waffen als einen großen Knüttel oder langen Stock, der oben mit einem spitzen Knochen versehen ist. Diese Leute sind sehr arm, aber dabey geschickt und sehr zum Stehlen geneigt, daher wir auch diese Insel die Diebsinsel nannten. Sie gehen mit ihren Weibern zur See und fangen mit Fischhacken von Knochen fliegende Fische. Einige von ihren Kähnen sind schwarz, andre weiß, noch andre roth. An einer Seite des Segels ist ein großes oben zugespiztes Holz mit einer Querstange, welche dazu dient das Segel besser zu befestigen; lezteres besteht aus zusammengenähten Palmblättern. Statt des Steuerruders haben sie eine Art von Schaufel, mit einem Holz oben daran, und wenn sie wollen, machen sie aus dem Vordertheil das Hintertheil, oder umgekehrt. Mit diesen Böten segeln sie so schnell, daß sie Delphinen gleichen die auf der Oberfläche des Wassers schwimmen.

Den 10ten März 1521 landeten wir bey Tagesanbruch auf einen hohem Ufer, welches ohngefähr 30 Seemeilen von den Diebsinseln liegt, und welches wir Zamal 20) nannten. Den folgen-

20) Unter den großen philippinischen Inseln heißt eine Zamar, ihre Lage paßt auch auf die Beschreibung, und ihr heutiger Name ist mit Zamar so ähnlich, daß vielleicht Magelhan auf dieser Insel zuerst ans Land stieg, und von hieraus weiter die Philippinen untersuchte.

genden Tag aber befahl der Kapitain nach einer andern unbewohnten Insel zu gehen, um Waſſer einzunehmen. Es wurden demnach zwey Zelte zum Gebrauch der Kranken dort aufgeſchlagen, und ein Schwein geſchlachtet. Den 18ten März nachmittags ſahen wir einen Kahn ankommen in dem neun Mann waren: der Capitain befahl ſogleich, daß ſich keiner von den unſrigen rühren oder mit ihnen ohne ſeine Erlaubniß ſprechen ſollte. Sobald die Fremden am Lande waren, kam der Vornehmſte unter ihnen zu dem Befehlshaber, und bezeigte ſich über ſeine Ankunft vergnügt: Fünfe von den angeſehenſten blieben hierauf bey uns, und die übrigen giengen hin um noch andre zum Fiſchen zu rufen, ſo daß noch viele von ihnen den Capitain zu ſehen kamen Dieſer merkte, daß ſie geſittete und vernünftige Leute waren und ließ ihnen zu eſſen und trinken geben; er beſchenkte ſie auch mit rothen Mützen, Spiegeln, Kämmen, Schellen u. d. gl. Dieſe Freundlichkeit des Capitains gefiel ihnen ſo ſehr, daß ſie ihm dafür große Fiſche, ein Gefäß voll von Palmwein, große Feigen, einige kleinere wohlſchmeckende Früchte und zwey Kokosnüſſe gaben. Von letzteren hatten ſie nicht mehr mitgebracht, ſie machten aber mit den Händen Zeichen, daß ſie in vier Tagen mehrere nebſt Reis und andern Dingen bringen würden.

Kokosnüſſe ſind Früchte eines Palmbaumes, und ſtatt daß wir in unſern Lande Brod, Wein, Oel

Oel und Essig jedes besonders gewinnen, pflegen sie hier alles dies aus diesem Baum zu ziehen. Den Wein erhalten sie auf folgende Art. Sie schneiden einen starken Zweig von dem Palmbaum ab, und setzen an denselben ein ausgehöhltes Rohr von der Dicke eines Beins, und in dieses tröpfelt aus dem Baume ein süsser Saft, wie weisser Most, nur daß es noch ein wenig herbe schmeckt. Dieses Rohr wird zweymal des Tages angesetzt. Eben dieser Palmbaum hat auch eine Frucht welche sie Kokos nennen, und die grösser als ein Mannskopf ist, sie hat eine grüne zwey Finger dicke Rinde. Um diese findet man einige Fasern aus denen sie Stricke verfertigen, und mit denselben ihre Kähne zusammen binden. 21) Unter dieser Rinde ist eine weit dickere, welche sie verbrennen und zu einem Pulver machen, das sie zu ihren Arzeneien brauchen. Diese zweyte Rinde umgiebt hernach ein weisses, dichtes, fingerdickes Mark von mandelartigen Geschmack welches sie ganz frisch zu ihren Fleisch und Fisch wie wir das Brod essen; zuweilen wird es auch getrocknet und Brod daraus gemacht. In der Mitte dieses Markes ist ein süsses, klares, erfrischendes Wasser. Dieses Wasser gerinnt und wird zu einer Masse die sie Kokos nennen; wenn sie nun Oel machen wollen, lassen sie solches im Wasser verfaulen und kochen es denn, wor-

---

21) Die heutigen Einwohner der Südsee verfertigen ihre Kähne auf dieselbe Art. S. Forsters Bemerkungen auf einer Reise um die Welt. p. 397.

worauf ein Oel wie Butter daraus wird. Wenn sie aber Essig machen wollen, lassen sie nur das Wasser verfaulen, und setzen es nachher an die Sonne, wo es Essig wie von weissem Weine wird. Wenn sie das Mark mit den Wasser in der Mitte vermischen und nachher durch ein Tuch seigen so wird es wie Ziegenmilch. Diese Palmen gleichen den afrikanischen auf welchen die Datteln wachsen nur sind sie weniger knoticht. Zwey derselben können eine Familie von zehen Personen ernähren, wenn sie acht Tage die eine und acht Tage die andre zum Weine brauchen, denn sollten sie anders verfahren so würden sie verdorren. Diese Bäume werden hundert Jahre alt.

Die Wilden wurden mit unsern Leuten bald bekannt, sie erzählten uns wie sie viele Dinge nannten, sagten uns die Namen verschiedener Inseln, welche man von dort aus sehen konnte, und daß die ihrige die nur klein ist Zulvan hieße. Die unsrigen fanden viel Vergnügen an ihrem Umgange, weil sie wirklich sehr gesittet waren. Um unserm Capitain rechte große Ehre zu bezeigen nöthigten sie ihn in ihre Böte zu kommen. In einigen derselben hatten sie ihre Handelswaaren; nemlich, Gewürze, Nelken, Zimmt, Pfeffer, Ingwer, Muskatblumen und Nüsse, auch Gold auf verschiedene Art verarbeitet, und alles dieses führten sie hier und dort zum Verkauf in ihren Böten.

Der Capitain ließ sie gleichfalls in unsre Schiffe kommen, und zeigte ihnen alles was wir

hat=

hatten, zuletzt ließ er eine Canone lösen, welches ihnen ein solches Schrecken einjagte, daß sie in die See springen wollten. Die unsrigen beruhigten sie aber wieder und versprachen durch Zeichen ihnen von unsern Sachen zu schenken, welches auch geschahe. Nachher ließ man sie nach Hause gehen; vorher aber nahmen sie noch höflich Abschied, und sagten sie würden wieder kommen wie sie es versprochen hatten. Diese unbewohnte Insel auf der wir uns aufhielten, hieß Humunu; sie hat zwey Quellen von vortreflichen klaren Wasser, auch Gold, eine Menge weisser Corallen, und viele Bäume die eine Frucht etwas kleiner als Mandeln tragen. Die unsrigen nannten sie die Insel der guten Zeichen. Sie fanden auf derselben, eine Menge Palmen und andrer Bäume, die aber keine Früchte trugen. Rund um diese Insel findet man viele andre, und daher nannten wir sie alle mit einander den Archipelagus von St. Lazarus. Er liegt im zehnten Grade nördlicher Breite, und ist 140 Grade von dem Ort unsrer Abreise entfernt.

Der 23ten März kamen zwey Böte voll von denjenigen Leuten nach der Insel die es uns vorher versprochen hatten, und brachten Kokosnüsse, ein Gefäß voll Palmwein und einen Hahn mit, um uns zu zeigen, daß sie auch Hühner hätten; alles dieses schenkten sie uns. Ihr Oberhaupt war ein alter Mann, er gieng völlig nackend, und sein ganzer Leib war bemahlt. In den Ohren trug er

zwey

zwey goldene Ringe, und um die Arme viele goldene Zierrathen. Um den Kopf hatte er eine Art von Leinen Tuch. Diese Leute blieben acht Tage bey uns, und während dieser Zeit gieng der Kapitain oft mit ihnen an Land zu unsern Kranken, welche in den Zelten waren; diesen ließ er alle Tage von dem Kokoswasser geben, wie auch von dem mandelartigen Mark, und beydes erquickte sie sehr. Wir erfuhren hier, daß es in dem benachbarten Inseln Leute gäbe, die so große Ohren hätten, 22) daß sie die Arme damit zu bedecken im Stande waren. Diese Leute sind Heiden, sie gehen nackend, ausgenommen, daß sie vor den Geschlechtstheilen ein Stück dünnes Zeuges tragen, welches sie aus der Rinde eines Baumes bereiten. Die vornehmsten haben ein mit der Nadel gesticktes seidnes Tuch auf dem Kopf; sie sind olivenfarbig, sehr feist, und bemahlen sich den ganzen Leib, den sie nachher der Sonne und des Windes wegen über und über mit Oel einreiben. Ihre Haare sind lang und hängen bis an den Gürtel. Sie ha-

22) Pigafetta verstand wohl hier die Wilden nicht recht, welche ihm die Mode ihrer Nachbaren beschrieben, die Ohren, durch Zerren, Durchbohren und darin hängende Zierrathen bis auf die Schultern zu verlängern. So erzählt zum Beyspiel Marsden von den Einwohnern der Insel Neas in der Nachbarschaft von Sumatra, daß sie sich in den Ohren so große Oefnungen zu machen wissen, wodurch man die Faust stecken kann, und daß ihre Ohrläppchen bis auf die Schulter herabhängen.

haben Dolche, Messer und Lanzen mit Gold gezieret; sie verfertigen auch Fischernetze und Kähne wie die unsrigen.

Den 26sten März segelte der Capitain von hier ab, und richtete seinen Lauf gegen Westen Südwesten, zwischen vier Inseln, welche Cenalo, Huinanghan, Hibusson und Abarien, hießen.

Den 28sten März sahen wir Feuer auf einer Insel, und ein kleines Canot mit acht Mann näherte sich dem Schiffe des Capitains. Dieser rief eine Sklavin, die er vor Zeiten von der Insel Sumatra welche die Alten Taprobana nannten, bekommen hatte, und befahl ihr zu den Leuten in dem Canot zu sprechen, welche sie so gleich verstanden, und nahe an das Schiff kamen aber sich nicht an Bord wagten. Da der Capitain bemerkte, daß sie ihm nicht trauten, ließ er eine rothe Mütze und andre Dinge, an einen Stock befestigen und ihnen zeigen: sie nahmen solche sogleich, und ruderten geschwinde fort, um ihrem Könige Nachricht zu geben, und in zwey Stunden sahe man zwey große Kähne voll Menschen ankommen. Der König war in dem größten Fahrzeuge und saß auf einem Sitze der mit einer Matte bedeckt war. Sobald sie an des Capitains Schiffe kamen, redete sie die oben erwähnte Sklavin an; der König verstand sie (denn in diesem Lande ist es gebräuchlich das die Könige mehrere Sprachen verstehen) und befahl geschwinde, daß einige von seinen Leuten an Bord gehen sollten, er aber blieb

in

in einiger Entfernung in seinem Kahne. Sobald
die Wilden zu dem Capitain kamen, erzeigte er ihnen große Ehre, machte ihnen allerley Geschenke,
wofür der König den Magelhan einen starken goldenen Stab, und ein Gefäß voll Ingwer geben
wollte: der Capitain aber wollte es nicht annehmen, sondern dankte ihm sehr, und nach diesen
Complimenten segelten unsre Schiffe zu der Wohnung des Königs.

Den folgenden Tag sandte der Capitain die
Sklavin welche Dollmetscherin war in einem Boot
an Land, um dem Könige zu sagen wenn er Lebensmittel hätte, sollte er solche doch an Bord
schicken, wo wir alles treulich bezahlen wollten,
denn wir wären als Freunde zu dieser Insel gekommen. Der König kam hierauf mit acht Mann
in demselben Fahrzeuge an Bord, umarmte den
Anführer, und gab ihm zwey große Porcelaine
Gefäße mit Palmblättern bedeckt, voll rohen Reis,
zwey große Fische und noch andre Sachen. Der
Capitain hingegen schenkte dem Könige zwey Kleider, eines von rothen und eines von gelben Tuch,
auf türkische Art gemacht, nebst einer rothen Mütze, und seinen Leuten gab er Messer und Spiegel.
Nach diesem bewirthete er sie, und ließ dem Könige durch die Sklavin sagen, er wollte wie sein
Bruder seyn, worauf er antwortete, daß er solches gleichfalls wünschte. Denn zeigte ihm der
Capitain Tücher von verschiedenen Farben, Leinen-
zeuge, Messer und viele andre Waaren, nebst der
gan=

ganzen Artillerie; er ließ auch etliche Stücke abfeuern, welches sie sehr erschreckte. Nachher ward ein Mann vom Kopf zum Fuß bewafnet und drey andre mußten mit bloßem Degen nach ihm hauen ohne ihn verwunden zu können. Der König war hierüber ganz erstaunt, und sagte der Sklavin, daß einer von diesen Leuten sich gegen hundert der seinigen wehren könnte, welches sie bestätigte, und hinzusezte, daß sich in jedem Schiffe zweyhundert Mann auf die Art bewafnen könnten, worauf man ihm die Küraße, Degen und Schilder zeigte. Er wurde hierauf nach dem Castell des Schiffes gebracht, und man legte ihm die Charte der Reise vor, nebst dem Compaß und Magnet. Der Kapitain erklärte ihm durch die Dollmetscherin wie er vermittelst dieses Magnets die Meerenge entdeckt habe, und erzählte ihm wie viele Tage sie zugebracht hätten ohne Land zu sehen. Alles dieses befremdete den König außerordentlich; er nahm endlich Abschied und es gefiel dem Kapitain ihm zwey Mann zur Begleitung mitzugeben, von welchen einer ich Antonio Pigafetta war.

Sobald sie am Lande waren hob der König die Hände gen Himmel und wandte sie gegen unsre beyden Leute, welche eben das thaten wie auch alle andern; er nahm denn den Antonio bey der Hand und einer von seinen Vornehmsten nahm seinen Gesellschafter, und führten sie an einen mit Stroh gedeckten Ort, wo ein großes Boot welches er seinen Feinden abgenommen hatte, auf
das

das Ufer gezogen war; hier sezten sie sich auf das Vordertheil desselben, und unterredeten sich durch Zeichen, indeß alle Leute des Königes herum standen, mit Schwerdtern, Dolchen, Lanzen und Schilden bewafnet. Es ward auch eine große Schüssel voll Schweinfleisch, und ein großes Gefäß mit Wein an diesen Ort gebracht, und jedesmal wurde eine Tasse voll davon getrunken und das übrige stand immer zugedeckt bey dem Könige, wenn es gleich nur noch wenig war. Es trank auch außer ihm keiner davon, und wenn er die Tasse zum trinken nahm, hob er immer die Hände gen Himmel, wandte sie denn gegen unsre Leute, und streckte die Linke gegen den Antonio aus, als wenn er ihn schlagen wollte, und denn trank er; eben das that auch Antonio, und so machte es jeder gegen den andern. So aßen sie mit vielen Ceremonien und Freundschaftsbezeugungen Fleisch, am Charfreitag. Die Unsrigen schenkten hierauf dem Könige viele Dinge die ihnen der Capitain mitgegeben hatte. Antonio schrieb auch vieles auf, was sie ihm nannten, und als ihn der König und seine Leute schreiben sahen, und nachher hörten, daß er ihre Sachen nennen konnte, wunderten sie sich sehr. Endlich kam die Stunde des Abendessens wo einige sehr große Porcelaine Schüsseln 23) voll Reis, und

23) Diese Gefäße beweisen, daß die Chineser lange vor Ankunft der Spanier in diesen Gewässern, die Philippinen besuchten, und mit den Einwohnern wie heut

und andre Schüsseln mit Schweinfleisch in seiner eignen Brühe aufgetragen wurden, die mit denselben Zeichen und Ceremonien verzehrt wurden.

Sie begaben sich alsdenn nach dem Pallast des Königes, welcher die Gestalt einer Scheure hatte wo man Heu aufbewahrt, mit Blättern von Feigen und Palmen gedeckt, und auf Pfählen von der Erde erhöhet war, so daß man mit Leitern hinauf steigen mußte; hier nöthigte man sie zum Sitzen mit den Beinen kreuzweis geschlagen wie die Schneider, und in einer halben Stunde ward ein gebratener Fisch, frisch gesammelter Ingwer und Wein gebracht, und der älteste Sohn des Königes den sie den Prinzen nennen, kam hin wo die Fremden waren: hierauf befahl ihm der König sich neben die Fremden zu setzen, welches er auch that, und man brachte nachher zwey Schüsseln, eine mit Fisch in seiner eignen Brühe und die andre mit Reis, damit sie mit dem Prinzen essen möchten, und es ward auch so viel gegessen und getrunken, daß sie betrunken wurden.

Wenn es dunkel ist bedienen sie sich zur Erleuchtung einer Art Harz, von einem Baum, welches sie im Palmblätter wickeln. 24) Endlich
machte

heut zu Tage Handel treiben. Marco Polo bestätigt eben dasselbe. (L. III. c. VIII.) Er erzählt daß die vielen östlichen Inseln von keinen andern Kaufleuten, als dem südlichen China oder Manci besucht wurden.
24) Die Eingebohrnen von Sumatra vorzüglich die Remangs verfertigen ihre Lichter und Fackeln noch jetzt
auf

machte der König ein Zeichen daß er schlafen gehen wollte, und ließ die unsrigen bey dem Prinzen, mit dem sie auf einer Matte von Rohr und einigen Kissen von Laub schliefen. Sobald es Tag war entfernte sich der Prinz, da aber unsre Leute aufstanden, kam einer von seinen Brüdern zu ihnen, und begleitete sie bis an eine Insel wo sie den Capitain fanden, der ihm und seinen Leuten viele Geschenke machte.

In der Insel wo hin der König kam um unsre Schiffe zu sehen, findet man große Stücken Gold wie Nüsse oder vielmehr Eyer auf die Erde gestreut. Alle Gefäße des Königes sind auch von Gold, und sein ganzes Haus war sehr ordentlich eingerichtet. Unter dem ganzen Volke sahen wir keinen schönern Mann als ihn; er hatte sehr schwarzes Haar, daß ihm bis über die Schultern reichte, und trug einen seidnen Schleyer auf dem Kopfe; in den Ohren hatte er zwey große und dicke goldne Ringe: seine Kleidung war von Baumwolle mit Seide gestickt, und bedeckte ihn von dem Gürtel bis an die Knie, an der einen Seite trug er einen Dolch mit einem goldenen Griff, und einer hölzernen geschnizten Scheide. An jedem Finger hatte er drey goldene Ringe, er pflegte sie mit

Ben-

faßt auf gleiche Art. Sie füllen ein junges Bamburohr etwa einer Elle lang, mit Dammer oder Harz, und zünden es im dunkeln an. v. Marsdens History of Sumatra. p. 149.

Benzoin, 25) und Storaxöl zu salben oder reiben, dabey war seine Farbe olivenartig, und der ganze Leib bemahlt. Diese beyden Inseln heißen Buthuan und Caleghan. Wenn die beyden Brüder, die Söhne des Königes die sich auch Könige nennen lassen, einander besuchen wollten, kamen sie hieher in des Königes Haus; der ältere wird Raja Colambu, und der jüngere Raja Siagu, genannt.

Den ersten März, nahe um Ostern bestellte der Anführer der Escadre einen Priester der die Messe lesen sollte, und ließ dem Könige sagen daß er nicht ans Land käme um mit ihm zu speisen, sondern blos um Messe zu hören. Sobald der König dieses vernahm sandte er dem Capitain zwey geschlachtete Schweine. Und da die Meßzeit heranrückte, landeten ungefähr funfzig Mann von unsern unbewafnet und aufs beste gekleidet, die übrigen waren alle bewafnet, und ehe die Böte das Land erreichten, ward sechsmal zum Zeichen des Friedens gefeuert; sodann landeten wir, und die beyden Brüder, Söhne des Königes, umarmten den Kapitain und giengen in guter Ordnung mit, bis an den Ort wo man alles zur Messe bereitet hatte, welches nicht weit von dem Ufer war.

Hier

---

25) Benjamin oder Benzoin, ist was wir in Europa Weihrauch nennen. Der meiste und der beste kömmt von Malacca und Sumatra. Der Name scheint aus dem Malayischen Worte Caminjan von dem Europäern corrumpirt zu seyn.

Hier wollte der Capitain ehe die Meſſe angieng die beyden Prinzen mit wohlriechenden Waſſer beſprengen. Als die Meſſe zur Hälfte geendigt war, wollten die beyden Könige auch wie wir das Kreuz küſſen, ſie opferten aber nicht dabey, nachher als der Prieſter die geweihete Hoſtie in die Höhe hob, blieben ſie auf den Knien und beteten ſie mit gefaltenen Händen an: zu gleicher Zeit ward mit einer Büchſe von den unſrigen ein Signal gemacht, und die ganze Artillerie der Schiffe abgefeuert. Nach dieſem communicirten einige von unſern Leuten. Als die Meſſe nun zu Ende war, ſtellte der Capitain ein Gefecht mit bloßen Degen zwiſchen einigen ganz bewafneten Leuten an, welches den Königen viel Vergnügen machte. Alsdenn ließ er vom Schiffe das Kreuz mit den Nägeln und der Dornenkrone bringen und befahl, daß ſich alle vor demſelben neigen ſollten, und gab den Fremden vermittelſt der Dollmetſcher zu verſtehen, daß der Kaiſer ſein Herr ihm dieſes Panier gegeben hätte, damit ſie es an allen Orten wo ſie hinkämen zum Wahrzeichen aufrichten möchten, und daß er es daher auch an dieſem Orte zu ihren Nutzen und Vortheil hinpflanzen wollte, damit wenn hier je ein andres chriſtliches Schiff hinkäme ſie dieſes Kreuz ſehen, und daraus abnähmen könnten, daß die unſrigen da geweſen, und dadurch abgehalten würden, ihnen oder ihrem Eigenthum Schaden zuzufügen. Sollten ſie dennoch feindlich angegriffen werden, ſo dürften ſie nur dieſes Kreuz zeigen, und man würde sie sogleich frey lassen: sie sollten es daher nur auf die Spitze des höchsten Berges in ihrem Lande stellen, damit sie es alle Tage und von allen Seiten sehen könnten; auch mußten sie es anbeten, und so lange sie solches thäten würde ihnen weder Donner, noch Blitz oder Sturm schaden können. Als die Könige dieses hörten, dankten sie dem Capitain sehr, und versprachen ihm in allen Stücken zu folgen. Der Kapitain frug sie hernach, ob sie Mauren oder Heiden wären, und woran sie glaubten. Sie antworteten hierauf, daß sie keinen andern Gottesdienst hätten als die gefalteten Hände und das Gesicht gen Himmel zu heben, und daß sie ihren Gott Abba nannten. Diese Antwort erfreute den Capitain sehr, welches der ältre König nicht sobald bemerkte, als er schnell die Hände gen Himmel hob. Man frug ihm nachher, warum sie so wenig Lebensmittel hätten; er antwortete, dieses käme daher, weil dies nicht sein gewöhnlicher beständiger Wohnsitz wäre, und er nur dahin käme, wenn er und sein Bruder sich sehen wollten, daß er aber seine Wohnung in einer andern Insel habe, wo auch seine Familie wäre. Er erzählte ferner, er habe viele Feinde, die wir mit unsern Schiffen leicht bezwingen könnten, wodurch wir ihn unendlich verbinden würden. Diese Feinde bewohnten nach seinem Bericht zwey Inseln, daß aber jetzt nicht die rechte Zeit wäre sie aufzusuchen. Hierauf ließ ihm der Capitain sagen, daß wenn

Gott

Gott ihm die Gnade erzeigte ihn noch einmal in diese Gegenden kommen zu lassen, würde er so viele Leute mitbringen, daß er alle seine Feinde überwinden wollte. Jetzt aber wolle er zu Tische gehen, und nach dem Essen würde er das Kreuz auf der Spitze des Berges errichten. Hiemit waren sie zufrieden: der Capitain ließ also noch einmal alle Gewehre abfeuern, und nahm, nachdem er die beyden Könige und andre von dem Vornehmsten umarmt hatte, endlich Abschied.

Nach der Mahlzeit kam unser Befehlshaber Magelhan mit seinen Leuten zurück, und errichtete auf der Spitze des höchsten Berges in Gesellschaft der beyden Könige, das Kreuz; worauf er ihnen sagen ließ, daß sie seine lieben Freunde wären, seitdem das Kreuz an diesem Orte stünde, und daß sie sich sehr darüber zu erfreuen hätten. Alsdenn frug er sie, ob in dieser Gegend kein Hafen wäre, wo er Lebensmittel bekommen könnte. Sie sagten es gäbe deren drey, Zeilon, Zubut und Calaghan, Zubut wäre aber der beste wo der mehreste Handel getrieben würde: und sie erboten sich uns Piloten zu geben die uns den Weg hin zeigen sollten. Der Capitain dankte ihnen und überlegte ob er dort hingehen sollte, welches er endlich zu seinem Unglücke that. Als das Kreuz aufgestellt war, fiel jeder auf die Knie, sagte ein Vaterunser und Avemaria, und betete das Kreuz an, welches die Könige auch thaten. Jezt stiegen wir in die Ebene hinunter, wo wir viele bebaute Felder bemerkten,

in-

indem wir den Weg nach dem Boot nahmen. Hierher ließen die Könige einige Kokosnüsse zur Erfrischung bringen, und der Capitain bat, ihm Piloten mitzugeben weil er den folgenden Tag absegeln wollte, und zu ihrer Sicherheit versprach er einen von unsern Leuten zurückzulassen. Sie gaben darauf zur Antwort, sie wären zu seinem Befehl bereit. Nachher aber änderte der ältere Raja seine Meinung, und als der Capitain des Morgens absegeln wollte, ließ er ihm sagen, er möchte doch die Gefälligkeit haben, und noch zwey Tage verziehen, indessen sie den Reis einernbten und einige andre Sachen zusammen bringen würden. Zu diesem Zwecke möchte er einige von seinen Leuten an Land schicken, die ihnen helfen könnten, damit sie desto eher fertig würden, und daß er selbst der Pilote seyn wolle. Der Capitain sandte ihm also einige Leute, diese fiengen aber gleich bey ihrer Ankunft an so viel zu essen und zu trinken, daß sie nachher den ganzen Tag schliefen, und als der Capitain hinschickte um einige von ihnen holen zu lassen, entschuldigten sie sich, daß sie krank wären. Diesen ganzen Tag ward also nichts vorgenommen, aber den folgenden arbeiteten sie sehr fleißig den Reis einzusammeln.

Einer von diesen Insulanern brachte nachher eine Schüssel voll Reis und acht oder zehn Feigen an das Schiff, die er gegen ein Messer vertauschen wollte, welches nicht über drey Pfennige kostete. Da der Capitain erfuhr daß er weiter nichts

als

als ein Messer verlangte, ließ er ihn zu sich kommen, und zeigte ihm allerley Sachen, und frug ob er solche nicht für seinen Reis eintauschen wollte, er zog auch einen Real (eine spanische Silbermünze von denen acht einen Piaster ausmachen) aus der Börse, und bot ihm solche für seine Waare, er wollte es aber nicht nehmen; nach diesem zeigte er ihm einen Dukaten, aber selbst diesen schlug er aus; wie auch sogar einen Dublon; und blieb dabey, daß er ein Messer haben wollte, welches man ihm denn auch gerne gab. Als nach diesem Vorfall einer von den Unsrigen ans Land gieng um Wasser zu holen, wollte ihm einer der Eingebohrnen eine durchbrochene Krone von gediegenen Golde wie eine Halskette, gegen sechs Schnüre Glaskorallen geben; der Capitain aber wollte in Zukunft dergleichen Tauschhandel nicht erlauben, damit sie glauben möchten wir setzten einen größeren Werth auf unsre Waaren, als selbst auf ihr Gold.

Diese Insulaner sind sehr gelenkig und stark, sie gehen nackend, bemahlen sich den ganzen Leib und bedecken wie oben gemeldet die Schaamtheile mit einem Tuch. Die Weiber sind vom Gürtel an hinunterwärts bekleidet, und haben lange schwarze Haare, die bis auf die Erde hängen: ihre Ohren sind durchbohret und sie tragen in denselben goldene Zierrathen von verschiedener Gestalt. Diese Leute kauen beynahe unaufhörlich eine Frucht die sie Areka nennen, und die einer

Bir=

Birne ähnlich ist: sie schneiden sie in vier Stücke und wickeln denn jedes in ein Blatt von einem Baum Betel genannt, welche den Blättern eines Lorbeerbaumes ähnlich scheinen; stecken es alsdenn in den Mund und speien es aus, wenn sie es lange genug gekauet haben, wovon ihnen der Mund sehr roth wird. Jederman bedient sich dieser Frucht zur Erfrischung und man sagt, sie könnten sich derselben nicht ohne große Gefahr für ihre Gesundheit, enthalten. 26) In dieser Insel, Messana genannt, findet man, Hunde, Katzen, Schweine, Hühner, Ziegen, Reis, Ingwer, Kokosnüsse, Feigen, Apfelsinen, Hirsen, Buchwaizen, Gerste, Wachs, und vieles Gold. Sie liegt im

26) Pigafetta hat das in Ostindien so gewöhnliche Betelkauen sehr genau beobachtet. Die Arekanuß maleisch Penang ist von der Größe einer Kokusnuß, sie wird zerschnitten in dem Blatte einer pfefferartigen Pflanze maleisch Siri (Surce) genannt gewickelt, welches einen sehr gewürzhaften Geschmack hat, und hernach mit etwas Muschelkalk (Crunam, vermischt gekauet. Die indischen Fürsten treiben mit den Betelgefäßen oder Beteldosen große Pracht, und die englische ostindische Compagnie macht zuweilen ihnen damit Geschenke. Ja der Kaiser von Menangcabo in Sumatra hält sich durch den Besitz eines kostbaren zum Betelserviten gebräuchlichen Aufsatzes so sehr über andere Große erhaben, daß er solchen sogar in langen Titulaturen eingerückt hat, und sich Besitzer eines goldnen mit Diamanten besetzten Betelservice nennt. v Marsdens history of Sumatra. p. 244. 278. Sonnerats Reise nach Ostindien. Th. 1. S. 40.

im 9 und ⅔ Grad nördlicher Breite, und 162 Grade der Länge von Sevilla.

Wir blieben acht Tage auf der Insel Messana und segelten denn nach Nordwesten, wo wir zwischen fünf Inseln vorbey kamen, nemlich Zeilon, Bohol, Canghu, Barbai, Catighan. 27) In der Insel Catighan giebt es Fledermäuse die so groß als ein Adler sind, von diesen fiengen wir eine, und weil wir gehört hatten, daß sie gut zu essen sind, aßen wir sie, und fanden, daß sie wie ein Huhn von Geschmack war. Es giebt dort auch Tauben, Turteltauben, Pappagayen und gewisse Vögel von der Größe einer gewöhnlichen Henne, welche Hörner haben, und Eyer legen die so groß als Gänseeyer sind. Diese Eyer vergraben sie tief im Sande um ausgebrütet zu werden, die Erde bringt auch vermittelst der Sonnenhitze diese Würkung hervor, und so bald die Jungen ausgebrütet sind, kriechen sie aus dem Sande heraus. Diese Eyer sind sehr gut zu essen. Die oben erwähnte Insel Messana ist von Catighan zwanzig Seemeilen entfernt. Indem wir nun nach Nordwesten

---

27) Nur wenige dieser Namen, lassen sich aus den heutigen Benennungen der Philippinen entziffern. Bohol heißt noch eine Insel mittlerer Größe zwischen Maghindano, Zebu und Leyte belegen. Barbay ist vielleicht keine Insel sondern nur ein Vorgebirge auf der Insel Leyte, denn man findet hier ein solches auf der nordwestlichen Küste Namens Baybay, das mit dem von Pigafetta erhaltenen Namen große Aehnlichkeit hat.

sten segelten, konnte der König von Messana den drey Schiffen nicht nachfolgen, so daß wir ihn bey drey Inseln Namens Polo, Ticobon und Pozon 28) erwarten mußten. Da er jetzt unser schnelles Segeln gesehen hatte, äußerte er ein großes Erstaunen darüber, worauf ihn unser Befehlshaber nebst einigen seiner Vornehmsten nöthigte in unsre Schiffe zu kommen, welches ihnen viel Vergnügen machte, und so segelten wir nach Zubuth 29), daß funfzig Seemeilen von Catighan entfernt ist.

Den 7ten April um Mittag aus, segelten wir in den Hafen von Zubuth, und näherten uns indem wir viele Häuser und Wohnungen auf Bäumen angelegt vorbey fuhren, der Stadt. Hier befahl der Capitain, daß wir die Segel einziehen und uns in Schlachtordnung stellen sollten, zugleich ließ er die ganze Artillerie abfeuern, welches allen Einwohnern ein großes Schrecken einjagte. Alsdenn sandte der Capitain einen Abgesandten mit dem Dollmetscher an den König von Zu=

28) Auch kein Name der heutigen Philippinen stimmt mit diesen von Pigafetta erhaltenen überein, vielleicht aber hiessen einige von den kleinen Inseln so, welche Magelhan vorbey fuhr, und die in sehr grosser Menge zwischen den grossen zerstreut liegen.

29) Dieser Name hat die meiste Aehnlichkeit mit der Insel Zebu, welche zwischen den großen Philippinen Leyte, Buglas und Bohol liegt, daher Zebu auch gewöhnlich für Pigafettas Zubuth gehalten wird.

Zubuth. Da sie zur Stadt kamen, fanden sie ihn unter einer Menge seiner Leute sehr über das Geräusch der Canonen erschrocken. Der Dollmetscher gab ihnen jezt zu verstehen, daß es bey uns üblich wäre, wenn wir an einen fremden Ort kämen, zum Zeichen der Freundschaft, und dem König der Stadt zu Ehren, die Kanonen zu lösen. Diese Rede machte dem Könige und den Seinigen wieder Muth, der Dollmetscher fuhr also fort, ihm zu sagen, daß sein Herr Befehlshaber der Flotten des größten Königs der Welt wäre, der sie ausgesandt habe, die Molukkischen Inseln zu entdecken, und da sie von dem Könige von Messana seinen großen Ruf erfahren hätten, wären sie gekommen ihn zu besuchen und Lebensmittel für ihre Waaren einzutauschen. Der König antwortete hierauf sie sollten ihm willkommen seyn, daß man aber an diesem Orte die Gewohnheit hätte, von allen Schiffen die in diesen Hafen kämen Tribut zu fordern, und daß nur noch vor wenigen Tagen ein Schiff mit Gold und Sklaven beladen diesen Tribut bezahlt hätte. Und zum Beweise dessen was er sagte, ließ er einige von diesem Schiff dort zurück gebliebenen Kaufleute um ihren Gold- und Sklavenhandel zu versehen, vor sich kommen. Hierauf erwiederte der Dollmetscher, daß sein Herr der Befehlshaber eines so großen Königes sey, keinen Herren in der Welt Tribut bezahle, und wenn sie gesonnen wären Friede zu halten, so sollte Friede zwischen ihnen seyn, würden ben sie ober Krieg wählen, so wären wir auch das zu in Bereitschaft. Als sie dieses hörten sagte einer von den vorerwähnten Kaufleuten, der ein Maure oder Mohametaner war, dem Könige Catacaia Chita, welches bedeutet, sieh Herr, dies ist einer von denen, welche Calicut, Malacka und das ganze Indien erobert haben, wer sie freundlich aufnimt, dem gehet es gut, wer ihnen aber übel begegnet, dem gehet es sehr schlim, noch weit ärger als Calicut und Malacka. 30) Auf dieses antwortete der Dollmetscher, daß der König sein Herr weit mächtiger an Leuten und Schiffen als der König von Portugal, daß der König von Spanien, zugleich Kaiser der ganzen Christenheit sey und wenn er nicht sein Freund seyn wollte, würde er ihm ein andermal eine so große Menge Volks entgegen schicken, die ihn ganz zu Grunde richten sollten. Diese ganze Rede erzählte der Maure dem Könige wieder, welcher darauf erwiederte er würde es mit den seinigen überlegen und den folgenden Tag eine Antwort geben. Nach diesem wurden viele Speisen in porcelänen Gefäßen aufgetragen, nebst einer großen Menge Wein. Als das Gastmahl zu Ende war, nahmen unsre Leute Abschied, und hinterbrachten alles dem Könige von Messana, der bey diesem Könige in

großen

30) Cochin ward 1504 von den Portugiesen eingenommen, und sie faßten in diesem Königreich zuerst festen Fuß. Malacca ward 1511 von Alfons vom Albukerke erobert.

großen Ansehen stand, und Herr von vielen In=
seln war. Dieser entschloß sich hierauf an Land zu
gehen, wo er dem Könige von Zubuth, von der
großen Freundlichkeit und Gefälligkeit unsers Anführers Nachricht gab.

Den folgenden Montag ward der Abgesandte des Capitains nebst dem Dollmetscher wieder
an den König abgeschickt; den sie mit vielen Grossen auf dem Markt erblickten. Sobald er die
unsrigen sahe, ließ er sie neben sich setzen, und
frug ob in dieser Gesellschaft mehr als ein Capitain sey, und ob sie verlangten, daß er dem Kaiser Tribut bezahlen sollte? die unsrigen antworteten, daß sie nichts verlangten als nur mit ihnen
zu handeln, das ist unsere Waaren gegen die ihrigen zu vertauschen, weiter wollten sie gar nichts.
Damit sagte der König sey er zufrieden, und wenn
der Capitain sein Freund seyn wollte, würde er
ihm etwas Blut aus seinen rechten Arm schicken,
eben dasselbe sollte der Capitain zum Zeichen der
Freundschaft thun, welches wir versprachen. Denn
fuhr er fort, es wäre üblich, daß er und alle Capitains die an diesen Ort kämen sich gegenseitig
beschenkten, und ob er oder unser Capitain den
Anfang machen sollte? Der Dollmetscher antwortete ihm hierauf, daß da er zu wünschen schien
diese Gewohnheit beyzubehalten, könnte er anfangen, und dieses that er auch.

Den folgenden Dienstag kam der König von
Messana mit dem oft erwähnten Mohren an das
Schiff.

Schiff, und brachten einen Gruß von dem Könige von Zubuth an den Capitain; er ließ ihm sagen, daß er so viel Lebensmittel zusammen gebracht habe, als ihm möglich gewesen, um ihm ein Geschenk damit zu machen; und nach Tische würde er seinen Neffen mit drey seiner vornehmsten Unterthanen senden um dieses Freundschaftszeichen zu überbringen. Der Capitain ließ hierauf einen von seinen Leuten völlig bewafnen, und ihm sagen, daß im Kriege alle so ausgerüstet würden. Als der Mohr dieses sahe erschrack er sehr, der Capitain sagte ihm aber er dürfte sich nicht fürchten, denn unsre Waffen wären unschädlich gegen unsre Freunde, aber furchtbar für unsre Feinde und zernichteten alle die sich unsern Glauben wiedersezten, und dieses sagte er darum, damit der Mohr welcher verschlagener und listiger als die andern schien, es dem Könige wieder hinterbringen möchte.

Nach Tische kam der Neffe des Königes, mit dem Könige von Messana, dem Mohren, und acht andren von den vornehmsten Insulanern, um den Freundschaftsbund zu schliessen. Der Prinz sezte sich auf einen mit rothem Sammet bedeckten Sessel, die andern auf andre Stühle, und die übrigen auf Matten. Der Capitain ließ sie denn fragen ob es bey ihnen üblich wäre, öffentlich oder ins geheim zu sprechen, und ob der Prinz und der König von Messana Vollmacht hätten einen Frieden und Freundschaftsbund zu schliessen? Nach diesen sagte der Capitain noch vieles über diesen

Frie

Frieden, und unter andern, daß er Gott bäte ihn im Himmel zu bekätigen. Dieses machte den Indianern große Freude, welche versicherten sie hätten dergleichen Worte in ihrem Leben nicht gehört. Da der Capitain bemerkte, daß sie ihm gerne zuhörten, fieng er an ihnen vieles von unserm Glauben zu erzählen, und frug sie nachher, wer nach dem Tode des Königes in der Regierung folgte. Sie antworteten ihm, der König hätte keine Söhne, sondern lauter Töchter, und daß sein Neffe seine älteste Tochter zum Weibe habe, daher man ihn den Erbprinzen nenne, und es wäre bey ihnen gebräuchlich, wenn der Vater und die Mutter alt würden sie nicht länger in Ehren zu halten, und alsdenn herrschten die Jungen. Der Capitain erwiederte hierauf, daß Gott Himmel und Erde und das Meer, und alle andre Dinge gemacht, und daß er befohlen habe Vater und Mutter zu ehren, und wer dieses nicht thäte, würde zum ewigen Feuer verdammt werden. Noch sagte er ihnen, daß wir alle von Adam und Eva unsern ersten Eltern abstammeten, daß unsre Seele unsterblich sey, und viele andere zu unsrer Religion gehörige Punkte. Als die Fremden alles dieses mit großer Aufmerksamkeit gehört hatten, waren sie sehr froh und baten ihn, daß er zwey oder wenigstens einen seiner Leute bey ihnen lassen möchte, um sie in unseren Glauben zu unterrichten, und daß sie diesen Zurückgelassenen alle Ehre erzeigen würden. Der Capitain antwortete ihnen aber, daß er jetzt
kei=

keinen zurücklassen könnte, wollten sie aber Christen werden, so sollte einer von unsern Priestern sie taufen, und ein andermal würde er Priester und andre Geistliche, sie in den Glauben zu unterrichten mitbringen. Sie sagten hierauf sie wollten mit dem Könige reden, und denn Christen werden. Ihre Freude hierüber war so groß, daß man die Thränen aus ihren Augen rollen sahe. Noch ermahnte sie der Capitain, sich nicht aus Furcht oder ihm zu Gefallen zur christlichen Religion zu bekennen, sondern aus freyen Willen, und daß sie denen nichts Leides zufügen möchten, die noch bey ihren alten Glauben bleiben wollten. Sie müßten sich als Christen bemühen, besser und liebreicher als die übrigen zu seyn. Hierauf riefen sie alle mit einer Stimme, daß sie nicht aus Furcht oder ihm zu Gefallen Christen würden, sondern aus freyen Willen. Es wurde ihnen auch nachher gesagt, daß sobald sie Christen wären, würden wir ihnen eine von unsern Waffenrüstungen lassen, weil der Kaiser solches befohlen hätte; auch könnten sie sich in Zukunft nicht mit heidnischen Weibern vermischen, ohne eine schwere Sünde zu begehen, und außerdem versicherte man sie es würden ihnen künftig keine Teufel mehr erscheinen als jezt noch geschähe. Sie antworteten hierauf, daß alles was sie hörten ihnen so viel Freude machte, daß sie nicht wüßten was sie dagegen sagen sollten. Sie überlieferten sich also gänzlich in die Hände des Capitains, und daß er mit ihnen

nen als seinen Brüdern und Dienern schalten und walten könne. Er umarmte sie hierauf und nahm eine Hand des Prinzen und eine des Königes von Messana, legte sie in seine, und sagte, er gäbe und verspräche ihnen bey der Treue die er Gott und dem Kaiser seinem Herrn schuldig wäre, einen immerwährenden Frieden mit seinem vorgemeldeten Herrn dem Könige von Spanien. Sie antworteten, daß auch sie ihm ein gleiches versprächen. Da der Friede also geschlossen war, ließ der Capitain eine schöne Mahlzeit auftragen, und gab ihnen reichlich zu trinken. Nachher überreichten der Prinz und der König von Messana den Capitain von wegen des Königes von Zubuth Reis, Schweine, Ziegen und Hühner, und baten, daß er entschuldigen möchte, daß sie solche kleine Geschenke einem Manne wie ihm, brächten. Der Capitain schenkte dagegen den Prinzen ein großes Tuch von feiner weisser Leinwand, eine rothe Mütze, verschiedene Schnüre Glasperlen, und ein verguldetes gläsernes Gefäß, denn das Glas wird hier ausnehmend geschäzt. Dem Könige von Messana gab er jezt nichts, weil er ihm schon vorher ein Kleid von solchen Zeuge das man aus Cambaia nach Portugal bringt, 31) geschenkt hatte nebst vie-

---

31) Höchstwahrscheinlich versteht Pigafetta unter dieser Benennung, die feinen weissen und bunten baumwollenen Zeuge, die unter verschiedenen Namen noch jezt von dieser Handelsstadt und den benachbarten Orten Baroach, Ahmedabat ic. geholt werden.

vielerley andern Dingen. Allen übrigen machte er Geschenke von verschiedener Gattung, und eben so verschiedenen Werth. Zulezt sandte er dem Könige von Zubuth, durch Antonio Pigafetta ein Kleid von gelb und violetter Seide, auf türkische Art gemacht, eine rothe Mütze, und verschiedene Schnüre Glaskorallen. Alles wurde auf eine silberne Schüssel gelegt, und dabey noch zwey gläserne vergoldete Gefäße übersandt. Als sie in die Stadt kamen, fanden sie den König in seinem Pallast mit vielen seiner Leute; er saß auf einer auf der Erde ausgebreiteten Matte, sehr sauber aus Palmfasern gewürkt. Seine ganze Kleidung war ein baumwollenes Tuch um die Mitte des Leibes, und ein ausgenähter Schleyer um den Kopf. Um den Hals trug er eine Kette von großen Werth, und in den Ohren zwey goldene Ringe mit vielen Edelsteinen geziert. Er war klein von Person aber dabey sehr fett, und der ganze Leib mit Hülfe des Feuers bemahlt. 32) Er war eben bey dem Essen, vor ihm standen zwey Schüsseln mit gekochten Eyern und an seiner Seite vier Porcelaine Gefäße mit Palm-

---

32) Ohne Zweifel versteht Pigafetta unter diesem Ausdruck, das bekannte Tatowiren dieser Insulaner und der übrigen Einwohner der Südsee. Allein diese Verzierung der Haut, wird bey keinen jezt bekannten Volk, am wenigsten bey den Einwohnern dieses Archipelagus durch Hitze, sondern vermittelst schmerzhafter Einschnitte hervorgebracht.

Palmwein gefüllt und mit wohlriechenden Kräutern bedeckt; in jedem Gefäß war ein Rohr dessen sich der König zum Trinken bediente. Nachdem der Dollmetscher das gehörige Compliment gemacht hatte, sagte er, sein Herr der Kapitain wäre dem Könige sehr für sein Geschenk verbunden und schickte ihm dagegen dieses, nicht als eine Entschädigung, sondern blos zum Zeichen seiner großen Freundschaft. Jetzt liessen sie den König aufstehen, und kleideten ihn an, setzten ihm die rothe Mütze auf den Kopf, und überreichten ihm die gläsernen Gefäße nachdem sie solche geküßt hatten, welches er ebenfalls bey der Uebernahme that. Nun mußte sich Antonio Pigafetta dem Könige gegenüber hinsetzen, mit ihm von den Eyern essen, und aus dem Rohr trinken, indessen der Prinz und die übrigen, welche den Frieden geschlossen hatten, den König ermahnten sich zum Christenthum zu bekehren; letzterer nöthigte hernach die unsrigen zum Abendessen zu bleiben; sie schlugen es aber aus und nahmen von ihm Abschied, worauf der Prinz sie nach seiner Wohnung führte, wo sie seine vier Töchter fanden, die sehr schön und weiß waren. Der Prinz ließ sie ganz nakkend vor den unsrigen tanzen, und während dem Tanzen, klapperten sie mit metallenen Zombeln, nachher wurden Speisen aufgetragen, und die unsrigen kehrten zum Schiffe zurück.

Den Mittwoch früh starb einer von unsern Leuten. Antonio Pigafetta und der Dollmetscher wur-

wurden hierauf an den König geschickt um einen Begräbnißort auszuwürken: der König antwortete ihnen auf ihre Bitte, daß er und alle seine Leute Vasallen ihres Herren wären, dahero ihm eigentlich sein ganzes Land gehöre. Man sagte ihm, aber um den Todten zu beerdigen müßte man einen Ort weihen und ein Kreutz daselbst errichten; auch hiemit war er zufrieden und setzte hinzu, sie würden es eben so wie unsre Leute verehren. Als wir ihre Bereitwilligkeit sahen, wurde sogleich ein Ort nahe an ihrem Platze geweihet und ein Kreutz daselbst errichtet, und gegen Abend brachten wir unsern Todten und senkten ihn in die Erde. Nachher ließen wir aus den Schiffen viele Waaren zum vertauschen ans Land bringen, und stellten sie in ein zu diesem Zwecke bestimmtes Haus, welches zum Vortheil des Königes vermiethet wird; wir ließen auch vier von unsern Leuten bey den Sachen um den Tauschhandel zu besorgen. Dieses Volk liebt die Gerechtigkeit, sie haben Maas und Gewicht, aber über alles schätzen sie Friede und Ruhe. Sie haben hölzerne Wagschaalen mit einen Strick in der Mitte, woran sie solche halten, mit dem Gewichte an der einen Seite, die überhaupt unsern ziemlich ähnlich sind. Sie haben auch gewisse große Maaße ohne Boden. Ihre Häuser sind von Holz, mit Brettern oder Rohr, auf großen dicken Pfählen hoch über der Erde erbauet, so daß man auf verschiedenen Stufen oder Leitern hinein steigen muß. Inwendig

dig sind sie in etliche Gemächer abgetheilt, und unter denselben hatten sie Schweine, Ziegen und Hühner. Die Einwohner erzählten uns, daß es hier einige große und schöne Vögel gäbe, die ihrer Beschreibung nach unsren Dolen nicht unähnlich wären: diese Vögel begeben sich auf die See, und werden von den Wallfischen, welche hier sehr groß sind, lebendig verschlungen. Sobald dies geschehen ist, macht sich der Vogel an das Herz des Fisches, und fängt an es zu verzehren, worauf der Wallfisch natürlicherweise stirbt, von den Wellen an das Ufer geworfen und von den Einwohnern aufgeschnitten wird, die alsdenn den Vogel lebendig finden, der sich noch immer von den Herzen nährt. Diese Vögel Laghon genannt haben in dem Schnabel verschiedene Zähne: ziemlich lange Federn, und eine schwarze Haut über dem Fleisch. Das Fleisch ist aber sehr schmackhaft.

Den Freitag legten wir unsre Waaren zur Schau, über welche die Indianer in große Verwunderung geriethen, und sie sogleich eintauschten; für Metall, Eisen, und dergleichen grobes Geräthe, gaben sie uns Gold, und für kleine Sachen, Reis, Schweine, Ziegen und andre Lebensmittel. Für vierzehn Pfund Eisen gaben sie zehen Peli Gold, und ein Pelo gilt anderthalb Dukaten. Der Kapitain befahl aber, daß wir nicht zu viel Gold nehmen sollten.

Weil der König versprochen hatte den folgenden Sonntag die christliche Religion anzunehmen, ließ der Kapitain auf dem großen Platze eine Art von Zelt, mit Tapeten und Palmzweigen geschmückt errichten, um den König dort zu taufen, er ließ ihm auch sagen er möchte ja nicht erschrecken wenn etwa die Kanonen abgefeuert würden, denn dies wäre bey uns an großen Festtagen gebräuchlich.

Den folgenden Sonntag den 4ten April früh morgens landeten demnach funfzig Mann, in zwey völlig bewafneten Fahrzeugen mit der königlichen Fahne; während der Landung wurde alles Geschütz der Flotte abgefeuert, worüber die Eingebohrnen so erschracken, daß sie von allen Seiten flohen. Der Kapitain umarmte hierauf den König und sagte ihm, die königliche Fahne käme nie anders, als in Begleitung von funfzig Mann mit Gewehr, und zwey in weisser Rüstung bekleideter Männer zum Vorschein, und dies hätte er jetzt alles ihm zu Liebe veranstaltet. Jetzt giengen beide mit großen Freuden an den Ort wo das Gezelt aufgeschlagen war, hier fanden sie zwey Sessel, einen mit rothen und den andern mit Violetten Sammet beschlagen, worauf sie sich setzten. Die andern vornehmsten saßen auf Polstern und die übrigen auf Matten. Nun redete der Kapitain den König vermittelst des Dollmetschers an, und sagte ihm, er dankte Gott der ihm den Gedanken eingegeben hätte ein Christ zu werden, und

daß

daß er deswegen in Zukunft seine Feinde weit leichter als vorher überwinden würde. Hierauf gab ihm der König zur Antwort, daß er von Herzen gerne ein Christ würde, obgleich ihm viele seiner Grossen zu verstehen gegeben, sie wollten ihn nicht länger gehorsamen, indem sie eben so gut als er wären. Kaum hatte er diese Worte ausgesprochen als der Kapitain alle Oberhäupter des Landes zusammen kommen ließ, und ihnen sagte, wenn sie nicht dem Könige als ihren rechtmäßigen Herrn gehorchen würden, sollten sie alle umgebracht, und ihre Güter eingezogen werden, darauf antworteten alle, sie wollten ihm gehorsam seyn. Alsdenn fuhr der Kapitain fort und sagte dem Könige, daß wenn er glücklich nach Spanien zurückkäme, würde er ein andermal so viel Leute mitbringen, daß er ihn zum mächtigsten Könige in diesen Gegenden machen würde, weil er der erste gewesen, die christliche Religion anzunehmen. Als der König diese Worte hörte, hob er die Hände gen Himmel und dankte ihm, und bat alsdenn den Kapitain er möchte doch jemanden zurück lassen, der ihn und die Seinigen besser in den christlichen Glauben unterrichten könnte. Der Kapitain versprach zu seiner Befriedigung zwey Leute dort zu lassen, daß er aber dagegen zwey von den Söhnen der vornehmsten Großen mitnehmen wollte, damit sie die Sprache in Spanien und die Gebräuche des Landes lernen möchten. Vor allen Dingen aber mußte er wenn er ein

Christ

Christ werden wollte, alle Götzen verbrennen und dafür das Kreuz errichten. Dieses müßte er alle Tage mit gefalteten Händen anbeten, und alle Morgen das Zeichen des Kreuzes vor der Stirne machen (wobey er ihm zeigte wie er solches machen müßte). Der König versprach hierauf mit allen seinigen dieses willig und gerne zu thun. Jetzt führte ihn der Kapitain unter das Zelt, wo er die Taufe empfieng, und nach den Willen des Kapitains den Namen Carlos zu Ehren Kaiser Carl des fünften erhielt. Der Prinz ward Ferdinand genannt, nach dem Bruder des Kaisers; der König von Meſſana, Johann, und der Mohr Christoph; allen übrigen gaben wir unſre Namen, und ehe die Meſſe angieng waren fünfhundert Mann getauft. Nachdem die Meſſe zu Ende war, bat der König den Kapitain und die Vornehmsten von unſern Leuten zu Tiſche. Der Kapitain schlug es aber aus, und als sie uns bis an die Schiffe begleitet hatten nahmen sie unter abermaliger Löſung des Geschützes Abschied.

Nach Tische gieng der Priester nebst einigen andern an Land, um die Königinn und vierzig ihrer Jungfrauen zu taufen; man führte sie an das Zelt, und sie empfand mit einmal eine so große Rührung, daß sie vor Freuden weinte und getauft zu werden verlangte. Sie erhielt den Namen Johanna nach der Mutter des Kaisers, und ihre Tochter die Gemahlin des Prinzen wurde Catharina genannt, die Königinn von Meſſana, Iſabella,

bella, und jede von den andern bekam einen besondern Namen. Diesen Tag wurden an achthundert Seelen Männer, Weiber und Kinder getauft. Die Königinn war sehr jung und schön, sie war mit einem weissen Tuche bekleidet, hatte einen schönen rothen Mund, und trug einen Huth oben auf welchen eine Krone befindlich war die mit der päbstlichen Krone einige Aehnlichkeit hatte. Der Huth und die Krone waren beide aus Palmblättern verfertiget, und ohne dieselbe ließ sie sich nie sehen. Sie bat die unsrigen ihr ein Kreuz zu geben, welches sie zum Gedächtniß Jesu Christi in dessen Namen sie getauft worden war, an den Ort setzen wollte, wo sie sonst ihre Götzen aufbewahrt hätte: die Bitte wurde sogleich gewährt und sie kehrte darauf nach Hause. Gegen Abend kamen der König und die Königinn an das Ufer, worauf der Kapitain alles Geschütz lösen, und allerley Feuerwerke und Raketen abbrennen ließ, welches ihnen viel Freude machte. Der König und der Kapitain nannten sich jetzt immer Brüder. Vor der Taufe führte er den Namen Raja Humabuon. Nachdem er aber die christliche Religion angenommen hatte, vergiengen nicht acht Tage so war die ganze Insel getauft. Weil aber eine gewisse Stadt in einer andern Insel, dem Könige nicht gehorchen wollte, giengen die unsrigen hin und verbrannten sie, und errichteten ein großes Kreuz auf demselben Ort: dieses thaten sie weil die Einwohner Heiden und Abgötter waren,

ren, wären sie aber Mohren, das ist Mohamedaner gewesen, so hätten wir eine Säule von Stein errichtet, damit sie desto länger dauren möchte, weil die Mohren weit eigensinniger und schwerer zu bekehren sind, als die Heiden.

Eines Tages als der Kapitain an Land gieng um die Messe zu hören, erzählte er dem Könige sehr viel von unsrer Religion: denselben Tag kam auch die Königinn mit großen Gepränge Messe zu hören. Vor ihr giengen drey Jungfrauen und drey Männer, mit ihren Hüten in den Händen; alsdenn kam sie selbst in schwarz und weiß gekleidet, mit einem großen, seidnen, mit Gold besezten Schleyer auf dem Kopf, der bis auf die Schultern reichte. Ihr folgten eine Menge Weiber welche nackend und barfuß waren, ausgenommen, daß sie um den Kopf und den Gürtel einen feinen Schleyer trugen. Ihre Haare waren zerstreuet. Nachdem die Königinn sich gegen den Altar verbeuget hatte, sezte sie sich auf ein seidnes gesticktes Kissen, und ehe die Messe angieng besprengte der Kapitain sie und ihre Jungfrauen mit wohlriechenden Wasser, welche an den schönen Geruch ein großes Wohlgefallen hatten. Alsdenn sagte der Kapitain der Königinn, daß sie statt ihrer Gözen nun das Kreutz verehren müßte, welches zum Andenken der Leiden unsers Heilandes des Sohnes Gottes gemacht sey: sie dankte ihm hierauf sehr für seinen Unterricht und versprach ihm zu folgen.

Einen

Einen andern Tag ehe die Messe verlesen war ließ der Kapitain den König, die Vornehmsten der Stadt und den Bruder des Königes, Vater des Prinzen zusammenkommen und dem Kaiser seinem Herrn Gehorsam schwören. Als sie geschworen hatten, steckte er seinen Degen vor dem Altar in die Erde hinein, und sagte ihnen, wenn man einen solchen Eid gethan hat müßte man eher sterben als ihn brechen. Nach diesem schenkte der Kapitain einen Sessel von rothen Sammet und sagte ihm dabey, er müsse sich solchen immer vortragen lassen, wenn er an einen andern Ort gienge, und daß er dieses aus Freundschaft für ihn thun solle. Der König versprach es, und schenkte darauf dem Kapitain zwey Juwelen in Gold gefaßt, um in die Ohren zu hängen: nebst zwey Zierathen für die Aerme, und zwey für die Beine alle sehr reich mit Edelsteinen besezt. Dieses ist der größte Pracht eines hiesigen Königes, denn übrigens gehen sie barfuß, und blos mit einem Tuch bedeckt, welches vom Gürtel bis an die Knie reicht.

Nachdem einige Tage verflossen waren, frug einmal der Kapitain den König und die Vornehmsten des Landes, warum sie nicht ihren Versprechen gemäß bey Annahme des Christenthums ihre Götzen verbrannt hätten, und ihnen noch immer so viel Fleisch opferten. Sie antworteten hierauf, daß sie solches nicht thäten weil ihre Götzen etwas bedürften, sondern blos wegen eines Kranken,

ken, damit sie ihn heilen möchten. Dieser Kranke sezten sie hinzu, wäre schon seit vier Tagen sprachlos, es wäre der Bruder des Prinzen und einer von den tapfersten und weisesten in der ganzen Insel. Als der Kapitain dieses hörte, sagte er ihnen, wenn sie nur an Jesum Christum glauben und ihre Gözen verbrennen wollten, und der Kranke sich taufen ließe, so würde er sogleich genesen; und wenn dieses nicht geschähe wollte er sich den Kopf abschlagen lassen. Der König antwortete ihm jezt, daß sie gerne thun wollten was er verlangte, weil sie wahrhaftig an Jesum Christum glaubten, und sogleich machten sie, so gut sie es es konnten eine Proceßion mit dem Kreuze um den Plaz herum und giengen nach dem Hause des Kranken hin, den sie ausgestreckt liegend fanden, ohne Sprache und Bewegung; und sogleich tauften, nebst seiner Frau und zehen Jungfrauen. Alsdenn frug ihn der Kapitain wie er sich jezt befände. Der Kranke fieng alsobald an zu sprechen, und sagte, daß er sich durch die Gnade unsers Herrn etwas gebessert fühlte: und dieses ist ein offenbares Wunder, daß in unsern Zeiten geschehen ist. Als der Kapitain ihn sprechen hörte, dankte er Gott, und ließ den Kranken eine für ihn aus Mandeln bereitete Speise bringen: er schickte ihm auch eine Matraze, zwey Bettücher, ein Kopfkissen, und eine Decke von gelbem Tuch, und sandte ihm täglich bis er genesen war von der obenerwähnten Speise nebst Rosenwasser, Rosenöl.

senöl, und Confitüren aus Zucker gemacht, kaum waren fünf Tage vergangen, so konnte der Kranke schon herumgehen, worauf er sogleich in Gegenwart des Königes einen Götzen den ein altes Weib in seiner Kammer verborgen hatte, verbrennen ließ. Er ließ auch viele Altäre umwerfen die man auf dem Ufer des Meeres errichtet hatte, und auf welchen sonst das geopferte Fleisch gegessen wurde. Er sagte dabey, wenn Gott ihm ein langes Leben schenkte, wollte er alle Götzen die er finden könnte, verbrennen, selbst wenn er sie in dem Hause des Königes fände. Diese Götzenbilder sind von Holz und hohl, sie haben kein Hintertheil, sondern blos nackende Arme, einwärts gebogne Füße mit nackten Beinen, und ein grosses Gesicht mit vier Zähnen im Maul, wie ein Wildschwein; übrigens sind sie ganz bemahlt.

Diese Insel heißt Zubuth und es sind darin viele Städte die alle dem Könige einen Tribut von Lebensmitteln geben. Neben dieser Insel ist eine andre Mathan 33) genannt; deren Hafen und Stadt gleichfalls Mathan heißt. Die vornehmsten

---

33) Diese Insel läßt sich nicht ganz mit Gewißheit angeben. Zwar heißt eine von den kleinen Philippinen welche Nordwärts über Panai liegen, Vathan, ein Name der mit dem vom Pigafetta angeführten grose Aehnlichkeit hat. Allein sie kann nach dem Laufe der Magellans Flotte nicht seyn. Wahrscheinlich meint Pigafetta die kleine Insel Mathan welche zwischen Zebu und Bohol belegen ist.

sten Männer in dieser Insel heissen Zula und Cilapulapu: die Stadt die wir verbrannten liegt gleichfalls auf dieser lezteren Insel und wurde Bulaia genannt.

Diese Leute machen viele Ceremonien wenn sie ein Schwein schlachten: erstlich machen sie ein Geklinge mit gewissen grossen Glocken, denn werden drey grosse Schüsseln aufgetragen; in zwey von diesen sind gewisse Speisen oder Kuchen von Reis und gekochten Honig, diese sind hernach nebst einigen gebratenen Fischen in gewisse Blätter eingewickelt, in der dritten ist ein leinen Tuch, von der Art die von Cambala kommt, und zwey Binden von Palmrinde. Das Tuch wird auf die Erde ausgebreitet und jezt kamen zwey sehr alte Weiber die jede eine Trompete von Rohr in der Hand haben, treten auf das Tuch, machen der Sonne eine Verbeugung und wickeln sich in das Tuch, denn bindet die eine Alte, eine Binde mit zwey Hörnern um die Stirne und hält die andre Binde in der Hand, fängt an zu tanzen und auf der Trompete zu blasen, ruft dabey die Sonne an. Die andre Alte nimmt hierauf die andre Binde, tanzt und bläset dabey und ruft die Sonne an, die Binde von ihr anzunehmen. Sodann blasen beide eine Zeitlang und tanzen und springen um ein Schwein herum, welches an dem Ort angebunden ist. Diejenige Alte welche die Hörner hat spricht indessen immer leise mit der Sonne, und die andre antwortet ihr, denn wird der gehörnhörnten eine Schaale mit Wein überreicht. Sie spricht im tanzen gewisse Worte, auf welche die andre antwortet, und macht vier oder fünfmal als wollte sie den Wein trinken, gießt ihn aber über das Schwein und fährt fort zu tanzen. Nachdem reicht man ihr eine Lanze, mit welcher sie verschiedenemale das Schwein zu durchstechen droht, aber immer wieder dazwischen tanzt, denn plötzlich das Schwein verwundet, und durch und durch sticht. Sobald das Schwein getödtet ist, nimmt sie eine brennende Fackel, welche während der ganzen Ceremonie gebrannt hat, in den Mund und löscht sie aus. Die andre Alte taucht indessen die Spitze ihrer Trompete in das Blut des Schweins, und bezeichnet hernach mit ihrem blutigen Finger die Stirne ihres Mannes und der übrigen Anwesenden, uns aber bezeichnete sie nie damit. Dann entkleiden sich die beiden Alten, und essen von den obenerwähnten Speisen die in den Schüsseln aufgetragen wurden, wozu sie blos andre Weiber einladen. Hierauf sengen die die Haut des Schweines ab, und auf diese Art wird alles Schweinfleisch von diesen Alten geweihet, und sie würden es nicht essen, wenn man nicht alle diese Ceremonien damit vorgenommen hätte.

Diese Nationen sind außer einer kleinen Bedeckung der Schaamtheile ganz nackend, beide groß und kleine haben die Haut des männlichen Gliedes durchbohrt und in dieses Loch hängen sie einen kleinen goldnen Ring, von der Dicke eines

Gän-

Gänsekiels. Sie können so viel Weiber nehmen als ihnen beliebt, eine ist aber immer die vornehmste; so oft jemand von den unsrigen an Land kam es mochte Tag oder Nacht seyn, wurde er zum Essen und Trinken genöthiget. Ihre Speisen sind gewöhnlich nur halb gar gekocht, und sehr gesalzen, daher trinken sie auch sehr oft mit ihren Röhren aus den porcellainen Gefäßen; bey Tische bringen sie gemeinhin fünf bis sechs Stunden zu.

Wenn ein Mann von Ansehen stirbt, so werden allerley Gebräuche beobachtet. Die vornehmsten Weiber der Gegend gehen nach dem Hause des Verstorbenen, wo die Leiche in einem Kasten in der Mitte steht. An diesen Kasten binden die Weiber Stricke wie man um ein Zelt thut, und über diese werden eine Menge Zweige bevestiget, und zwischen denselben hängen baumwollene Tücher, und geben dem Ganzen das Ansehen eines Zeltes. Unter diesen sitzen die vornehmsten Weiber in große weiße baumwollene Tücher eingehüllt, und jede läßt sich durch ein Kind mit einem Fächer von Palmblättern Luft zuwehen; die übrigen sitzen sehr niedergeschlagen in dem Gemach herum zerstreut: denn kommt eine andre Weibsperson und schneidet dem Todten mit einem Messer nach und nach die Haare ab, indessen seine vornehmste Frau auf ihm liegt, so daß ihr Mund seinen Mund, ihre Hände die seinigen, und ihre Füße seine Füße bedecken. So lange die erstere ihm die Haare abschneidet weint die

an-

andre, und sobald sie aufhört zu schneiden fängt sie an zu singen. In den Zimmer stehen viele porcellaine Gefäße mit Feuer und auf dieses werden Mirrhen, Storax und Weihrauch geworfen, die in dem ganzen Gemach einen angenehmen Geruch verbreiten. Unter diesen Gebräuchen wird der Todte fünf bis sechs Tage in dem Hause behalten, denn wird er mit Kampfer gerieben, der Kasten mit hölzernen Pflöcken vernagelt, und in einen bedeckten hölzernen Verschlag gesetzt.

So oft ein Vornehmer starb, und jene Gebräuche beobachtet wurden, sagten uns die Einwohner in der Mitte der Nacht käme ein großer schwarzer Vogel wie ein Rabe, stürzte sich über das Haus wo der Todte läge und finge an zu schreien, worauf die Hunde sogleich mit einstimmten, und aus allen Kräften heulten, und dieses dauerte vier bis fünf Stunden; wenn wir sie aber um die Ursache dieser Begebenheit befragten, konnten sie keine angeben.

Freitag den 26sten April schickte Zula, der Oberste der Insel Mathan einen seiner Söhne an den Kapitain um ihm zwey Ziegen zu schenken, und ließ ihm sagen, daß er nicht glaubte der andere Befehlshaber, Cilapulapu würde dem Könige von Spanien getreu bleiben. Wenn ihm aber der Kapitain die folgende Nacht ein Boot voll von seinen Leuten schicken wollte, würde er mit ihrer Hülfe sich seinem Gegner wiedersetzen. Unser Befehlshaber überlegte ob er in eigner Person

son mit drey Böten auf dieses Unternehmen ausgehen sollte. Seine Leute baten ihn aber sich nicht der Gefahr auszusetzen, sondern blos die verlangte Hülfe zu schicken, demungeachtet wollte er als ein guter Kapitain seine Gefährten nicht verlassen, sondern gieng mitten in der Nacht mit sechzig Mann mit Kürassen und Sturmhauben bewafnet, ab, in Gesellschaft des zum Christenthum bekehrten Königes und Prinzen, und vieler andren von den vornehmsten Insulanern, in zwanzig oder dreißig Böten. Drey Stunden vor Tage kamen sie zu Mathan an, landeten aber nicht denn der Kapitain wollte damals noch nicht fechten, sondern schickte den Mohren an Cilapulapu, und ließ ihm sagen, wenn er dem Könige von Spanien gehorchen, und den neuen christlichen König für seinen Oberherrn erkennen wolle, würde er sein Freund seyn. Thäte er aber dieses nicht so sollte er ihn nur erwarten, und denn würde er finden, daß er lange Lanzen nöthig hätte. Cilapulapu gab zur Antwort, er hätte keine Lanzen, sondern blos einige verbrannte Röhre, und zugespitzte verbrannte Stangen, sie möchten aber doch nicht jetzt kommen ihn anzugreifen, und lieber den Tag erwarten, damit er eine größere Anzahl der seinigen zusammenbringen könnte. Dieses war aber blos eine Erfindung damit die unsrigen eben in dieser Stunde ihn angreifen möchten, weil er viele tiefe Graben rund um sein Haus hatte machen lassen, in welche wir in der Finsterniß hinein=

Anstürzen sollten. Wir erwarteten aber lieber den Tag, und sobald es helle war sprangen neun und vierzig Mann bis an die Schenkel ins Waſſer, und giengen so zwey Büchsenschüſſe weit ehe sie auf dem Trocknen landen konnten. Dies geschah aber weil die Böte vieler Steine halber die in dem Waſſer lagen nicht näher an das Land kommen konnten. Unsere übrige Mannschaft blieb zur Bewachung der Böte zurück. Sobald unsre Leute an das Land gekommen waren, sahen sie, daß die Indianer sich in drey Haufen jeder von mehr als tausend Mann getheilt hatten: zwey von diesen Haufen stellten sich als sie von unsrer Ankunft hörten jeder an eine Seite der unsrigen und die dritte Parthey kam uns entgegen. Da der Kapitain dieses sahe theilte er die seinigen in zwey Theile, und auf diese Art fiengen wir an zu fechten. Die Schützen feuerten jezt beynahe eine halbe Stunde in einer großen Entfernung vergeblich, denn die Schüſſe giengen höchstens nur durch die Brustwehren und hölzernen Schilde der Feinde. Hierauf schrie ihnen der Kapitain zu, sie sollten nicht mehr feuern; sie schoſſen demungeachtet aber immer fort. Mittlerweile machten die Feinde unter einander ein greuliches Geschrey, und ermunterten sich nicht zu weichen. Und da sie sahen, daß die unsrigen ihre Büchsen abgefeuert hatten, schrien sie desto mehr, und sprangen hier und dort herum, mit ihren Schilden bedeckt. Sie schoſſen auch eine solche Menge Pfeile, Lanzen

zen von Rohr, zugespitzte verbrannte Hölzer, Steine und trockne Erde auf den Kapitain, daß er sich kaum davor retten konnte, und daher um sie zu erschrecken einige von seinen Leuten abschickte ihre Häuser in Brand zu stecken. Sie wurden aber nur noch mehr erbittert als sie die Flamme sahen, tödteten zwey von unsern, und zwangen zwanzig oder dreißig in das Feuer zu springen, und denn drangen sie mit solcher Wuth und Heftigkeit und in so großer Menge auf uns ein, daß sie uns zum Weichen zwangen. In diesem Handgemenge ward dem Kapitain das rechte Bein mit einem vergifteten Pfeile durchbohrt, worauf er befahl, daß wir uns langsam zurückziehen sollten, indem uns die Feinde noch immer folgten. Jetzt blieb der Kapitain mit sechs oder acht Leuten allein, und da die Feinde dieses bemerkten schossen sie ihm beständig nach den Beinen die wie sie sahen unbewafnet waren, so daß er sich vor den vielen Lanzen, Pfeilen und Steinen kaum noch erhalten konnte. Zum Unglück konnte die Artillerie in den Böten uns auch der Entfernung wegen keine Hülfe leisten. Endlich erreichten wir dennoch das Ufer, und giengen bis an die Knie im Wasser wieder zurück. Die Feinde folgten uns aber noch immer fort und entrissen ihre Lanzen den unsrigen, die sie denn wieder nach uns schossen; zulezt wandten sie sich alle dahin wo der Kapitain war, dem sie zweymal durch heftige Lanzenstöße die Sturmhaube vom Kopf warfen. Er aber als ein tapferer Ritter

ter zog sich immer dichter mit den seinigen zusammen, und focht auf diese Art noch über eine Stunde, ohne sich zum Rückzuge entschliessen zu können. Zulezt traf ihn ein Indianer mit einer Lanze von Rohr ins Gesicht, die auf der einen Seite hinein und auf der andern hinaus gieng so daß er todt zur Erden fiel. Als die seinigen dieses sahen, zogen sie sich so gut sie konnten nach den Böten zurück aber noch immer von den Feinden verfolgt, welche unaufhörlich Lanzen und Pfeile schossen, wodurch viele verwundet, und ein Indianer der unser Wegweiser war, getödtet wurde. Der christliche König blieb während dieser Zeit unverrückt an seiner Stelle, weil ihm der Kapitain bey der Landung anbefohlen hatte, sich nicht von den Böten zu entfernen, sondern blos Acht zu haben, wie die unsrigen fechten würden. Als er den Tod unsres Anführers erfuhr fieng er bitterlich an zu weinen, denn er liebte ihn sehr, und eben so weinten auch alle unsre Leute, denn er war gewiß der tapferste und beste Befehlshaber seines Zeitalters. Von den unsrigen wurden in dieser unglücklichen Begebenheit sieben bis acht getödtet und viele verwundet, auch wurden drey zum Christenthum bekehrte Indianer die uns zu Hülfe eilten von dem Schüssen aus den Böten getödtet; die Feinde hatten funfzehn todte und unzählige verwundete.

Nach Tische sandte der christliche König mit unsrer Einwilligung zu den Einwohnern von Mathan,

than, um zu erfahren ob sie den Leichnam des Kapitains und der übrigen Erschlagenen verkaufen wollten, und ihnen dafür alles zu bieten was sie nur verlangen könnten. Sie schlugen aber das Anerbieten aus und sagten, sie kennten keinen Reichthum den sie als Ersatz für diese Körper ansehen könnten. Sie würden solche zum Andenken der Erschlagenen und aller derer die nach ihnen kommen würden aufheben.

Sobald der Tod des Kapitains bekannt war, liessen diejenigen von unsern Leuten, welche sich in der Stadt des Königes von Zubut befanden, um dort unsre Waaren zu vertauschen, alle ihre Sachen an Bord bringen; wo in einer allgemeinen Versammlung und mit völliger Einstimmung zwey Befehlshaber nemlich Odoardo Barbessa ein Portugiese und Verwandter des verstorbenen Kapitains, und Johann Serrano gewählt wurden. Unser Dollmetscher Namens Henrico, hatte eine leichte Wunde bekommen, und wollte daher nicht mehr so oft wie gewöhnlich an Land gehen, um unsre Geschäfte zu betreiben; deshalb ließ ihn Odoardo Barbessa rufen und sagte ihm, wenn gleich sein Herr der Kapitain todt sey, wäre er dennoch nicht frey, sondern gehörte der Donna Beatrice Gemahlin des Kapitain, welcher er ihn bey seiner Ankunft in Spanien ausliefern wollte; und drohte ihm mit harten Worten, er wolle ihn peitschen lassen, wenn er nicht an Land gienge. Der Sklave verließ hierauf das Bette, schien freilich sich wenig auf die Reden des Befehlshabers zu achten, gieng aber dennoch an Land und suchte heimlich den bekehrten König auf, dem er sagte, die Spanier wären gesonnen in wenigen Tagen abzusegeln, wenn er aber seinem Rath folgen wollte, könnte er die Schiffe und alle Waaren in seine Gewalt bekommen. Der Vorschlag wurde angenommen und beide verabredeten folgende Verrätherey.

Den ersten May ließ der getaufte König den beiden Befehlshabern sagen, daß die Kostbarkeiten die er für den Kaiser bestimmt hätte in Bereitschaft wären, und er bäte sie möchten doch denselben Tag zu Mittag bey ihm speisen. Die beiden Anführer die keinen Verdacht hatten ließen sich dies gefallen, und giengen mit 24 Mann und einem Sterndeuter Namens Martin von Sevilia hin; Antonio Pigafetta konnte aber nicht mit, weil ihm die Stirne von einem Stoß mit einem vergifteten Pfeil aufgelaufen war. Als sie gelandet waren bemerkten Johann Carnai und noch einer, daß der Priester mit dem durch ein Wunder geheilten Indianer sprach, der sehr verdächtig war. Sie argwohnten daher etwas, und wollten wieder zu den Schiffen zurückkehren. Indem sie nun diese Vermuthung einander mittheilten, hörten sie ein lautes Schreien und Klagen, und lichteten darauf sogleich die Anker, feuerten mit großer Heftigkeit auf das Haus aus dem das Geschrey kam, und entfernten sich vom Ufer.

Gleich

Gleich nachher kam auch Johann Serrano im Hembde und verwundet gelaufen, der ihnen zurief, sie sollten nicht mehr schießen weil sie ihn leicht treffen könnten. Sie frugen ihn darauf ob alle und auch der Dollmetscher ums Leben gekommen wären, und erhielten zur Antwort es wären alle getödtet worden, nur dem Dollmetscher hätten sie kein Leid zugefügt. Zugleicher Zeit bat er auch man möchte ihn für einige Waaren aus den Händen dieser Barbaren befreien. Aber Johann Carnai ob er gleich ein Gevatter von Serrano war, wollte nebst den übrigen ihren Befehlshaber nicht erwarten, sondern eilten zu ihren Böten indessen der unglückliche Serrano weinte und klagte, daß ihn die Indianer sogleich umbringen würden so bald nur die Schiffe abgesegelt wären, und dabey Gott bat, daß er am Tage des Gerichts seine Seele von den Händen seines Gevatters Johann Carnai fordern möchte; aber alle seine Reden vermochten nichts, sie giengen unter Segel, und man hat nie erfahren ob er am Leben geblieben oder gestorben ist. 34)

In der Insel Zubut findet man Hunde, Katzen und Mäuse, Hirsen, Buchweizen, Gerste, Ingwer, Feigen, Pomeranzen, Limonien, Zuckerrohr,

34) Maximilian von Siebenbürgen sagt, sie hätten den Serrano zurücklassen müssen, weil ihre Anzahl in den verschiedenen Gefechten so sehr geschmolzen war, daß sie weder etwas gegen die Einwohner dieser Insel unternehmen, noch einmal ihre Schiffe bemannen können.

rohr, Honig, Kokusbäume, Fleisch von verschiedenen Thieren, Palmwein und Gold. Diese Insel ist groß und hat einen guten Hafen, der zwey Mündungen hat, eine gegen Ost-Nordost und die andre gegen Westsüdwest, sie liegt im 10ten Grade 11 Minuten nördlicher Breite, und 164 östlicher Länge von Sevilla. Die Einwohner spielen auf der Violine mit Saiten von Bast. Noch muß bemerkt werden, daß wir wenige Tage vor dem Tode des Capitains die Lage der Moluckischen Inseln erfuhren.

In einer ziemlichen Entfernung von der Insel Zubut, nahe bey einer andren Insel Namens Bohol, die in der Mitte dieses Archipelagos liegt, hielten wir einen Rath in welchem alle beschlossen, daß weil unsre Anzahl sehr vermindert war, wir das Schiff die Concessione genannt, verbrennen, und mit dem tauglichen Tauwerk und andren Sachen die beiden andren Schiffe ausrüsten wollten. Nachdem wir diesen Anschlag ausgeführt hatten, segelten wir gegen Südwesten, und erreichten um Mittag das Ufer einer Insel die den Namen Paviloghon führte und von Schwarzen bewohnt war. Nach diesem kamen wir an eine andre große Insel wo wir landeten, und den König derselben besuchten, welcher zum Zeichen des Friedens seine linke Hand verwundete und mit dem Blute seinen Leib, sein Gesicht und die Spitze seiner Zunge bestrich, welches unter diesem Volke ein Zeichen einer sehr großen Ergebenheit ist, und

eben

eben das thaten wir auch. Nach diesem gieng Antonio Pigafetta allein mit dem Könige in einigen von ihren Kähnen um die Insel zu besehen. Und als sie an einen Fluß kamen überreichten einige Fischer dem Könige eine Menge Fische. Der König der sein Gewand abgeworfen hatte ruderte selbst mit seinen Vornehmsten indem sie alle dazu sangen. Auf diese Art paßirten sie viele Wohnungen die an dem Ufer des Flusses lagen, und kamen um zwey Uhr Nachts an der Wohnung des Königes an, wo man ihnen viele Fackeln von Rohr und Palmzweigen entgegen trug die bis zum Abendessen brannten. Ehe sie aber zu Nacht aßen leerte der König nebst zwey seiner Vornehmsten Leute und zweyen seiner Weiber die sehr schön waren, ein großes Gefäß voll Palmwein ohne etwas dabey zu essen. Sie verlangten auch daß Antonio Pigafetta ein gleiches thun sollte, der sich aber entschuldigte, daß er schon zu Abend gegessen hätte, und also nur einmal trank, und zwar mit den Ceremonien die er von dem Könige von Messana gelernt hatte. Als dies nun vorbey war, ward das Essen welches in Reis und Fischen bestand in vielen porcellainen Schüsseln aufgetragen. Während demselben tranken sie keinen Wein, sondern schöpften aus den Schüsseln die gesalzene Brühe der Fische und tranken solche, und den Reis aßen sie statt Brod. Ihre Art den Reis zu bereiten ist folgende: Sie haben große Pfannen aus Thon gemacht, in diese legen sie ein großes

ses Blatt, welches den ganzen Boden bedeckt, und thun alsdenn den Reis mit Wasser hinein den sie so lange kochen lassen bis solcher so hart als Brod ist, alsdenn nehmen sie ihn heraus und schneiden ihn in Stücken, und alle diese Völker bereiten ihren Reis auf gleiche Art. Nach Tische ließ der König eine Matte von Binsen und eine andre von Palmrinde nebst einem Kopfkissen von Laub für Antonio Pigafetta zum Nachtlager bringen: er aber und seine beiden Weiber schliefen an einem abgesonderten Ort. Den folgenden Tag gieng Antonio Pigafetta während man das Mittagsessen bereitete in der Insel herum und bemerkte in vielen Häusern mancherley Sachen aus Gold verfertiget, aber wenig Lebensmittel. Nach dem Mittagsessen welches wieder aus Reis und Fischen bestand, gab Pigafetta dem Könige durch Zeichen zu verstehen, daß er wohl die Königin sehen möchte. Der König ließ sich dies gefallen, und sie giengen zusammen auf die Spitze eines hohen Berges wo die Wohnung der Königin war. Beym Eintritt in dieselbe machte Antonio ihr eine tiefe Verbeugung, welche sie erwiederte und ihn nöthigte sich bey ihr nieder zu setzen. Sie war eben beschäftiget eine sehr saubre Matte von Palmrinde zu verfertigen unter welchen sie schlafen. Ringsherum in dem Hause standen viele porcellaine Gefäße auf hölzernen Gestellen, und vier metallene Cymbeln eine große und drey kleine mit denen sie ein Geklirre machen. Antonio bemerkte auch eine Menge

Glas

Sklaven beides Männer und Weiber von denen sie bedient wurde. Da sie nun eine Weile geblieben waren nahmen sie Abschied und kamen wieder in das Haus des Königes wo man ihnen Zuckerrohr vorsezte. Nachdem was wir erfahren haben ist wohl in dieser Insel nichts so häufig als das Gold; denn der König gab Antonio durch Zeichen zu verstehen, daß es in einem gewissen Thal eine große Menge davon gäbe, aber aus Mangel an Eisen bleibt es in der Erde verborgen. Dieser Theil der Insel ist eins mit Buthuan und Calaghan: 35) er liegt oberhalb Bohol und gränzt an Messana. Als der Mittag heranrückte verlangte Antonio, daß man ihn nach dem Schiffe zurückbrächte, sie stiegen also wieder in ihren Kahn und schifften mit dem Strom den Fluß hinunter, dessen Ufer mit dem lachendsten Grün bekleidet waren. Unterwegens bemerkten sie rechter Hand in einem Sumpf drey Männer an einem Baum hängend. Antonio frug den König wer sie wären, und erfuhr daß es Verbrecher und Diebe waren. Diese

35) Nach der Lage welche Pigafetta dieser Insel giebt, scheint es, daß die Spanier auf der nördlichen Küste, von Magindano landeten. Diese Insel besitzt alle hier beschriebenen Produkte, man findet auf ihrer nördlichen Küste auch einen Ort Butuan, allein Magindano ist von Luzon weiter als zwey Tagereisen entfernt, auch der Name Chippit den Pigafetta ihr beylegt, paßt so wenig als der Name Siberth beym Maximilian von Siebenbürgen, auf diese Insel.

Diese Insulaner gehen alle nackend, wie wir bey allen Völkern dieser Gegend bemerkt haben. Ihr König nennt sich Raja Calavar; es ist hier ein sehr guter Hafen. Die Produkte des Landes sind: Reis, Ingwer, Schweine, Ziegen, Hühner und mehr dergleichen; es liegt im achten Grade nördlicher Breite, und hundert und siebenzig Grade der Länge von dem Orte unsrer Abreise. Dieses Land ist von Zubut 50 Seemeilen entfernt, und heißt Chippit, und zwey Tagereisen davon gegen Nordwesten findet man eine große Insel Lozon genannt.

Nach unsrer Abreise von hier, richteten wir unsren Lauf zwischen Westen und Südwesten, wo wir auf eine kleine beynahe wüste Insel stießen. Es wohnen auf derselben nur einige wenige Mohren die von einer Insel Namens Burneo verbannt waren. Diese gehen nackend, und führen Blasröhre nebst Köchern voll vergifteter Pfeile die sie durch die Blasröhre ausschießen; sie haben auch Dolche, an denen der Griff von Gold und mit Juwelen besetzt ist, auch Lanzen und Schilde, und Küraße von Büffelhaut. Diese Insel ist sehr schlecht mit Lebensmitteln versehen, und sehr waldicht, sie liegt $7\frac{1}{2}$ Grad der Breite und vierzig Seemeilen von Chippit, und wird Caghaian 36) genannt.

Un-

36) Es liegen zwey Inseln dieses Namens zwischen den Philippinen und Borneo, Cagajan Cujo, und Cagajan

Ungefähr fünf und zwanzig Seemeilen von dieser Insel, fanden wir zwischen West und Nordwest eine andre große Insel; ihre Produkte waren, Reis, Ingwer, Schweine, Ziegen, Hühner, eine Art Feigen einer Elle lang und eines Arms dicke von sehr gutem Geschmack, und noch eine Art eine Spanne lang und überhaupt kleiner als die vorerwähnten, aber noch weit schmackhafter, Kokus, Bataten, Zuckerrohr, und einige eßbare rübenartige Wurzeln. Hier verstehen sie den Reis unter dem Feuer in gewissen Röhren oder vielmehr hölzernen Gefäßen zu backen, wodurch er noch härter wird als auf die vorerwähnte Art in irdnen Pfannen. Dieses Land konnten wir mit Recht das gelobte Land nennen, denn wenn wir es nicht entdeckt hätten, wären wir gewiß vor Hunger umgekommen. Sobald wir ankamen besuchten wir den König der sogleich einen Freundschaftsbund mit uns stiftete, indem er sich mit einem Messer in die Brust ritzte, und zum Zeichen des wahren Friedens seine Zunge und Stirne mit dem Blute färbte, und hierin folgten wir ihren Beyspiele. Diese Insel heißt Pulaoan und liegt neun und ⅓ Grad nördlicher Breite, und 179 Grade der Länge von dem Ort unsrer Abreise.

Die Leute von Pulaoan gehen wie alle andren nackend; sie bedienen sich gleichfalls der
Blas-

jan Suluh. Wahrscheinlich war es die Lezte, welche ostwärts von Banghei, Borneo näher liegt, die von Magelhans Gefährten besucht ward.

Blasröhre und hölzerner Pfeile einer Spanne lang mit Dornen und Haken statt der Spitze versehen und mit dem Saft einer gewissen Pflanze vergiftet. Sie haben auch zugespitzte Stangen mit vergifteten Haken, und statt des Gefieders bevestigen sie ein Stück einer weichen Holzart an dem Kopf oder obern Ende. Sie setzen einen großen Werth auf Ringe, meßingene Halsketten, Glöckchen, Rosenkränze, und Bindfäden um ihre Fischhaken daran zu bevestigen. Es giebt hier sehr große und zahme Hühner, die sie aber aus einem gewissen Aberglauben nicht essen; zuweilen lassen sie solche miteinander kämpfen, und derjenige dessen Huhn den Sieg davon trägt bekömmt den Preis. 37) Sie machen eine Art Wein von distillirten Reis welcher stärker und von bessern Geschmack als der Palmwein ist. Zehen Seemeilen von dieser Insel gegen Südwesten sahen wir eine andre, und indem wir an der Küste derselben segelten schien sie sich zu heben. Sobald wir in den Hafen eingelaufen waren, ward das Wetter sehr stürmisch und trübe, bald aber zeigte sich auf den Masten das St. Elmes Feuer, und alles ward wieder ruhig. Von dem Anfang dieser Insel bis zum Hafen sind fünf Seemeilen. Den folgenden Tag, welches den neunten Julius war, schickte der

---

37) Dies ist das bey den malelischen Völkern in Sumatra, und den benachbarten Inseln so sehr gewöhnliche Hahnengefecht, das Marsden in der History of Sumatra, S. 236. näher beschreibt.

der König der Insel die Borneo heißt, ein Fahrzeug an uns ab, welches sie dort Prao nennen; dieses gleicht einem schönen Jagdschiffe, das Vorder- und Hintertheil war mit Gold geziert, und auf dem Vordertheil wehte eine blau und weisse Flagge, deren Spitze ein grosser Federbusch von Pfauenfedern schmückte: auf dem Schiffe waren verschiedene die auf Flöten bliesen und Trommeln schlugen. Mit diesem Prao kamen zwey andre Fahrzeuge die sie Almadie nennen, und die unsern Fischerböten gleichen. Acht von den vornehmsten Männern in den Böten kamen jetzt an Bord unsrer Schiffe, wo wir sie auf Teppichen die in dem Hintertheil des Schiffes ausgebreitet waren zum Sitzen nöthigten. Hier überreichten sie unsern Leuten ein hölzernes bemahltes mit einem gelbseidnen Tuche bedecktes Gefäß mit Betel und Areka angefüllt, (welches eine Art Frucht ist die sie mit Jasmin und Pomeranzenblüthe kauen) zwey Käfige voll Hühner, zwey Ziegen, drey Gefäße voll Wein von destillirten Reis, und verschiedene Bündel Zuckerrohr, und eben das schenkten sie auch dem andren Schiffe und nahmen denn Abschied nachdem sie uns umarmt hatten. Dieser Wein von Reis ist so hell als Wasser aber dabey so stark, daß er leicht berauscht, sie nennen ihn in ihrer Sprache Arak.

Sechs Tage nachher sandte der König zum zweytenmale drey Praos mit grossem Prunk und Flötenspiel, Trommeln und klingenden meßingenen

nen Cymbeln. Diese umgaben unser Schiff und begrüßten uns mit ihren Tuchmützen die nur die Hälfte des Kopfes bedeckten, und wir erwiederten ihren Gruß dadurch, daß wir unser Geschütz ohne Kugeln abfeuerten. Nach diesem überreichten sie uns verschiedene Speisen alle aus Reis bereitet, einige in längliche Stücken geschnitten und in Blätter eingewickelt, andre von der Gestalt und Größe eines Zuckerhuts, noch andre in Form kleiner Kuchen; hiebey gaben sie Eyer und Honig, und sagten ihr König erlaubte uns Holz und Waßer einzuschiffen, und mit seinen Unterthanen nach Gutdünken Handel zu treiben. Als wir dies hörten stiegen acht von unsren in ein Prao und brachten dem Könige ein Geschenk, welches in folgenden Dingen bestand. Ein Kleid von grünen Sammet auf türkische Art, ein Sessel mit violetten Sammet beschlagen, fünf Ellen rothes Tuch, eine rothe Mütze, ein gläsernes Gefäß mit einem Deckel, einige Bogen Papier und ein vergoldetes Schreibzeug. Der Königin schenkten wir drey Ellen gelbes Tuch, ein paar Schuhe mit Silber beschlagen, und ein kleines Schächtelgen mit Nehnadeln, dem Gouverneur drey Ellen rothes Tuch, eine Mütze und eine silberne Tasse; dem Vornehmsten von denen die mit dem Prao gekommen waren gaben wir ein Kleid von roth und grünen Tuch auf türkische Art, und einige Bogen Papier und den andren sieben ein Stück Tuch, eine Mütze und einige Bogen Papier, und so giengen wir ab

um

um den König zu besuchen. Als wir nahe bey der Stadt waren, mußten wir beynahe zwey Stunden in dem Prao bleiben. Endlich erschienen zwey Elephanten mit Seidenzeug behangen und zwölf Mann mit porcellainen Gefäßen mit Seidenzeug bedeckt, um die Geschenke darin zu tragen. Unsre Abgesandten stiegen auf die Elephanten, und die zwölf Mann giengen mit den Geschenken in den porcellainen Gefäßen vor ihnen her nach dem Hause des Befehlshabers. Hier ward ihnen eine Abendmahlzeit von vielen Speisen vorgesezt, und die Nacht brachten sie auf baumwollenen Matrazen zu. Den folgenden Tag blieben sie zu Hause bis um die Mittagsstunde, alsdenn kamen die Elephanten wieder, und nun giengen sie in der nemlichen Ordnung mit den angeführten zwölf Leuten nach dem Pallaste des Königes hin. Alle Straßen dahin waren auf seinen Befehl mit Bewafneten besezt, welche Lanzen, Säbel und Schilde hatten. So bald sie bey dem Pallast ankamen giengen sie auf den Elephanten in einen Hof vor demselben, hier stiegen sie ab und stiegen einige Stufen hinauf von dem Befehlshaber begleitet in einen großen Saal, wo sie dem äußern Ansehen nach verschiedene Personen vom Stande vorfanden. Hier sezten sie sich auf Teppichen und die Geschenke wurden neben ihnen hingestellt. An dem Ende dieses Zimmers war ein andres, etwas höher aber kleiner, es war mit seidnen Tapeten behangen, und hatte zwey

mit

mit seidnen Vorhängen zugezogene Fenster, durch welche das Licht in das erste Zimmer fiel. In demselben standen dreyhundert Mann mit kleinen Degen in den Händen, die sie auf die Lenden stüzten, diese hielten sich hier zur Wache des Königes auf. An dem andren Ende dieses kleinern Zimmers war ein großes Fenster von dem man einen Vorhang von Goldstück wegzog, und durch dasselbe den König erblickte; der mit seinem Sohn an einem Tische saß und Betel kauete. Hinter ihm konnte man sein ganzes Serail sehen. Alsdenn sagte einer von den Vornehmen zu unsern Leuten, sie könnten nicht mit dem Könige sprechen; verlangten sie aber etwas, so sollten sie es nur bey ihm anbringen, es würde es alsdenn einem der Vornehmsten melden, und dieser dem Bruder des Befehlshabers der sich in den kleinern Zimmer aufhielt. Von ihm würde unser Gesuch ein anderer erfahren, der in des Königszimmer zugegen wäre, und dem er es durch ein durch die Wand gestecktes Sprachrohr melden müste. Nachher belehrte sie eben derselbe Mann wie sie dem Könige drey Verbeugungen mit aufgehobenen, und über dem Kopf zusammengeschlagenen Händen machen müften. Eben so mußten sie auch die Füße einen nach den andren aufheben, und denn ihre eigenen Hände küssen. Nachdem die unsrigen diese königlichen Verbeugungen gemacht hatten, sagten sie, sie wären Unterthanen des Königes von Spanien, und wünschten mit dem Könige des Landes in

Frieden zu leben, und die Erlaubniß zu haben, dort zu handeln. Der König ließ ihnen hierauf antworten, daß der König von Spanien sein Freund seyn wolle, wäre ihm sehr angenehm, und er wünsche mit ihm ebenfalls in Freundschaft zu leben, übrigens möchten sie sich mit Holz und Wasser versehen, und handeln so viel sie wollten. Hierauf überreichten unsre Leute ihre Geschenke, indem sie bey jedem eine kleine Kopfneigung machten. Der König ließ dagegen einem jeden ein Stück Gold= und Silbergesticktes Seidenzeug geben, welches ihnen auf die linke Schulter gelegt und denn weggenommen ward. Nachher ward ihnen Gewürznelken, Zimmt und Zucker aufgetragen, und sobald sie diese Speisen verzehrt hatten, wurden die Vorhänge schleunig zugezogen und die Fenster zugemacht. Alle Männer in diesen beiden Zimmern trugen ein Stück buntfarbigtes Seidenzeug um die Lenden, einige hatten Dolche mit goldenen Griffen mit Perlen besetzt, und viele Ringe mit Edelsteinen an den Händen. Die unsrigen verließen jezt den Pallast, und wurden auf den Elephanten wieder zu dem Hause des Befehlshabers geführt, und acht Männer giengen mit den Geschenken des Königes voran. Sobald sie bey dem Hause ankamen legten sie jeden von den unsrigen sein Geschenk auf die linke Schulter, und erhielten für ihre Mühe jeder ein paar Messer. Einige Zeit nachher kamen neun andre Männer von dem Könige nach dem Hause des Gouverneurs.

neurs. Jeder trug eine Schüssel und in jeder Schüssel waren zehen bis zwölf kleinere Porcellain-Schüsseln mit Kalbfleisch, Capaunen, Hühnern, Pfauen und andren Vögeln und Fischen angefüllt. Wie nun die Stunde der Abendmahlzeit herannahte, sezten sie sich auf eine schöne Matte von Binsen, und aßen von dreißig bis zwey und dreißig verschiedenen Speisen, aus Fleisch und Fischen, mit Eßig und andren Dingen bereitet. Bey jeder Speise tranken sie Brandtewein aus einem kleinen Gefäße von Porcellain, welches nicht größer als ein Ey war. Noch hatten sie andre Speisen die mit so viel Zucker bereitet waren, daß sie solche mit goldenen Löffeln von eben der Form wie die unsrigen essen mußten. An den Orte wo sie zwey Nächte schliefen, brannten beständig auf zweyen etwas erhöhten silbernen Leuchtern zwey große Wachskerzen, und zwey große Lampen. Endlich kamen unsre Leute auf den Elephanten wieder an das Ufer des Meeres, und hier fanden sie zwey Böte, welche sie bis an Bord des Schiffes führeten. Diese Stadt ist ganz im Salzwasser erbaut, ausgenommen die Häuser des Königes und einiger Vornehmer. Die Anzahl der Häuser beläuft sich auf 20 bis 25000. Sie sind ganz von Holz, und stehen auf starken Pfählen hoch über der Erde. Wenn das Wasser steigt fahren die Weiber in kleinen Kähnen in der ganzen Stadt herum, und verkaufen allerley Lebensmittel. Das Haus des Königes ist aus großen Quatersteinen aufgemauert, und mit Wällen wie eine Vestung umgeben. Dieser König ist ein Schwarzer, und heißt Raja Siapada; er ist sehr fett und ungefähr vierzig Jahre alt. In seinem Hause befinden sich blos Weiber, und die Töchter seiner Vornehmsten die sein ganzes Hauswesen bestellen. Er verläßt seinen Pallast niemals außer wenn er auf die Jagd oder in den Krieg geht, und keiner darf mit ihm anders als durch ein Sprachrohr reden, welches sie für ehrerbietiger halten. Er unterhält in seinen Diensten zehen Schreiber, welche alles was geschieht auf ganz dünnen Baumrinden aufschreiben, und Chiritoles genannt werden.

Montag Morgens als den 29sten July sahen wir über hundert Praos, und eben so viel kleinere Fahrzeuge welche sie Tungulis nennen, in drey Parthien auf uns zu kommen. Da wir eine so große Menge sahen, vermutheten wir einen verrätherischen Ueberfall, und giengen so geschwind als möglich unter Segel, und zwar so eilig, daß wir ein Anker im Stich ließen. Hauptsächlich befürchteten wir unter einige Fahrzeuge zu gerathen, welche sie Jonken nennen, und die den vorhergehenden Tag dorthin gekommen waren. Wir segelten also gerade auf diese zu, und nahmen vier davon weg, wobey viele Menschen umkamen, vier Fahrzeuge aber ruderten geschwinde ans Land. In einer von den Jonken die wir wegnahmen befand sich der Sohn des Königes

von

von Lozon, 38) welcher der Admiral dieses Königes von Borneo war, und mit diesen Fahrzeugen von einer großen Stadt, Namens Lao, die auf der Spitze der Insel Borneo, gegen groß Java zu, liegt; gekommen war, welche Stadt sie zerstört hatten. Unser Lootsen Johann Carvai ließ diesen Admiral wieder die Absicht der unsrigen, vermittelst einer gewissen Quantität Gold, wie wir hernach erfuhren mit seinem Schiffe entkommen. Hätte er dieses nicht gethan, so würde uns der König alles was wir nur verlangt hätten gegeben haben, weil der Admiral in diesen Gegenden sehr angesehen war, und hauptsächlich von den Heiden, welche unversöhnliche Feinde des mohrischen Königes waren sehr gefürchtet wurde. Diese Heiden haben hier eine große Stadt, weit ansehnlicher als die andern den Mohren zugehörige, und die ebenfalls in der See erbaut ist. Wegen ihrer Feindschaft mit den Mohren, fallen oft Schlachten zwischen ihnen vor, und die beiden Könige müssen bey jeden Handgemenge zugegen seyn. Der Heiden König ist eben so mächtig als der Mohren König, aber nicht so stolz, sondern von einem sanften Karakter, und würde sich leicht zum Christenthum haben bekehren lassen. Als der Mohren König erfuhr wie wir seine Fahrzeugen behandelt hatten, ließ er uns durch einen

38) Wahrscheinlich Luzon, die vornehmste von den philippinischen Inseln. Ortega ist S. 35. eben dieser Meinung.

einen unsrer Leute der an Land gewesen war, sagen; die Praos wären nicht gekommen uns anzugreifen, sondern gegen die Heiden zu ziehen, und dies zu beweisen schickte er uns die Köpfe einiger Erschlagenen, welche wie er sagte, Heiden waren. Wir verlangten hierauf, daß er zwey von unsren Leuten die des Handels wegen in der Stadt geblieben waren, frey lassen sollte, wovon einer der Sohn des Johann Carnai war. Er wollte aber nicht, und daher ließ Carnai den gefangenen Admiral entkommen, wie oben gemeldet worden, um seinen Sohn zu befreien.

Diese Fahrzeuge Jonken genannt, werden auf folgende Art gemacht. Zwey Spannen oberhalb den Wasser sind sie mit Brettern, von einem dem Lerchenbaum ähnlichen Holze belegt, und an den Seiten ebenfalls mit Holz befestiget. Ueber dieses legen sie eine große Menge Stäbe von Rohr. Jede dieser Jonken ist auf der einen Seite mit einer ziemlichen Last beladen, und auf der andern sind große Rohrstäbe zum Gegengewicht. Der Mastbaum des Fahrzeugs ist eine dicke Rohrstange, und des Segel besteht aus zusammengefügter Baumrinde und ist von runder Gestalt. Das hiesige Porcellain wird aus einer sehr weissen Erde verfertiget, welche funfzig Jahre unter der Erde liegen muß, ehe sie zum Gebrauch tauglich ist, sonst würde sie nicht den gehörigen Grad der Feinheit besitzen. Der Vater vergräbt solche für seinen Sohn, legt man in ein solches feines por-
cel-

cellaines Gefäß, Gift, so springt solches sogleich in Stücken. Das Geld welches die Mohren in diesen Lande machen ist von Metall, und in der Mitte durchbohrt um es an Fäden zu reihen: Es hat nur auf einer Seite vier Zeichen, welches vier Buchstaben des großen Königes von China sind, der sich auf dem festen Lande aufhält. Dieses Geld nennen sie Picis. 39) Für ein Catil, (oder zwey Pfund) Queckſilber verkaufen sie sechs porcellaine Schüsseln, und für ein Catil Metall geben sie ein porcellain Gefäß. Gleichfalls für drey Messer ein porcellain Gefäß, und für einige Buch Papier hundert Picis; für hundert und sechzig Catil Metall geben sie ein Bahar Wachs; ein Bahar aber ist zweyhundert und drey Catil. Für achtzig Catil Metall ein Bahar Salz, für vierzig Catil Metall ein Bahar einer Art Harz, welches sie zum Verpichen der Schiffe gebrauchen, weil sie kein Pech in diesen Gegenden haben. 40) Hier schätz-

39) Diesen Namen oder wie ihn die Engl. schreiben Pice führt auch eine kleine Münze die, nicht nur auf den indischen Inseln, sondern auch auf dem festem Lande in Malabar und Coromandel gilt. Acht Pices beträgt einen Fanam, und ein Pice kann man etwa zu drey deutsche Pfenning rechnen.

40) Dieses Harz heißt Dammar und geht stark von den Inseln nach Bengalen. Die Bäume schwitzen dieses Harz ohne Einschnitte aus. Man macht einen Unterschied zwischen Dammer Battu, welches die Bäume selber hervorbringen, und unter denselben in großen

schätzten sie hauptsächlich Metall, Quecksilber, Glas, Cinnober, Leinen und wollen Tuch, und verschiedene andre Waaren, aber Eisen über alles. Diese Mohren gehen nackend, und von ihnen erfuhren unsre Leute, daß sie in einigen ihrer Arzneien Quecksilber gebrauchen, die Kranken zum Abführen, und die Gesunden um ihre Gesundheit zu erhalten.

Dieser König von Borneo hat zwey Perlen, so groß als Hühner Eyer, und so rund, daß sie auf einem glatten ebenen Tische nicht still liegen können.

Diese Mohren glauben an Mahomet und beobachten seine Gesetze. Sie essen daher auch kein Schweinfleisch. Wenn sie ihren Hintern reinigen oder waschen, bedienen sie sich dazu der linken Hand. Zuweilen brauchen sie zwar die rechte dazu, aber denn würden sie auch um keinen Preis den Mund oder die Zähne mit dieser Hand berühren. Wenn sie ihr Wasser abschlagen wollen, setzen sie sich dazu hin. Sie tödten keine Henne oder Ziege, ohne vorher die Sonne anzurufen. Einer Henne schneiden sie die Spitze des Flügels ab, legen ihr solche unter die Füsse, und schneiden sie alsdenn mitten durch. Sie essen kein Fleisch von irgend einem Thier das nicht frisch geschlachtet ist, und beschneiden sich wie die Juden.

Die

großen Klumpen gefunden wird, und Dammer Crupen, welches aus den Einschnitten des Baums tröfelt. v. Marsdens history of Sumatra. p. 128.

Die Produkte dieser Insel sind Kampfer, eine Art Harz das aus einem Baume träufelt, den sie Capar nennen. Zimmt, Ingwer, Mirobolan, Pomeranzen, Citronen, Zuckerrohr, Melonen, Gurken, Kürbisse, Rettiche, Zwiebeln, Schweine, Ziegen, Hühner, Hirsche, Elephanten, Pferde u. s. w. Diese Insel Borneo ist so groß, daß man drey Monate zubringen würde, sie in einem Prao zu umsegeln. Sie liegt $5\frac{1}{4}$ Grad nördlicher Breite, und $176\frac{2}{3}$ Grade der Länge von dem Orte unsrer Abreise. 41)

Bey der Abreise von dieser Insel richteten wir unsern Lauf wieder zurück, um ein Schiff welches leck geworden war auszubessern. Das andre war durch die Schuld des Lootsen auch in Gefahr auf einer Sandbank bey der Insel Bibalan zu scheitern, mit Gottes Hülfe aber ward es noch gerettet. Darauf sezten wir unsern Lauf fort, und sahen ein Prao, welches wir wegnahmen. Es war mit Cocosnüssen beladen, welche die Leute nach Borneo führten. Leztere retteten sich durch Schwimmen an eine nahgelegene Insel.

An einem Ende der Insel Borneo findet man eine andere Namens Cimbubon, welche unter dem achten Grade sieben Minuten nördlicher Breite liegt und einen bequemen Hafen zu Ausbesserung

---

41) Die wahre Lage von Borneo ist, von den siebenden Grad nördlicher bis vier ein halb Grad südlicher Breite. S. Daniel Beckmanns Voyage to and from the Island of Borneo. Lond. 1718. Octav.

rung der Schiffe hat. Hierher segelten wir, und da wir nichts mit uns führten, was zur Ausbesserung erforderlich war, wurden wir genöthiget vierzig Tage an diesem Orte zu bleiben. Unsre Arbeit war überhaupt äußerst mühsam, aber das beschwerlichste, das Holz aus den Wäldern zu holen, indem unsere Leute keine Schuhe an den Füssen hatten, weil alle durch die Länge der Zeit abgenutzt waren. In diesen Wäldern fanden wir auch wilde Schweine, von denen wir eines schlachteten und nach dem Schiffe brachten. Während der Zeit daß wir uns hier aufhielten, sezten wir nach einer andern Insel über, auf welcher wir eine Art Thiere wie große Crocodille fanden; sie hatten einen zwey Spannen langen Kopf, große scharfe Zähne und lebten im Wasser und auf dem Lande. Wir fiengen auch einige Strausse von verschiednen Gattungen. Unter andern zwey, von denen das Fleisch des einen 25 und des andern 44 Pfund wog. Wir fiengen auch einen Fisch mit einen Schweinskopf, und zwey Hörnern. Der ganze übrige Theil des Leibes bestand aus einem Knochen, der Rücken war aber klein, und wie ein Sattel gestaltet. Auch war an diesem Ort ein Baum, dessen Blätter wenn sie auf die Erde fielen, wie lebendig herumkrochen. Sie haben an jeder Seite etwas das zwey kurzen spitzen Füßen gleicht, wenn man sie aberabschneidet so bemerkt man kein Blut, oder Flüßigkeiten aus der Wunde. Die Blätter haben die Gestalt wie Maul-

beerblätter, und wenn man eines davon berührt, bewegt es sich sogleich und kriecht fort. Antonio Pigafetta bewahrte eines dieser Blätter acht Tage in einer Schüssel, und sobald er es berührte lief es rund um die Schüssel; er vermuthete daß es blos von der Luft lebe.

Als wir diesen Hafen verlassen hatten stießen wir an der äußersten Spitze der Insel Pulaoan auf eine Jonke, welche von Borneo kam, und den Gouverneur von Pulaoan an Bord hatte. Wir machten ihnen ein Zeichen die Segel zu streichen, und da sie solches nicht thun wollten, nahmen wir sie mit Gewalt weg. Der Befehlshaber derselben versprach hierauf, wenn wir ihm die Freiheit wieder geben wollten, würde er uns in Zeit von sieben Tagen vierhundert Maas Reis, zwanzig Schweine, zwanzig Ziegen und neunzig Hühner geben. Dies that er auch, und fügte noch Cocosnüsse, Feigen, Zuckerrohr, einige Gefäße mit Palmwein und andre Dinge hinzu. Und da er sich so freigebig gegen uns erzeigte, gaben wir ihm noch einige Dolche und hölzerne Bogen wieder heraus. Dazu schenkten wir ihm noch ein Tuch um den Kopf zu binden, ein Kleid von gelben Tuch und fünf Ellen Leinwand, den Sohn gaben wir einen großen Mantel von blauen Tuch, und dem Bruder dieses Befehlshabers ein Kleid von grünen Tuch und verschiedene andere Sachen. Wir trennten uns hierauf als gute Freunde, und wandten uns zur Rechten der Insel Caghaian,

dann

nach dem Hafen von Chippit. Hier richteten wir unsern Lauf nach Osten und dann nach Südwesten, um die moluckischen Inseln zu entdecken, und kamen nicht weit von einigen großen Bergen vorbey, nahe bey welchen das Meer ganz mit großen Gräsern bedeckt war, welche am Grunde der See wachsen und bis auf die Oberfläche des Wassers reichen. Nachher entdeckten wir zwey Inseln Namens Zolo, 42) und Taghima, nahe bey welchen man uns sagte gebe es Perlen. Diese Inseln gehören jezt dem Könige von Borneo, in dessen Hände sie auf folgende Art geriethen. Dieser König heirathete die Tochter des Königes von Zolo, welche ihm eines Tages sagte ihr Vater habe zwey sehr große Perlen. Als der König von Borneo dieses hörte, ward sein Verlangen sie zu besitzen, so groß, daß er in einer Nacht hundert Fahrzeuge die sie Praos nennen zusammenbrachte; und mit diesem nach Zolo segelte. Hierauf nahm er den König und seine beiden Söhne gefangen und führte sie nach Borneo, wo der König von Zolo seine und seiner Kinder Freiheit zu erhalten ihm die beiden Perlen und noch überdem die Oberherrschaft über die vorerwähnten Inseln abtreten mußte.

Von hier segelten wir nach Osten zwischen zwey Dörfern Namens Cavit und Subanin, und einer bewohnten Insel die Monoripa heißt und von dem Bergen zehen Meilen entfernt ist. Die
Leute

42) Ist Suluh. s. Beyträge. 2. Th. S. 241. n. 1

Leute dieser Insel wohnen in Böten und haben keine andre Wohnungen. 43) In diesen beiden Städten Cavit und Subanin findet man den besten Zimmt, sie liegen auf den Inseln Bathuan und Callaghan. Wir waren gesonnen an diesem Orte zwey Tage zu bleiben, um die Schiffe zu beladen, da wir aber guten Wind hatten ein gewisses Vorgebürge und einige Inseln vorbey zu segeln, unterliessen wir das Belasten und eilten weiter. Zwey Messer vertauschten wir gegen 17 Pfund Zimmt. Der Zimmtbaum ist sehr hoch, und hat drey oder vier Zweige einer Ellen lang und von der Dicke eines Fingers. Die Blätter gleichen Lorbeerblättern. Die Rinde dieses Baumes ist der Zimmt, und wird zweymal des Jahres

43) Was Pigafetta hier von diesen Insulanern, die ihre ganze Lebenszeit auf dem Wasser zubringen kurz bemerkt, hat Forrest in seiner Voyage to New Guinea and the Moluccas from Ralambangam in der Vorrede und S. 373. näher erleutert. Noch findet man an den Küsten von Borneo, Celebes und den benachbarten Inseln dergleichen Leute, welche sich blos von der Fischerey nähren, und den Namen Badjoos führen. Ihr Ursprung ist ungewiß und sie sind jezt ein aus verschiedenen Völkern zusammengelaufener Haufe, und man findet Javaner, Chinesen und Macassaren unter ihnen. Die Badjoos welche sich bey Celebes aufhalten stehen mit den Holländern in guten Vernehmen, und werden von ihnen gebraucht Nachrichten von einem Ort zum andern zu bringen. Sie bleiben nicht lange an einem Ort, sondern segeln mit ihren Fahrzeugen von einem Ort zum andern.

res gesammelt. In ihrer Sprache nennen sie solchen Caumana. Cau bedeutet Holz und Mana süß.

Jezt segelten wir Nordwärts nach einer großen Stadt Namens Mangbando, welche auf der Insel Buthuan und Callaghan liegt, um von den Moluckischen Inseln Nachricht zu bekommen. Hier nahmen wir mit Gewalt ein Prao oder Fahrzeug weg, tödteten sieben Mann von denen die darin waren, und nahmen eilf andere gefangen, die von den vornehmsten in Mangbando waren. Unter diesen befand sich der Bruder des Königes von dem wir erfuhren in welcher Gegend die Molucken lagen. Wir verließen daher den Lauf gegen Norden und segelten nach Südwesten. An einen Vorgebürg dieser Insel Buthuan und Callaghan erzählte man uns als eine zuverläßige Sache, daß an dem Ufer eines gewissen Flusses, einige haarigte große Männer wohnten, die sehr tapfer mit Bogen und hölzernen Degen einer Hand breit stritten; und wenn sie einige ihren Feinde getödtet hatten, sogleich das Herz ganz roh mit Pomeranzen und Citronensaft fräßen. Diese haarigten Menschen heißen Benaian. Als wir unsren Lauf nach Südwesten richteten, waren wir sechs Grad sieben Minuten nördlicher Breite und dreißig Meilen von Cavil.

Indem wir gegen Südwesten segelten fanden wir vier Inseln, Ciboco, Birambata, Sarangani und Candingar. An dem Ufer der Insel Birambata

bata überfiel uns ein heftiger Sturm, als wir aber gebetet hatten, erschien das St. Elmes Feuer an den Masten der Schiffe, und sogleich hellte sich die Finsterniß auf, worauf wir ein Gelübde thaten, eine Sklavin zur Ehre der heiligen Helena, des heiligen Nicolaus und der heiligen Clara zu befreien. Als der Sturm vorbey war, segelten wir weiter bis an einen Hafen der in der Mitte der Insel Saramgani liegt, in welchen der Sage nach Gold und Perlen anzutreffen seyn sollten. Die Einwohner sind Heiden, und gehen wie alle andere nackend. Der Hafen liegt im fünften Grade neun Minuten nördlicher Breite und funfzig Meilen von Cavil.

In diesem Hafen blieben wir einen Tag, und nahmen mit Gewalt zwey Lootsen weg, die uns den Weg nach den Molucken zeigen sollten; dies ließen sie sich zulezt auch gefallen, und nun segelten wir in der Mittagsstunde ab, zwischen acht Inseln durch, die zum Theil bewohnt, theils wüste waren und Ceana, Canido, Cabiao, 44) Camuca, Cabalu, Chiai, Lipan und Nuza hießen.

Wir

---

44) Die wenigsten von diesen Inseln lassen sich jezt in diesem so wenig besuchten Theil des indischen Oceans auffinden. Doch einige hat Forrest auf seiner Charte bemerkt. Sarangani, kann die Insel Stranganant seyn, welche in der südlichen Nachbarschaft, des Hafens Batulacht, auf Magindano liegt. Cabiao und Cabalu sind wahrscheinlich die beiden kleinen Inselchen Cabio, und Cabaluse nordostwärts der Insel Sanghir.

Wir segelten jetzt bis an eine Insel Namens Sanghir, 45) welche an dem Ende dieser Inseln liegt, und sehr schön von Ansehen ist. Weil wir aber widrigen Wind hatten, konnten wir nicht weiter kommen, sondern segelten hin und her um dieselbe herum. Hier entkam uns in der Nacht einer von den Steuerleuten die wir im Hafen von Sarangani weggenommen hatten, und der Bruder des Königes von Mangbando nebst seinem Sohn, indem sie an die Insel schwammen, da aber der Sohn klein war, und sich an den Schultern des Vaters nicht festhalten konnte, muste er ertrinken. Weil wir hier des Windes wegen eine gewisse Landspitze nicht dubliren konnten, segelten wir unterhalb der Insel, und fanden noch viele andere. Sanghie ist ziemlich groß, und hat daher vier Könige; die Einwohner sind Heiden und die Insel liegt drey und einen halben Grad nördlicher Breite, und fünf und zwanzig Meilen von Sarangani.

Auf

45) Sangir liegt nach Forrest. (l. c. S. 311.) zwischen 3. Gr. 40. Min. südlicher, und 4. Gr. 30. Min. nördlicher Breite. Auf Baßets Charte von Ostindien ist sie ebenfalls verzeichnet, aber viel zu weit nach Norden. Die Holländer haben sie jetzt besetzt, und halten die Einwohner durch einen Sergeanten und zehn bis zwölf Mann in Gehorsam. Die Einwohner sind meistens Heiden, und europäische Waaren hier so theuer, daß sie für eine Klafter Messingdraht, das sie zu ihren Fischangeln gebrauchen, hundert Cocosnüsse, und hundert und funfzig für ein Messer geben.

113

Auf diesem Wege segelten wir bey fünf Inseln vorbey, von denen eine zehen Meilen von Sanghir liegt, und Lentava heißt. Auf dieser liegt ein sehr hoher aber nicht breiter Berg, auch hat sie einen eigenen König. Alle diese Inseln werden von Heiden bewohnt. Den sechsten November entdeckten wir vier andre hohe Inseln gegen Osten, vierzehen Meilen weit von den vorigen. Der Steuermann der bey uns geblieben war, sagte uns, es wären die Moluckischen Inseln. Sobald wir dieses hörten dankten wir Gott, und löseten vor großer Freude alle unsre Kanonen. Man wird sich auch über unsre Freude nicht wundern, wenn man bedenkt, daß wir bereits sieben und zwanzig Monathe, weniger zwey Tage diese Inseln gesucht hatten. Bey allen diesen Inseln bis an die Molucken hatten wir überall über hundert Klafter Wasser, welches gerade das Gegentheil von dem ist, was die Portugiesen behaupten, daß man hier wegen des flachen Grundes, und der beständigen Dunkelheit, welche der Nebel über den Himmel verbreite gar nicht segeln könne. Dies waren aber lauter Erdichtungen damit kein andrer hieher kommen möchte.

Den siebenten November 1521 drey Stunden vor Sonnenaufgang segelten wir in den Hafen einer Insel, welche Tidore hieß. Bey Sonnenaufgang näherten wir uns dem Lande bis auf zwanzig Klaftern, und löseten alle unsre Kanonen. Sobald es Tag war kam der König in einem

Prao an das Schiff, und ruderte um dasselbe herum. Hierauf fuhren wir ihm in einem Boot entgegen, um ihm Ehre zu erzeigen. Der König ließ unsre Leute in sein Prao steigen, und sich neben ihn setzen, er aber saß unter einem seidnen Himmel, mit Vorhängen an den Seiten. Vor ihm stand einer seiner Söhne mit einer Gerte in der Hand, und zwey angesehene Männer hielten zwey vergoldete Gefäße um ihm Wasser für die Hände zu reichen. Zwey andre hielten vergoldete Kästchen mit Betel. Der König wandte sich jetzt zu den unsrigen und hieß sie willkommen. Er sagte, schon lange hätte er im Traum gesehen, daß einige Schiffe aus weit entfernten Ländern nach den Molucken kommen würden, und um sich noch besser davon zu überzeugen, hätte er den Mond angesehen und darin bemerkt, daß diese Schiffe ankommen würden, und unsere Schiffe wären dieselben. Unsere Leute baten ihn hierauf sich auf unsern Schiffen etwas umzusehen, welches er auch gerne that. Hier wurden ihm von allen die Hände geküßt, worauf man ihn auf das Verdeck führte und auf einen mit rothen Sammt bedeckten Sessel zum Sitzen nöthigte; wir bekleideten ihn auch mit einem gelbsammeten Kleide, und um ihm noch mehr Ehre zu erzeigen, setzten wir uns ganz niedrig neben ihm hin. Darauf sagte der König, er und seine Unterthanen wollten treue und wahre Freunde des Königes von Spanien seyn. Er nähme uns an als ob wir
seine

seine Kinder wären, wie sollten nur an Land kommen, als wenn wir hier zu Hause wären. Auch sollte die Insel, wegen seiner großen Liebe zu unsrem Könige, den er für seinen Herren achtete, nicht mehr Tidore sondern Castilien heissen. Als unsre Leute dieses hörten hatten sie eine große Freude darüber, und machten dem Könige ein Geschenk, mit dem angeführten Kleide, dem Sessel, einem Stücke von der feinsten Leinwand, vier Ellen Scharlachtuch, einem Mantel von Goldstück, einem Stück gelben Damast, verschiedenen indischen Tüchern mit Seide und Gold gewürkt, einem Stück sehr weisser Leinwand von der Art welche von Cambaia kommt, sechs Schnüren Glaskorallen, drey großen Spiegeln, sechs Scheeren, sechs Kämmen, verschiednen vergoldeten Bechern und noch andren Sachen. Dem Sohne des Königes schenkten wir, ein indisches mit Gold und Seide gewirktes Tuch, einen großen Spiegel, eine Mütze und zwey Messer und neun anderen von dem Vornehmsten jedem ein seidnes Tuch, eine Mütze und zwey Messer, übrigens noch vielen andren Mützen und Messer. Dies gieng so weit, daß der König uns endlich befahl nichts weiter zu geben, indem er zu uns sagte: ich weis nicht was ich dem Könige von Spanien für so viel Freigebigkeit und Artigkeit zum Gegengeschenk anbieten soll, ich müßte ihm denn meine eigne Person schenken. Denn bat er uns, wir möchten der Stadt mit den Schiffen näher kommen, und sollte jemand uns des

Nachts zu nahe kommen, so könnten wir sie nur dreiste mit dem Feuergewehr abhalten. Der König war auch ein Mohr, und schon über fünf und funfzig Jahr alt, er war wohl gebildet und hatte ein königliches Ansehn, und man sagte, er wäre ein großer Sterndeuter. Seine Kleidung war wie er uns besuchte, ein Hemde von der feinsten Leinwand, und rund um dasselbe und um die Ermel mit reichen von Gold gewirkten Zierrathen geschmückt. Von dem Gürtel bis an die Erde war er noch mit einem weissen Tuch bekleidet. Er gieng dabey barfuß, und auf dem Kopf trug er einen seidnen Schleyer wie eine Bischofsmütze gestaltet, ganz mit Blumen durchwirkt. Er nannte sich Raja Sultan Mauzor.

Den neunten November frug uns der König wie lange wir von Spanien weg wären. Er verlangte auch einige Nachricht von unsern Gebräuchen, und unser Geld, Maas und Gewicht zu sehen, und fragte ob wir ein Bild des Königes von Spanien hätten. Wir gaben ihm auch eine königliche Fahne, weil künftig diese Insel und eine andre Namens Ternate die er einem seiner Neffen, welcher Colauophapia hieß geben wollte, unter die Herrschaft von Castillien gehören sollten. Er gelobte eine unverletzliche Treue, und daß er für seinen Herren bis in den Tod kämpfen wollte, und wenn er nicht mehr wiederstehen könnte, wolle er mit allen seinigen in einem seiner Fahrzeuge nach Spanien gehen. Als wir dieses hörten freuten

ten wir uns sehr, und machten eine neue königliche Fahne mit dem Wapen von Castilien. Jezt bat der König auch, daß einer von uns da bleiben möchte, damit er immer den König von Spanien im Gedächtniß behalten könne, wobey er auch versprach, daß der Zurückbleibende gut gehalten werden sollte. Dieser König von Tidore verlangte wir sollten nach einer nahgelegnen Insel Namens Bacchian gehen um unsre Schiffe dort geschwinder mit Gewürznelken zu beladen, weil er für beide Schiffe nicht genug Vorrath habe. Aber die Einwohner dieser Insel wollten an diesem Tage nicht mit uns handeln, weil es eben ihr Festtag war, welcher immer auf den Freitag fällt.

Die Gewürznelken wachsen auf fünf Inseln, Ternate, Tidore, Mutir, Macchian, Bacchian. 46) Die vornehmste dieser Inseln ist Ternate, deren lezter König beynahe alle andern Inseln beherrschte. Tidore wo wir uns jezt aufhielten, hat auch einen König. Mutir und Macchian hingegen haben keinen, sondern haben eine Art aristocratischer Verfassung. Wenn die beiden Könige von Tidore und Ternate mit einander kriegen, dienen die Einwohner der vorerwähnten Inseln als Kriegsvölker unter ihnen. Die lezte Insel Bacchian hat auch einen König. Diese ganze Gegend, welche die

Ge=

---

46) Die Holländer haben sie aber hier ausgerottet, und Gewürznelken werden jezt von ihnen einzig auf der Insel Amboina gezogen. s. politisches Journal. November. 1781. S. 343 ıc.

Gewürznelken hervorbringt, führt den Namen der Molucken. Hier erfuhren wir, daß ein Portugiese Namens Franz Serrano, der auf dem Wege von Osten hieher gekommen war, den die Portugiesen immer segeln, durch seine Geschicklichkeit und seinen Muth, Feldherr des Königes von Terstate geworden war, und den König von Tidore gezwungen hatte, seine Tochter dem ersteren zur Ehe zu geben, und dabey, alle Kinder der Vornehmsten von Tidore als Geissel auszuliefern. Als nun nachher der Frieden vermittelst dieser Heirath zwischen den beiden Königen wieder hergestellt war, gieng Serrano eines Tages nach Tidore um Nelken zu kaufen, wo ihn der König mit Betel welches sie zu kauen pflegen, vergiften ließ. Hierauf wollte er ihn nach seinem Gesetz begraben lassen. seine Leute aber die Christen waren, gaben es keinesweges zu, sondern verrichteten selbst den Gottesdienst. Diese Begebenheit hatte sich nur sieben Monate vor unsrer Ankunft hier zugetragen. Franz Serrano hatte auch eine Frau aus groß Java geheirathet, und einen Sohn und eine Tochter, nebst 200 Bahar Gewürznelken hinterlassen. Er war ein großer Freund und naher Verwandter unsers Befehlshabers Magelhans, und die erste Veranlassung, daß er den Entschluß faßte die Molukischen Inseln aufzusuchen. Denn als Serrano Feldherr des Königes der Molucken war, hatte er oft an ihn geschrieben, und ihm gemeldet wo er sich aufhielt, ihn auch gebeten hinzukommen.

men. Magelhan war aber mit dem Könige von Portugal Don Emanuel sehr unzufrieden, weil er glaubte, die Beschwerlichkeiten die er auf der Reise nach Ostindien erlitten, verdienten eine größere Belohnung als er von dem Könige erhalten hatte. Da er nun nicht belohnt wurde als ein tapferer Mann es verdiente, kam er nach Castilien zu dem Kaiser, wo man bald seinen hohen großen Geist erkannte, und daß er fähig war, von allen Orten wo er nur gewesen, gute Nachricht zu geben. Er erhielt daher von Sr. Majestät was er forderte, nehmlich die Ausrüstung einiger Schiffe um die Moluckischen Inseln auf einem westlichen Wege zu entdecken. Wenige Tage nach Serranos Tode ward der König von Ternate, welcher eine seiner Töchter mit dem Könige von Bacchian vermählet hatte, mit dem er aber damals im Krieg verwickelt war, und seine Stadt zu Grunde gerichtet hatte, von dieser Tochter vergiftet, als sie unter dem Vorwande Friede zu stiften ihren Vater besuchte. Dieser König hinterließ neun Kinder.

Den 11ten November kam einer von den Söhnen des Königes von Ternate, Namens Checcile Derois von zwey ihrer Fahrzeuge begleitet mit klingenden Cymbeln zu unsren Schiffen. Er war in rothen Sammet gekleidet, und wollte damals nicht an Bord kommen. Eben derselbe hatte die Frau und Kinder Serranos in seiner Gewalt. Sobald wir ihn sahen und erfuhren, wer er wäre,

ließ=

ließen wir den König von Tidore fragen, ob wir ihn empfangen sollten oder nicht, da wir in seinem Hafen wären? worauf uns der König antworten ließ, wir möchten thun, was uns gefiele. Mittlerweile hatte der Sohn des Königes von Ternate Verdacht geschöpft, und sich ein wenig von dem Schiffe entfernt. Wir ruderten daher mit unsren Böten zu ihm hin, und überreichten ihm ein Stück indisches Zeuges aus Gold und Seide gewirkt, einige Messer, Spiegel, Scheeren und dergleichen die er zwar annahm aber doch etwas unwillig schien. Er hatte einen getauften Juden Namens Emanuel bey sich, der ein Bedienter eines gewissen Portugiesen Peter Alfons di Olorosa war, welcher nach dem Tode Serranos von einer Insel Leanda genannt nach Ternate gekommen war. Dieser Mensch welcher Portugiesisch sprechen konnte, kam an Bord, und sagte, obgleich der König von Ternate ein Feind des Königes von Tidore wäre, sey er doch bereit dem Könige von Spanien alle mögliche Dienste zu leisten. Wir nahmen ihn hierauf sehr gut auf, und schrieben einen Brief an seinen Herrn Peter Alfons, und meldeten ihm, er möchte uns nur ohne Besorgniß besuchen.

Dieser König von Tidore nimmt so viel Weiber als ihm beliebt. Eine unter ihnen ist aber die vornehmste, und die andern müssen ihr gehorchen. Der König hat ein großes Haus außer der Stadt mit schönen Gärten, wo zweyhundert seiner Weiber

ber und Jungfrauen mit der Vornehmsten wohnen, und eben so viele Weiber zu ihrer Bedienung haben. Der König speist entweder allein, oder mit seinen vornehmsten Weibern an einem erhabnen Ort, von dem er sie alle wie sie um ihn herum stehen, übersehen kann. Hier befiehlt er derjenigen die ihn am besten gefällt, daß sie die folgende Nacht bey ihm schlafen soll. Wenn die Mahlzeit vorbey ist, und er befiehlt den Weibern, daß sie zusammen essen sollen, so müssen sie solches thun, thut er es aber nicht, so speiset jede auf ihrem Zimmer. Keine darf den König ohne seine Erlaubniß besuchen, und wenn eine bey Tage oder des Nachts in der Nachbarschaft seines Hauses angetroffen wird, tödtet man sie ohne Barmherzigkeit. Jede Familie ist verpflichtet, dem Könige eine oder zwey von ihren Töchtern zu geben. Dieser hatte sechs und zwanzig Kinder, davon acht Söhne und die übrigen Töchter waren.

Gegenüber der Insel Tidore liegt eine andre große Insel Namens Gilolo, welche von Heiden und Mahommedanern bewohnt wird. Der König von Tidore erzählte uns, unter den Mohammedanern wären zwey Könige, von denen der eine sechshundert Kinder, Söhne und Töchter, und der andre sechshundert und funfzig hätte. Die Heiden haben nicht so viele Weiber, sind auch nicht so abergläubisch als die Mohammedaner. Das erste, was ihnen bey dem Ausgehen aus ihrem Hause des Morgens in die Augen fällt, ist

für

für den ganzen Tag der Gegenstand ihrer Anbetung. Der König der Heiden in Gilolo heißt Raja Papua, und besizt viel Gold. In dieser Insel wächst eine große Menge einer Art Rohr, welches so dick als ein Bein ist, und einen Saft erhält, der sehr angenehm zu trinken ist.

Den 12ten November ließ der König von Tidore ein Haus in der Stadt bereiten, wo wir unsre Waaren hinbringen konnten: wir füllten es auch damit an, und fiengen sogleich an auf folgende Art zu handeln. Zehen Ellen gutes rothes Tuch vertauschten wir gegen ein Bahar Würznelken. (Ein Bahar aber ist vier Cantari und sechs Pfund, und ein Cantaro hundert Pfund) funfzehn Ellen schlechteres Tuch gegen ein Bahar. Funfzehn eiserne Armringe gegen ein Bahar. Für fünf und dreißig Trinkgläser bekamen wir gleichfalls ein Bahar, und für siebzehn Catil Quecksilber eben so viel. Den ganzen Tag über kamen eine Menge Böte an das Schiff und brachten einen erstaunenden Ueberfluß an Ziegen, Hühnern, Feigen, Cocosnüssen und andern Lebensmitteln. Sie versahen auch unsre Schiffe mit sehr gutem Wasser, welches heiß aus der Erde quillt, aber eiskalt wird wenn es eine Stunde steht. Dieser Quell entspringt auf dem Berge wo man die Gewürzbäume findet.

Den dreyzehnten dieses Monats schickte der König einen seiner Söhne Namens Mosahat nach der Insel Mutir um Gewürznelken zu holen, damit

mit unsre Schiffe desto geschwinder fertig würden. Die Einwohner aber ließen dem Könige sagen, sie hätten ihr Gewürz schon gewissen indischen Kaufleuten verkauft. Als er diese Antwort hörte, bat er wir möchten ihm zwey von unsren Leuten mitgeben, die er mit den seinigen zu diesen Indianern schicken wollte, um ihnen zu melden es wären hier einige Spanier angekommen. Dieses thaten wir auch, und die Indianer wunderten sich sehr als sie erfuhren, daß wir eine so weite Reise auf einem ganz andern Wege als den gewöhnlichen zu ihnen gemacht hatten. Nach diesem kamen einmal einige von des Königes von Tidore Leuten an Bord, wo sie einige Schweine sahen welche wir zum Schlachten aufbewahrten. Sie baten uns solche doch gleich zu schlachten und versprachen uns dafür so viele Ziegen und Hühner zu geben als wir verlangen würden. Zufälligerweise kamen auch dieselben Personen nachher unter das Verdeck wo wir eben ein Schwein geschlachtet hatten, welches noch nicht ganz todt war. Als sie dieses bemerkten verhüllten sie plötzlich das Gesicht um solches nicht zu sehen oder zu riechen.

Gegen Abend des selbigen Tages kam ein Prao mit dem Portugiesen Peter Alfonso an. Ehe er aber bey uns anlangte, ließ ihn der König von Tidore rufen, und erzählte ihm mit großen Freuden alles was er von uns wußte. Er wollte auch mit ihm an Bord gehen, wo er von den unsrigen umarmt und liebreich aufgenommen wurde. Alfonso

fonſo erzählte uns hierauf viel von den Portugieſen, und unter andren, wie ſie bis zu dieſen Inſeln kämen, um Gewürze zu kaufen. Nachdem er noch einige Zeit bey uns zugebracht hatte, verließ er uns wieder mit dem Verſprechen auf unſeren Schiffen nach Spanien zurückzukehren.

Den funfzehnten November ſagte uns der König er wolle nach Bacchian gehen, um dort Gewürz zu holen, welches einige Portugieſen da zurückgelaſſen hatten. Er verlangte auch zwey Geſchenke von uns, die er zweyen Befehlshabern der Inſel Mutir im Namen des Königes von Spanien geben wollte. Als der König nun auf dem Schiffe herumgieng, kam er an den Ort wo die Feuergewehre, Armbrüſte und Bogen von Braſilienholz, (verzino) die noch einmal ſo groß als die gewöhnlichen ſind, aufbewahrt wurden, und that mit der Armbruſt zwey Schüſſe, welches ihm mehr gefiel als mit dem Feuergewehr zu ſchießen. Den folgenden Sonnabend kam der Mohammedaniſche König von Gilolo mit vielen Praos zu uns, und erhielt einen grünen Damoſtnen Mantel, zwey Ellen roth Tuch, Spiegel, Scheeren, Meſſer, Kämme, und zwey vergoldete Trinkgläſer zum Geſchenke, welches er mit großem Vergnügen annahm, indem er dabey ſagte: da wir Freunde des Königes von Tidore wären, müßten wir auch die ſeinigen ſeyn, denn er liebe uns als ſeine eigene Kinder, und wenn je einer von uns in ſein Land käme, wollte er ihm alle erſinnliche

Ehre

Ehre erzeigen. Dieser König war sehr alt, und ward von allen für sehr mächtig gehalten, er nannte sich Raja Lussu. Die Insel Gilolo ist so groß, daß man vier Monate zubringen würde sie in einem Prao zu umsegeln. Den Sonntag Morgens kam der alte König wieder an Bord, und verlangte unsre Waffen zu sehen, wie wir sie gebrauchten, und wie die Kanonen geladen würden, welches ihm sehr viel Vergnügen machte. Als er alles gesehen hatte, verließ er uns wieder, und man sagte uns, er wäre in seiner Jugend ein sehr tapferer Krieger gewesen.

Den nehmlichen Tag gieng Antonio Pigafetta an Land um den Wachsthum der Gewürznelken zu untersuchen. Die Bäume welche solche hervorbringen sind sehr hoch und unten Mannsdick, werden aber nach oben zu immer dünner. Die Zweige sind in der Mitte wo sie sich verbreiten ziemlich stark, laufen aber gegen das Ende ganz spitz zu. Die Blätter gleichen den Lorbeerblättern und die Rinde ist Olivenfarbig. Die Nelken wachsen an den Spitzen der Zweige, in Häufchen von zehen bis zwanzig zusammen. Bey ihrer Entstehung sind sie weiß, in der Reife roth, und trocken, schwarz. Sie werden zweymal des Jahres gesammelt, nemlich im December und im Junius, weil alsdenn die Luft am gemäßigsten ist. Am allermäßigsten aber ist die Hitze um Weihnachten. Wenn die Hitze sehr groß ist, und es wenig regnet, sammelt man nur drey bis vierhundert Ba-

hars

hats in jeder Insel. Die Bäume wachsen blos auf den Bergen, und gehen sogleich aus, wenn man sie an einen andren Ort verpflanzt. Die Blätter, die Rinde und das Holz haben, so lange, sie grün sind, den nehmlichen gewürzten Geschmack als die Nelken. Wenn man diese nicht sammelt wenn sie reif sind, werden sie so groß und hart, daß nur die Rinde davon brauchbar ist. So viel man weis wachsen in der ganzen Welt keine Gewürznelken, ausgenommen auf fünf Bergen in den fünf oben erwähnten Inseln. Man findet zwar auch einige auf Gilolo, und in einer kleinen Insel oberhalb Tidore, wie auch in Mutir, sie sind aber lange nicht so gut als die andern. Wir bemerkten beynahe alle Tage, wie sich eine Wolke welche die Gewürzberge umgab, und viel zur Vervollkommung der Nelken beyträgt, in die Höhe erhob. Jedermann auf diesen Inseln besitzt einige Nelkenbäume, und jeder kennt die seinigen, auf deren Zucht er aber keine Sorgfalt wendet. In diesen Inseln findet man auch einige Bäume von denen, welche die Muskatnüsse hervorbringen, sie sind unsern Nußbäumen ähnlich, und tragen auch solche Blätter. Wenn die Muskatnüsse gesammelt werden, sind sie so groß als unsre Quitten, auch die äußere Haut hat die nemliche Farbe. Die erste Rinde ist sehr dick wie die grüne Rinde unserer Wälschennüsse. Unter dieser ist ein dünnes Gewebe, welches die hochrothe Muskatblüthe umgiebt. Diese hüllet die Rinde ein, in deren Mitte

sich

sich die Mußkatnuß befindet. Die Häuser dieser Leute sind wie die vorerwähnten auf Pfählen erbauten, nur nicht so hoch über die Erde erhaben, und rund herum mit Rohr eingefaßt. Die Weiber sind häßlich und gehen nackend, ausgenommen, daß sie um die Schaamtheile ein Tuch aus Baumrinde tragen, welches sie auf folgende Art verfertigen. Sie nehmen die Rinde und legen solche in Wasser bis sie weich wird, schlagen sie denn mit einem Holze, bis sie die gehörige Breite und Länge hat, und so dünne geworden ist, daß sie einem leichten Seidenzeuge gleicht. Ihr Brod bereiten sie auf folgende Art aus dem Holze oder Mark eines Baums. Sie nehmen eine Quantität von dem weichen Holze eines gewissen Baums, ziehen einige darin befindliche Fasern heraus und stoßen es sodann klein, auf diese Art bereiten sie eine Gattung Brod, welches sie mehrentheils auf ihren Seereisen gebrauchen und Sagu nennen. 47) Die Männer waren auch auf ihre Weiber sehr eifersüchtig, und wollten nicht erlauben,

daß

---

47) So wie Pigafetta vorher die Verfertigung des sogenannten otaheitischen Zeuges das den Einwohnern der Südseeinseln zur Kleidung dient, genau beschreibt, (S. Forsters Bemerkungen auf einer Reise um die Welt. S. 383) eben so richtig erzählt er die Gewinnung des Sagomehls, aus dem Mark des Libbybaums, welchen Namen er bey den Einwohnern der östlichen Inseln führt. Man vergleiche mit dieser Erzählung, Forrests Voyage to New Guinea. p. 39. 42. Polit. Journal 1781. Sept. S. 202.

daß unsre Leute mit den Beinkleidern einher gien=
gen, welche in unsern Theil von Italien Mo=
de sind.

Eines Tages kamen eine Menge Böte von
der Insel Ternate, mit Gewürznelken beladen,
sie wollten aber nicht mit uns handeln, weil sie
uns nicht traueten, sondern zuvor ihren König er=
warten wollten. Denn folgenden Montag kam
der König mit klingenden Spiel in einem Prao,
und wollte mitten durch unsre beiden Schiffe ru=
dern, auf denen ihm zu Ehren alle Gewehre
abgefeuert wurden. Er ließ die Gewürznelken so=
gleich verkaufen, und versprach in vier Tagen eine
große Menge kommen zu lassen. Den sechs und
zwanzigsten schickte er auch hundert und ein und
neunzig Catil von den versprochenen Nelken, wel=
che sie mit verschiedenen Namen, als Ganade,
Buga=Lavan, und Chiauche benennen.

Eines Tages sagte uns der König von Ti=
dore, es wäre nicht gebräuchlich, daß die Könige
dieser Inseln sich leicht von ihren Wohnungen ent=
fernten, und von einem Ort zum andern hingiengen,
als er gethan hätte. Blos aus Ergebenheit für
den König von Spanien wäre er überall selbst ge=
wesen, damit unsre Schiffe desto eher beladen wür=
den, und nach Spanien zurückkehren könnten. Er
bat uns zugleich sobald als möglich diese Reise wie=
der zu unternehmen, und den Tod seines Vaters
zu rächen, welcher in einer Insel Namens Buru
getödtet worden. Endlich fügte er hinzu, wäre

er

er gewohnt allen Schiffen welche aus seinem Hafen abgiengen ein Gastmahl zu geben, welches er bey uns auch nicht versäumen würde. Wir dankten dem Könige auf das verbindlichste für seine gnädigen Gesinnungen, und versicherten wir würden seine Gefälligkeit dem Kaiser zuverläßig melden, welcher derselben dankbarlichst gedenken würde, und mit Gotteshülfe wollten wir sobald als möglich zurückkehren, um ihn zu rächen. Für das Gastmahl welches er uns geben wollte dankten wir ihm gleichfalls, verbaten es aber unter dem Vorwande, daß wir uns dort so lange nicht aufhalten könnten. Und dieses thaten wir weil uns das unglückliche Fest noch zu erinnerlich war, welches uns zu Ehren auf der Insel Zubut gegeben wurde, wo wir unsern Kapitain und viele von unsern Leuten verloren. Nachdem nun der König viele Ueberredungen und unter andern auch den Grund gebraucht hatte, die Zeit zur Abreise wäre nicht günstig, wir würden auch schwerlich wegen der vielen Sandbänke und bey dem flachen Wasser segeln können, endlich aber bemerkte, daß wir unruhig geworden waren und Verdacht zu schöpfen schienen, ließ er sich seinen Koran bringen, küßte solchen, legte drey bis viermal den Kopf darauf, wobey er einige Worte sagte und schwur zuletzt bey dem Koran den er in Händen hatte, daß er immer des Königes von Spanien Freund bleiben wolle, welches er mit thränenden Augen that, so daß wir dadurch sehr gerührt wurden, und noch vierzehn Tage an diesem Orte blieben. Hier erfuhren wir nachher, daß viele von den vornehmsten Unterthanen des Königes ihm gerathen hatten uns alle umbringen zu lassen, wodurch er den Portugiesen einen großen Dienst erweisen könnte. Der König hatte aber immer geantwortet, er würde nie eine so schlechte Handlung begehen.

Den 27ten November kam ein Befehlshaber von Machian uns zu besuchen, der sich Humar nannte und ungefähr fünf und zwanzig Jahr alt war. Wir machten ihm einige Geschenke, und er versprach uns eine große Menge Gewürznelken zu schicken.

Den fünften und sechsten December kauften wir eine große Menge Nelken. Für vier Ellen von einer gewissen Gattung Tuch, bekamen wir ein Bahar Nelken. Für zwölf kleine Meßingkettchen die ungefähr zwölf Pfenninge werth waren, hundert Pfund. Und da unsre Leute nichts mehr zu vertauschen hatten, fiengen sie an ihre Tuchmäntel und Hemden zu verhandeln. Den 7ten dieses Monats besuchten uns drey Söhne des Königes von Ternate, in Gesellschaft des Portugiesen Pietro Alonso mit ihren drey Weibern; Wir machten ihnen allerley Geschenke, und als sie Abschied nahmen lösten wir ihnen zu Ehren einige Canonen. Alle diese Leute sowohl Weiber als Männer gehen Barfuß.

Den

Den 9ten December kamen viele Leute mit dem Könige und seiner Gemahlin, wie auch Peter Alonso mit seiner Frau an die Schiffe, und obgleich Alonso und die andern uns oft nöthigten in ihre Böte zu kommen, giengen wir doch nie hinein, erlaubten es auch unsern Leuten nicht, weil wir gehört hatten, Alonso wäre ein großer Freund des Kapitains, den der König von Portugal in der Stadt Malacka unterhält, und denke vielleicht darauf uns verrätherischer Weise gefangen zu nehmen und wegzuführen.

Den 15ten December kam der König von Bachian und brachte einen seiner Brüder mit, der eine Tochter des Königes von Tidore heirathen sollte. Er hatte ungefähr hundert und zwanzig Personen in seinem Gefolge, welche viele aus rothen, weissen und gelben Papagayenfedern gemachte Fahnen trugen, und auf Hörnern bliesen. Es waren auch zwey Praos mit vielen Jungfrauen dabey, die der Braut Geschenke überreichen sollten, und da sie bey den Schiffen vorbey ruderten, begrüßten wir sie mit unsern Kanonen. Der König von Tidore kam ihn entgegen, und weil es unter diesen Königen nicht gebräuchlich ist, daß einer in des andern Königreich an Land gehe, kam er in dem Prao des Königes von Bachian, der sobald er ihm erblickte, von seinem Teppich aufstand und sich neben demselben hinsezte. Der König von Tidore wollte jezt auch nicht auf dem Teppich sizen, sondern sezte sich auf die andre

J 2 Sei

Seite, so daß der Teppich ganz leer blieb. Der König von Bacchian überreichte dem andern jezt wegen der Verbindung zwischen seinem Bruder, und des andern Tochter, fünf Patolen; dieses sind besondere Zeuge von Gold und Seide die in China verfertigt werden und bey allen diesen Völkern einen großen Werth haben. Die Mahomedaner bekleiden sich immer bey feyerlichen Gelegenheiten mit denselben.

Den folgenden Tag schickte der König von Tidore dem König von Bacchian das Essen durch funfzig schöne junge Leute, die von dem Gürtel bis zu den Knien alle in Seide gekleidet waren. Die jungen Leute giengen paarweise, und zwischen diesen immer ein Mann von gewissen Alter. Jeder trug eine große Schüssel, auf der viele kleinere mit verschiedenen Speisen standen. Die Männer aber waren mit großen Weinkrügen beladen, zehen ausgenommen, die mit Keulen bewaffnet waren. Auf diese Art kamen sie zu dem Prao, und überreichten alles dem Könige von Bacchian, der auf einen Teppich unter einem roth und gelben Himmel saß. Uns schickte der König von Tidore gleichfalls Ziegen, Cocosnüsse, Wein und andre Lebensmittel, und nun sezten wir beyde Schiffe in Bereitschaft, und steckten die Fahnen auf, die mit dem Kreuze des heiligen Jakobs Compostella geziert waren, mit einem Wahlspruch welcher bedeutete, dies ist das Zeichen unsrer glücklichen Farth.

Dem

Den andern Tag machten wir dem Könige von Tidore noch einige Geschenke. Diese bestanden in einigen Flinten, vier Fässern Schießpulver und verschiedenen gläsernen Trinkgeschirren. Für jedes unsrer Schiffe nahmen wir acht Tonnen Wasser ein. Der König von Bacchian der uns eine Ehre erzeigen wollte, gieng diesen Tag in unserer Gesellschaft mit einem großen Gefolge von seinen Leuten an Land: und vor ihm giengen vier Männer mit bloßen aufgehabnen Degen. Als wir den Ort erreicht hatten wo der König von Tidore und das ganze Volk versammelt war, sagte der König von Bacchian, so laut, daß ein jeder es hören konnte, daß er immer ein Freund und Diener des Königes von Spanien seyn wollte, und alle Nelken welche die Portugiesen ihm gelassen, bis zu unsrer Zurückkunft in diese Gegenden aufheben würde; es sollten auch in Zukunft keine ohne unsre Erlaubniß an andre überlassen werden. Er schenkte uns hierauf auch zehen Bahar Nelken, die wir dem Könige von Spanien überbringen sollten, unsre Schiffe waren aber schon so sehr beladen, daß wir sie nicht alle einnehmen konnten. Noch gab er uns für den König zwey sehr schöne todte Vögel. Diese waren von der Größe einer Turteltaube, hatten einen kleinen Kopf, einen langen Schnabel, und spannenlange dünne Beine. Sie hatten keine Flügel, sondern anstatt derselben einige lange Federn von verschiedenen Farben; der Schwanz gleicht dem einer

einer Taube, alle Federn sind von einer Farbe, nemlich braun oder rothbraun, die von den Flügeln ausgenommen. Dieser Vogel fliegt nicht, ausgenommen wenn der Wind geht. Die Insulaner glauben, daß er aus dem irdischen Paradiese kömmt und nennen ihn Manuccodiato, welches so viel heißt als der Vogel Gottes 48) Der König von Bacchian war ungefähr siebzig Jahr alt.

Eines Tages sandte der König von Tidore zu unsern Leuten die sich in dem Waarenhause aufhielten, und ließ ihnen sagen, sie möchten des Nachts nicht ausserhalb dem Hause gehen, weil unter seinen Unterthanen einige des Nachts umher giengen, und den Fremden die Hände mit einer gewissen Salbe benezten oder beschmierten, wovon diese so gleich krank würden, und in zwey oder drey Tagen unausbleiblich sterben müßten. Wir hörten hier auch von einem andern Aberglauben dieser Leute. Ehe sie nemlich ein neuerbautes Haus beziehen, machen sie ein großes Feuer rings um daßelbe her, und bewirthen alle ihre Freunde und Verwandten, und zulezt befestigen sie unter dem Dache des Hauses ein klein wenig von allen Produkten der Insel, damit nie etwas von diesen Dingen dem Bewohnern dieses Hauses mangeln

mö-

48) Pigafetta beschreibt hier den Paradiesvogel, und wiederlegt zugleich, in seiner ersten Nachricht von demselben, die nachher in Europa allgemein angenommene Fabel, dieser Vogel habe keine Füsse.

möge. Man findet in dieser Insel auch Ingwer, welcher grün statt Brod gegessen wird, weil er unreif lange nicht so beissend ist als getrocknet. Der Ingwer ist kein Baum, sondern eine kleine Pflanze, welche Zweige ungefähr einer Spanne lang aus der Erde treibt, die dem Schilfe gleichen. Sie hat auch ähnliche Blätter, nur schmaler und kürzer; diese taugen zu nichts, denn blos die Wurzel ist gut, und der eigentliche Ingwer Sie pflegen solchen in Kalk zu trocknen, damit er sich desto länger halte.

Weil der folgende Tag zu unsrer Abreise bestimmt war, kamen die Könige von Tidore, Gisolo und Bacchian um unsre Schiffe bis an eine gewisse Insel Namens Mare zu begleiten. Es zeigte sich aber daß eines von unsern Schiffen sehr leck war, so daß wir noch drey Tage länger blieben. Da wir aber nun sahen daß es viel Zeit und Mühe kosten würde um es wieder in Stand zu setzen, beschlossen wir es dort zurückzulassen, mit dem Befehl uns so bald als möglich nach Spanien zu folgen.

Den 21sten December kam der König von Tidore an Bord des Schiffes welches segelfertig war, und brachte uns zwey schon bezahlte Steuerleute mit, die uns aus dem Hafen herausführen sollten. Er sagte uns jetzt wäre die Zeit zur Abreise günstig, gab uns auch einige Briefe für des Kaisers Majestät mit, worauf wir mit Abfeuerung

rung unsers Geschützes von ihm Abschied nahmen. Der König war über unsre Abreise sehr bewegt, und konnte sich nicht enthalten mit seinem Schiffe noch einmal an das unsre zu kommen um uns mit vielen Thränen zu umarmen, und nun segelten wir ab. Der Unterbefehlshaber des Königes kam noch bis an die oben benannte Insel Mare mit uns, wo wir eiligst an Land giengen, das Schiff mit Holz versahen und unsern Lauf nach Südwesten richteten. Wir waren zusammen sechs und vierzig Seelen an Bord, von denen aber drey Indianer waren.

Man findet in allen Moluckischen Inseln Nelken, Ingwer, Sago, welches wie oben gemeldet ihr Brod ist und aus einem Holze bereitet wird, Reis, Ziegen, Schaafe, Hühner, Feigen, Mandeln, süsse und bittre Granatäpfel, Pomeranzen, Limonien, Batatas, Honig, der von einer Gattung Fliegen, kleiner als Ameisen in den Bäumen bereitet wird, Zuckerrohr, Cocosöl, Melonen, Kürbisse, eine Gattung sehr kühlender Früchte welche sie Camulicao nennen, eine andre Art die unsern Pfirsichen gleicht, und noch mehrere eßbare Dinge, weiße Papagayen die sie Cachi nennen und rothe (Nori) von denen einer ein Bahar Würznelken kostet, und die weit besser als die andren reden lernen. Es sind nicht über vier und funfzig Jahre seitdem die Mahomedaner die Inseln bewohnen, welche vormals ganz von Heiden bevölkert waren, von denen sich noch viele in den

Ge

Gebürgen aufhalten; diese Heiden setzen keinen Werth auf die Gewürznelken.

Die Insel Tidore liegt ungefähr sieben und zwanzig Minuten nördlicher Breite und 171 Grade der Länge von dem Ort unsrer Abreise. Von dem Archipelagus in dem sich die Insel Zamal befindet, die wir die Diebsinseln nannten ist sie neun und einen halben Grad entfernt, und ihre Lage ist von Süd-südwest nach Norden. Ternate liegt vierzig Minuten südlicher Breite. Mutir ist gerade unter der Linie, Macchian liegt 15 Minuten südlicher Breite, und Bacchian einen Grad südlicher Breite. Alle diese Inseln sind gleichsam vier spitze Berge, ausgenommen Macchian welche nicht so bergicht ist. Bacchian aber ist die größte. 49)

Indem wir auf unserm Wege fortsegelten passirten wir die Inseln Chacouan, Lagoma, Sico,

---

49) Die Lage der Molucken, welche Pigafetta hier angiebt, weicht von neuern Angaben ab, vorzüglich von Capitain Forrests Bestimmung, auf seiner Charte von den Inseln südwärts Magindanas. Nach diesem liegt Ternate ein Grad und etwa funfzehn Minuten nördlicher Breite. Mutir aber das grade unter der Linie liegen soll sezt Forrest, etwa funfzehn Minuten südlicher Breite. Allein eine alte spanische Welt-Charte, welche Diego Ribero Carl des fünften Cosmograph, 1529. verfertigte, und die wir nachher im Anhang näher beschreiben wollen, sezt diese Inseln größtentheils auf der von Magellan angegebenen Stelle.

co, Gioghi, Caphi. Von der lezteren Insel versicherte unser Steuermann daß hier gutmüthige Leute wohnten, die aber so klein wären, daß man sie wol für Zwerge halten könnte; der König von Tidore habe sie unterjocht und sie lebten jezt unter seiner Herrschaft. Wir paßirten hernach auch die andern Inseln, indem wir zwischen Westen und Südwesten segelten. Hier entdeckten wir gegen Süden verschiedene sehr gefährliche Inseln, wegen der vielen flachen Stellen und Sandbänke. Wir landeten auf einer derselben welche Sulaccho hieß und unter dem zweiten Grade der Breite, funfzig Seemeilen von den Molucken liegt. Die Einwohner dieser Insel sind Heiden und essen Menschenfleisch. Beyde Männer und Weiber gehen ganz nackend, ausgenommen daß sie einen zwey Finger breiten Streif Rinde um die Geschlechtstheile tragen. In vielen andern Inseln die hier herum liegen essen sie auch Menschenfleisch. Wir segelten jezt an den Küsten zweyer Inseln Namens Lumatola und Tenetum, zehn Meilen von Sulaccho vorbey, und trafen in derselben Richtung auf eine Insel Namens Buru; 50) wel-

50) Die Insel Buru oder Buro ist von allen denen, welche Pigafetta vorher nennt nur bekannt. Sie ist viel größer als die vorherbeschriebenen Gewürzinseln, und liegt Südwestwärts von der Insel Ceram. Sie gehört mit zum Gouvernement Amboina, und ist von den Holländern besetzt, die hier in einer Schanze eine Be-

welche sehr groß ist, und wo wir Reis, Schweine, Ziegen, Hühner, Cocosnüsse, Zuckerrohr, Sago, Feigen, Mandeln und Honig fanden. Den Honig wickeln diese Leute sobald sie ihn gesammelt haben in Blätter vom Rauche getrocknet und machen länglichte Röllchen daraus, die sie Cmabo nennen. Es giebt hier noch eine Art Früchte mit Namen Ebiarch die sehr wohlschmeckend sind und in= und auswendig Knoten haben. Die Einwohner dieser Insel gehen nackend wie alle Völker in diesen Gegenden; sie sind Heiden und haben keinen König. Buru liegt drey und einen halben Grad von der Linie nach dem Südpole zu, und fünf und siebzig Meilen von den Molucken. Gegen Morgen von dieser Insel in einer Entfernung von ungefähr 10 Meilen, liegt eine andre sehr große, nahe bey der Insel Gilolo, die von Heiden und Mahomedanern bewohnt wird, und Ambon 51) heißt. Die Mahomedaner wohnen an der Seeküste, und die Heiden im Innern des Landes, sie essen ebenfalls Menschenfleisch. Die Insel bringt alle oben erwähnten Produkte hervor.

Besatzung von 30 Mann mit einem Sergeanten halten. Es wohnen etwa 6000 Menschen auf der Insel.

51) Dies ist die Insel Amboina wo die Holländer blos Gewürznelken ziehen, die sie auf den andern Inseln ausgerottet haben. Die beste Beschreibung derselben hat Herr Eschelskrone im polit. Journal 1784. October gegeben.

vor. Zwischen Buru und Ambon liegen drey' andre Inseln die ganz von Sandbänken umgeben sind, und Budia, Celaruri und Benaia 52) heißen, und vier Meilen weiter liegt noch eine Insel Namens Ambalao.

Ungefähr fünf und dreißig Meilen von Buru, gegen Süd-südwesten findet man Banda, um welches herum zwölf Inseln liegen die Muskatnüsse hervorbringen, und von denen die größte Zoorbua heißt. In diesen Inseln findet man kein Brod, das ausgenommen, welches man von Sago und einer gewissen Gattung Getraide Namens Mahis bereitet. Es giebt hier auch Reis, Cocosnüsse und Feigen. Diese Inseln liegen alle dicht bey einander, die Einwohner sind Mahomedaner und haben keinen König. Banda liegt unter dem sechsten Grade südlicher Breite und unter $160\frac{1}{2}$ Grad der Länge. Da es aber nicht auf unserm bestimmten Wege lag, wollten wir es nicht besuchen. 53)

Von

52) Ohne Zweifel meint Pigafetta unter diesen Namen einige von den Inseln, welche die Holländer zu ihrem Gouvernement Amboina rechnen. Verschiedene derselben führen mehr als einen Namen, dahero kann man sie nicht in ihren heutigen Benennungen erkennen. Doch ist wahrscheinlich Pigafettas Benaja die Insel Bonoa westwärts von Ceram, wo die Holländer die meisten Einwohner ausgerottet haben, so daß jetzt kaum 1000 Seelen auf derselben gefunden werden.

53) Eine nähere Beschreibung von Banda und den dazu gehörigen bewohnten und wüsten Inseln, giebt Eschelskron im polit. Journal. 1781. Sept.

141

Von Buru segelten wir von Süd-südwest nach Westen, und trafen drey Inseln Zolot, Rascevamor und Galian, die dicht beyeinander lagen. Wir segelten zwischen diesen durch, und landeten auf einer Insel die sehr hohe Berge hatte und Mallua hieß. 54) Die Einwohner derselben sind viehische wilde Menschen die Menschenfleisch essen und nackend einher gehen, das oben erwähnte Stückchen Baumrinde ausgenommen. Wenn sie aber zur Schlacht ziehen behängen sie sich vorne und hinten mit einigen großen Büffelhäuten. Ihre Kinder schmücken sie mit kleinen zusammen gebundnen Hörnern, mit Schweinszähnen und Ziegen Schwänzen, welche sie ihnen an allen Seiten anhängen. Ihre Haare die sie von einer Seite nach der andern durch Stückchen Rohr stecken, ihre Bärte in Blätter eingewickelt, welche nachher wie die Haupthaare, durch ein Rohr gesteckt werden, geben ihnen ein äußerst lächerliches Ansehen. Ihre Bogen und Pfeile verfertigen sie aus Rohr, und eine Art Taschen oder Beutel aus Baumblättern

---

54) Diese Inseln liegen nordwärts von Timor. Die Holländer welche diese Gewässer am meisten beschifft haben, verändern auf ihren Charten ihre Namen so sehr, daß man daraus nicht erklären kann, welche von den vielen Inseln Pigafetta sahe. Eine derselben Galian bemerkt doch Hamilton (s. dessen Charte in seinem New Account of the East Indies Vol 2. S. 127.) unter diesem Namen. Die Insel Mallua findet sich auch auf Ribero's unten näher zu beschreibenden Charte, nordwärts von Timor.

blättern in denen sie ihre Speisen und Getränke aufbewahren. Als ihre Weiber unsre Leute lans den sahen, kamen sie ihnen mit Pfeilen und Bogen entgegen, sobald wir aber Anstalten machten ihnen einige Kleinigkeiten zu schenken wurden sie sehr freundlich. Wir hielten uns in dieser Insel vierzehn Tage auf, um das eine unsrer Schiffe welches leck war wieder in guten Stand zu setzen. Man findet dort Ziegen, Hühner, Cocosnüsse, langen und runden Pfeffer. Der lange Pfeffer wächst auf einer Pflanze oder Strauch, welches dem Epheu gleicht. Dieser ist schwach und biegsam und schlingt sich um andre Bäume herum. Die Frucht wächst an dem Holze, und die Blätter sind den Maulbeerblättern ähnlich. Die Einwohner nennen die Pflanze Luli. Der runde Pfeffer wächst auf einer ähnlichen Pflanze als der Lange, und mit dem Unterschiede, daß er sich in Aehren oder Trauben wie der Indianische Waizen bildet, und ausgehülset wird. Diesen nennen sie Lada. 55) Alle Felder sind ganz mit diesem Pfeffer bewachsen. Wir nahmen von dieser Insel einen Mann mit, der uns nach einigen andern Inseln

55) Nach dem schon oft angeführten Marsden heißt der Pfeffer in der Sprache der Malaien auf der Insel Sumatra auch Lado. Der oben S. 236 angeführte Namen des rothen Papageien Nori ist ebenfalls Malaiisch, in welcher Sprache dieser Vogel Nauri genannt wird. Allein der vom Pigafetta erhaltene Name des langen Pfeffers Luli ist nicht malaiisch; dieser heißt nach Bowreis Wörterbuch Tabi, Chiabi.

seln führen sollte, wo wir Lebensmittel zu bekommen hofften. Mallua liegt in acht und einen halben Grad südlicher Breite, und im 169 Grad 40 Minuten der Länge.

Der alte Steuermann von den Molucken sagte uns: nicht weit von hier läge eine Insel Namens Arucchetto, auf der die Menschen nicht über eine Elle hoch wären, und so große Ohren hätten, daß sie sich auf das eine ausstrecken und mit dem andern zudecken könnten. Sie wären mehrentheils geschoren und giengen nackend und könnten sehr schnell laufen; sie wohnten in unterirdischen Höhlen, und ihre Speisen bestünden in Fischen und einer gewissen weissen Frucht die in der Rinde eines Baums wachse, wie Coriander mit Zucker überzogen aussähe, und von ihnen Ambulon 56) genannt werde. Wir besuchten diese Völker nicht, weil uns die Winde und Strömungen entgegen waren, und hielten alles was wir von ihnen gehört hatten für Mährchen.

Den 25sten Januar segelten wir von Malkua ab, und ankerten den 26sten vor einer großen Insel, die fünf Meilen von der ersteren gegen Süd-südwesten liegt, und Timor heißt. Hier gieng Antonio Pigafetta an Land mit dem Oberhaupt desselben Namens Amabao zu sprechen, um Lebensmittel zu erhalten. Dieser war gleich bereit

---

56) Ambulon ist nach Barren malaiischen Wörterbuch der Name der Mangofrucht, die er Ampullun, und Ampullun Mango nennt.

reit ihm Büffel, Schweine und Ziegen zu überlassen, sie konnten aber nicht wegen des Preises übereinkommen, weil er für einen Büffel zu viel forderte, und wir nur wenig zu vertauschen hatten, uns aber für den Hunger fürchteten. Da also viele von diesen Leuten in unsern Schiffe waren, behielten wir einen von den Vornehmsten nebst seinem Sohne zurück, und aus Furcht daß wir sie tödten möchten, gaben uns die andern einen Büffel, fünf Ziegen und zwey Schweine, worauf wir sie los liessen und ihnen einige Tücher und Indische seidene und baumwollene Zeuge, Messer, Spiegel und Scheeren gaben, so daß sie zufrieden waren, und sich ruhig verhielten. Diese Leute gehen nackend und tragen an den Ohren, Armen und am Halse kleine goldene Ketten. Die Weiber bedienen ihre Männer mit großer Aufmerksamkeit.

Auf dieser Insel findet man weisses Sandalholz, Ingwer, Büffel, Schweine, Ziegen, Hühner, Reis, Feigen, Zuckerrohr, Pomeranzen Zitronen, Mandeln, welsche Bohnen und andre Lebensmittel. Auch Papagayen von verschiedenen Farben. Vier Brüder sind Könige von dieser Insel, die in verschiedenen Gegenden bewohnt ist, von denen eine Cabanaja heißt. 57) In einen ge-

57) Jetzt sind nach Hogendorps Beschreibung von Timor (im ersten Theil der Abhandlungen der Gesellschaft der Wissenschaften in Batavia) viel mehr kleine Könige auf der Insel. Ihre Reiche haben auch ganz andere Namen.

gewissen Berge findet man ziemlich viel Gold, welches sie nach dem Gewichte gegen andre Dinge vertauschen. Die Einwohner von Java, den Molucken, Luzon und den andern Inseln in dieser Gegend kommen alle hieher um Sandelholz zu kaufen.

Diese Leute sind Heiden, und erzählten uns, wenn sie das Sandelholz fällen wollten, erschiene ihnen oft der Teufel in verschiedenen Gestalten, und beföhle ihnen wenn sie etwas brauchten solches zu fordern, durch welche Erscheinungen viele unter ihnen auf lange Zeit krank würden. Das Sandelholz muß bey gewissen Veränderungen des Mondes gefället werden, sonst tauget es nichts. Sie vertauschen es gegen rothes Tuch, Leinwand, Eßig, Eisen und Nägel. Diese Insel ist ganz bewohnt, und erstreckt sich sehr weit von Osten in Westen und halb so weit in der Breite von Norden nach Süden. Sie liegt unter dem zehnten Grad südlicher Breite und 174. der Länge.

In allen diesen Inseln die wir jezt genannt haben, und die zusammen einen Archipelagus ausmachen, herrscht die Venerische Seuche mehr als in irgend einem andern Theile der Welt. Diese Völker nennen sie die Portugiesische Seuche, wir Italiäner aber die Franzosen.

Weit von hier zwischen Westen und Nordwesten findet man eine Insel Namens Ende, welchen che vielen Zimmt hervorbringt. 58) Die Einwohner sind Heiden und haben keinen König. Auf dem Wege von hier findet man viele Inseln eine dicht hinter der andern bis nach Groß Java und dem Vorgebürge von Malacka. Die vornehmste Stadt auf Groß Java heißt Maghepaher, und der König derselben ist der mächtigste der ganzen Insel. Klein Java ist so groß als Madera und liegt eine halbe Meile von Groß Java. Einige Mahomedaner die an Bord kamen erzählten uns, wenn in Groß Java ein angesehener Mann stirbt, verbrennt man ihn; und die vornehmste seiner Weiber, schmückt sich aufs herrlichste, bekränzt sich mit Blumen, und läßt sich auf einem Sessel von einigen Männern nach dem Orte tragen wo der Mann verbrannt werden soll, hier tröstet sie mit der grösten Heiterkeit ihre Verwandten, ermuntert sie nicht zu weinen, indem sie hingehe mit ihrem Manne zu Abend zu essen, und die Nacht bey ihm zuzubringen: Sie stürzt sich darauf selbst in die Flammen und wird von ihnen verzehrt. Eine Frau die dieses nicht thäte würde man für ein schlechtes Weib und eine ungetreue Ehegattin halten.

Wir

58) Diesen Namen, oder wie ihn Valentyn in seiner Charte, auch andere wie Danville oder Bassel auf seiner zu Paris 1782 publicirten Charte von Indien schreiben, Ende, führt die Insel Flores welche in der Mitte zwischen Cumbava und Timor liegt.

Wir erfuhren hier noch, daß man oberhalb Groß Java gegen Norden zu einen großen Meerbusen findet, welcher die Bay von China heißt. In diesem giebt es sehr hohe Bäume auf welchen sich so ungeheure Vögel aufhalten, daß sie die grösten Thiere durch die Luft wegtragen. Diese Bäume heissen sie Busathaer, und die Frucht derselben ist so groß als eine Gurke oder vielmehr eine Angurie. Man findet diese Früchte in der See schwimmend, und die Schiffe und andre Fahrzeuge können sich den Bäumen nicht ohne große Gefahr nähern. Aber auch alle diese Nachrichten hielten wir für Fabeln.

Das Vorgebürge von Malacka liegt anderthalb Grade von der Linie nach dem Nordpole zu. An der östlichen Seite dieses Vorgebürges erstreckt sich die Küste sehr weit, und man findet dort viele Länder und Städte. Folgende sind die Namen von einigen derselben: Cingaporla welches die vornehmste ist, Pahan, Calantan, Patani, Broalin, Bencu, Longon und Odia, in dieser Stadt ist die Residenz des Königes von Siam, der sich Siri Zacabedera nennet, 59) und dessen Städte wie die unsrigen gebaut sind. Hinter dem Königreiche

---

59) Alle diese Oerter liegen auf den Küsten von Malacca, Siam und Combaja, und sind theils Inseln, theils Handelsplätze, in dem Meerbusen von Siam. Odia, oder wie es andere schreiben Judia führt auch den Namen Siam, und liegt an einem grosen Fluß.

che Siam findet man die Länder Jangoma 60) und Campaa, wo der Rhabarber wächst. Ueber diesen sind sehr verschiedene Meinungen, da einige behaupten er wäre eine Wurzel, andre hingegen ein verfaulter Baum, der nur so starken Geruch habe, weil er in Fäulniß übergangen. Die Einwohner nennen es Calama. Neben diesen Ländern findet man das große China dessen König der gröste Monarch der ganzen Welt ist und Santoa Raja heißt. Alle diese jezt erzählten Nachrichten erfuhren wir von einem Mahomedaner der sich auf der Insel Timor aufhielt, und sie sind hier aufgezeichnet wie wir sie gehört haben. Der oben erwähnte König hat wie er sagte siebzig gekrönte Könige unter seiner Herrschaft, einen grossen Seehafen Namens Canthan, (Canton und zwey Hauptstädte die Nauchin und Connulaha 61) heissen.

60) Jangoma ist ein unbekanntes Reich, dessen aber doch der V. des Sommario di tutti li Regni, citta e Popoli Orientali beym Ramusio erwehnt. Es liegt zwischen Ava, Pegu, Siam und der chinesischen Provinz Junam. Campaa ist das Reich Ciamba, zwischen Camboja und Cochinchina belegen.

61) Der erste Ort ist die bekannte chinesische Stadt Nanking und Connulaba ohne Zweifel Peking. Lezter Name ist eine italienische Verstümperung von Cambalu, der mogolischen Benennung der Hauptstadt vom Nordlichen China, welche Kublai Chan an der Stelle der zerstöhrten Stadt Jen erbauen ließ. Cambalu, oder wie es auch bey andern Schriftstellern heißt Chanbalig,

sen. In diesen hält er sich gewöhnlich auf. Es müssen sich hier immer vier von den vornehmsten seines Landes in der Nähe des Pallastes aufhalten, einer gegen Morgen, einer gegen Abend, einer gegen Mittag und einer gegen Mitternacht, um allen die von diesen Gegenden kommen Audienz zu geben. Alle Fürsten in Groß Indien und in den obern Gegenden sind diesem Könige unterthan. Und zum Zeichen seiner Unterwürfigkeit unterhält jeder von ihnen auf dem Hauptplatze seiner Stadt einen Luchs, welches ein schöneres Thier als ein Löwe, und das Siegel des Königes von China ist. Jedermann der nach China reisen will, muß dieses Siegel auf Wachs oder einen Elephantenzahn bey sich führen, sonst wird er nicht in den Hafen gelassen. Wenn einer von den Fürsten sich gegen den König empört, wird er geschunden, die Haut eingesalzen, an der Sonne getrocknet, mit Stroh ausgestopft, und an einen erhabnen Orte auf dem öffentlichen Platze mit gebückten Haupte hingestellt, damit ihn jedermann sehen könne. Der König läßt sich äußerst selten sehen, wenn aber seine Hofleute ihn zu sehen verlangen, begiebt er sich mit sechs seiner vornehmsten Jungfrauen die eben so als er gekleidet sind, aus seinem Pallost in ein prächtiges Zelt. Aus diesem gehet er mit ihnen in eine Schlange welche Nagha heißt, und das

wun=

---

lia, Cambalig und Gamaleeco, bedeutet so viel wie Königsstadt, und läßt sich mit einer geringen Veränderung in Connulaba umformen.

wunderbarste prächtigste Kunststück von der Welt ist. Sie steht in der Mitte des größten Vorhofes bey dem Pallast, und seine Hofleute gucken hier durch ein Fenster welches in der Baust der Schlange angebracht ist und sehen den König und seine Frauenzimmer, ohne unterscheiden zu können welches der König ist. 61) Er verheirathet sich blos mit seinen Schwestern damit das königliche Geblüt nicht vermischt werde. Sein Pallast ist von sieben weit von einander entfernten Mauern umgeben, und in jedem von diesen Zwischenräumen halten sich zehen tausend Mann zur Bewachung des Pallastes auf. Hier bleiben sie bis ein gewisses Zeichen gegeben wird, da sie denn durch zehntausend andre in jedem Umfange abgelöset werden, und so wechseln sie des Tages und des Nachts ab. In dem Pallast sind neun und siebenzig Säle in denen sich unzählige Frauenzimmer befinden die den König bedienen, und zu größerer Pracht beständig brennende Kerzen unterhalten. Wer diesen Pallast ganz sehen wollte, würde dazu einen ganzen Tag brauchen. Unter andern sind in demselben vier Säle in denen der König den Vornehmsten seines Reichs zuweilen Audienz ertheilt. Einer dieser Säle ist oben und un-

62) Diese stolze Einschliessung des Königs von China und dessen Sorgfalt sich den Blicke seiner Unterthanen zu entziehen, war damals mehreren asiatischen Fürsten eigen. Etwas ähnliches bemerkt unser Reisejournal S. 96. 97. von dem König von Borneo.

unten und an allen Seiten ganz mit Metall überlegt, ein andrer mit Silber, ein dritter mit Gold und die Wände des vierten sind mit lauter Perlen und kostbaren Edelsteinen bedeckt. Wenn seine Vasallen ihm Gold oder andre Kostbarkeiten bringen tragen sie solches in dieses Zimmer, und sagen: dieses sey zur Ehre und Zierde unsers Santoa Raja. Die Einwohner von China sind wie der Maure berichtete, weiß wie wir, gehen auch so bekleidet, und essen ebenfalls an Tischen. Sie haben auch das Kreuz wissen aber nicht warum sie es verehren. In China findet man auch den Muskus eines Thieres, welches einer Katze gleicht, und eine Art von süssen Fingerdicken Holz ißt. Sie nennen es Canaru. Weiter hin nach der Chinesischen Küste sind noch viele andre Völker. Als die Chenchier, bey denen man Perlen und etwas Zimmtholz findet, 63) und die Lichier, wo der König von Mien seinen Sitz hat, unter dessen Bothmäßigkeit zwey und zwanzig Könige stehen. Er selbst aber ist dem Könige von China unterthan. Hier findet man die große sogenannte Orientalische Stadt Cataio. Es giebt noch viele andre Völkerschaften auf diesem festen Lande, und unter andern einige von so viehischen Sitten, daß wenn ihre Eltern alt und schwach werden, sie solche tödten,

63) Wahrscheinlich wird das Reich Cochinchina hier verstanden. Bey den beiden andern Namen aber hat Pigafetta wol den oben angeführten Mohammetaner unrecht verstanden.

ten, damit sie nicht mehr die Unbequemlichkeiten dieses Lebens dulden dürfen. Alle diese Völker sind Heiden.

Den 11ten Februar 1522 reiseten wir von der Insel Timor ab, und segelten weit in das große Meer hinein, welches Cantchidol heißt. Wir segelten zwischen Westen und Südwesten, indem wir Norden zur Rechten ließen, aus Furcht wenn wir uns dem festen Lande allzusehr näherten, wir von den Portugiesen gesehen werden möchten. Wir passirten die Insel Sumatra, welche wie oben gemeldet, von den Alten Taprobana genannt wurde, und ließen auf dem festen Lande zur Rechten Pegu, Bengalen, Calicut, Cananor, Goa, Cambaia, den Meerbusen von Ormus und die ganze Küste von India major. Um aber das Vorgebürge der guten Hofnung, welches an der Spitze von Afrika liegt, desto sicherer zu umsegeln richteten wir unsern Lauf nach dem Südpole bis zum dreyzehnten Grad, und lavirten an sieben Wochen bey diesem Vorgebürge, weil der Nordwest und Westwind uns gerade entgegen blies, und nicht erlaubte das Cap zu umsegeln. Wir hatten dabey auch starke Stürme. Das Vorgebürge der guten Hofnung liegt im $24\frac{1}{2}$ Grad südlicher Breite, und 1600 Meilen vom Cap von Malacca. Es ist das größte und gefährlichste Vorgebürge in allen Meeren der ganzen Welt. Einige der unsrigen wollten weil es uns an Lebensmittel fehlte, und viele Kranke an Bord waren,

ren, nach einen Portugiesischen Hafen an der Afrikanischen Küste Namens Mozambique segeln. Die andern behaupteten aber, sie wollten lieber sterben als länger außer Spanier umherirren. Endlich paßirten wir mit Gottes Hülfe ziemlich in der Nähe das oben erwähnte Cap, und segelten alsdenn zwey Monate in einem Strich nach Nordwesten ohne je in irgend einem Hafen zu kommen. Während dieser Zeit starben an verschiedenen Krankheiten ein und zwanzig unsrer Leute, die wir alle in die See warfen, und es schien uns dabey, daß die Christen mit dem Gesichte aufwärts gekehrt zu Grunde giengen die Indianer aber mit dem Gesichte unterwärts. Hätte uns Gott jezt nicht günstiges Wetter gegeben, wären wir alle vor Hunger umgekommen. Endlich zwang uns doch die Noth, da wir alle beynahe halb todt waren nach einer der Cap Verd Inseln Namens Jago, die dem Könige von Portugal zuständig ist, zu gehen. Hier giengen wir in einem Boote geschwinde an Land uns Lebensmittel zu verschaffen, indem wir auf die rührendste Art den Portugiesen unser ausgestandenes Elend und Ungemach beschrieben. Wir gaben ihnen auch Nachricht von ihren Landsleuten in Indien, und gaben so viel gute Worte, daß wir endlich einige Maaß Reis erhielten. Indem wir aber noch einmal Reis holen wollten, wurden dreyzehn Mann die es gewagt hatten an Land zu gehen festgenommen, und die übrigen die an Bord blieben und

be-

befürchteten man möchte sie durch List gleichfalls fangen, stachen wieder in die See, und liefen mit Gottes Hülfe den siebenden September in den Hafen von St. Lucar, nahe bey Sevilla ein. Wir waren jezt nur achtzehn Mann, noch dazu mehrentheils krank von sechzigen, die von den Molucken abſegelten. Die übrigen waren entweder an verschiedenen Krankheiten gestorben, oder zur Strafe ihrer Verbrechen auf der Insel Timor enthauptet worden. Nach einer genauen täglich geführten Rechnung hatten wir bey unserer Ankunft zu St. Lucar vierzehntausend vierhundert und sechzig Meilen gesegelt, und die ganze Welt von Osten nach Westen umschifft. Den 8ten September kamen wir in Sevilla an, wo wir für Freuden alle Canonen löseten, und im Hemde mit bloßen Füßen, und mit einer Fackel in der Hand nach der Hauptkirche wallfahrteten, um Gott der uns bis hieher geholfen hatte zu danken.

Nach Verlauf einiger Tage reisete ich Antonio Pigafetta ab, und gieng nach Valladolid wo sich des Kaisers Majestät aufhielt, dem ich kein Gold oder Silber, oder Edelsteine die eines so großen Fürsten würdig gewesen wären, überreichen konnte; ich überreichte ihm aber ein Buch mit meiner eignen Hand geschrieben, in dem alle Begebenheiten die sich von einen Tage zum andern auf dieser Reise zugetragen hatten, aufgezeichnet waren. Von hier reisete ich nach Lissabon und gab dem Könige von Portugal Nachricht

von

von allen seinen Unterthanen, die wir unterwegens, sowohl auf den Moluckischen Inseln als in andern Landen getroffen hatten. Von Spanien reisete ich nach Frankreich, wo ich der Durchlauchtigsten Regentin der Mutter des Großmächtigsten, Allerchristlichsten Königes von Frankreich, einige von dieser Reise zurückgebrachten Merkwürdigkeiten zum Geschenke überreichte. Zuletzt kam ich nach Italien, wo ich dem Hochwürdigsten Großmeister von Rhodes, Herrn Philippo Viliers Lisleadam ebenfalls dieses Buch zu übergeben die Ehre hatte.

Anhang.

Ueber Riberos 1529. entworfene Weltcharte und die darin vorkommenden Erleuterungen über Magellans erste Umseglung der Erde.

Von M. C. Sprengel.

Diese Charte enthält ein deutliches und vollständiges Gemählde von der Weltkenntniß der Spanier und Portugiesen in den ersten Regierungsjahren Carl des vierten, und sie ist zugleich die erste allgemeine Weltcharte, worin die Gestalt unserer Erde und was von derselben seit 1418 in Africa, Asien und America näher bekannt ward nicht nach den Muthmassungen des Ptolomäus und seiner Schüler, oder den verworren Erzählungen des Marco Polo, Mandeville und anderer, sondern nach den genauern Beobachtungen spanischer und portugiesischer Geographen vorgestellet worden. Auch darin unterscheidet sie sich vorzüglich von ähnlichen frühern und spätern Weltcharten, daß sie die damahls besuchten Küsten von Asien, Africa und America mit großer Genauigkeit abbildet, jede irgend beschriebene oder in den Tagebüchern der ersten Seefahrer vorkommende Insel,

Küste und jedes Vorgebürge mit ihren damahligen Namen anzeigt, auch manche Entdeckung vorzüglich in der neuen Welt erhalten hat, deren kein Geschichtschreiber der ersten und ältesten europäischen Seefahrer erwähnt, und deren Andenken ohne Riberos Charte, bey der außerordentlichen Seltenheit der ersten spanischen und portugiesischen Seereisen leicht hätte können verloren gehen. Ich habe durch die Güte des Herrn Hofrath Lober in Jena, diese in der Bibliothek des Herrn Hofrath Büttner unter andern Seltenheiten vorhandene Charte zuerst kennen lernen, und will hier mit dessen Erlaubniß eine kurze Beschreibung versuchen. Vielleicht werden dadurch andere geographische Forscher ermuntert ähnliche vergessene Schätze bekannt zu machen, dergleichen wir vielleicht durch Formaleonis Bemühungen nächstens zu erwarten haben, 1) oder die noch so wenig bearbeitete Entdeckungsgeschichte des sechszehnten Jahrhundert aus denselben und andern Nachrichten aufzuklären. Eine vollständigere Beschreibung oder genaue Vergleichung derselben mit den bekannten Weltcharten dieses Jahrhunderts würde ich hier vielleicht gewagt haben, allein da ohne Abbildung der Charte, welche hier nicht gegeben werden konnte, bey weiten nicht alles Eigenthümliche und Merkwürdige derselben in einer solchen Nachricht vorgelegt werden konnte, so begnüge ich mich blos hier mit der kurzen Anzeige dessen, was sie über Magellans Seereise ent-

---

1) Klellsches Magazin; 1. B. S. 276.

enthält, und wie viel man 1529. von der neuen Welt gewiß und muthmaßlich kannte.

Von ihrem Werth und ihrer Glaubwürdigkeit giebt daß beste Zeugniß, daß ihr Verfasser Diego Ribero, Carl des fünften Casmograph war, und daß er 1529. wie auf der Versammlung zu Bajadoz die durch Magellans Farth über die Molucken, und die Grenzen der Demarcations Linie zwischen Spanien und Portugal entstandenen Streitigkeiten gütlich beygelegt werden sollten von spanischer Seite als Mathematiker und Geograph die Commissarien unterstützen muste. 2) Ribero besaß also Kenntniß und Hülfsmittel eine genaue und richtige Weltcharte zu verfertigen. Es sind daher wahrscheinlich in Spanien und anderswo mehr Copien vorhanden, und unter andern zeigt eine in der Ebnerschen Bibliothek in Nürnberg vorhandne, die gleich der jenaischen in spanischer Sprache auf Pergament gezeichnet ist, die damahlige allgemeine Brauchbarkeit derselben. 3)

Ribe-

2) L'imperatore ordino, che Sebaſtian Gabato, Stefano Gomez, Nunnis Garzia, *Diego Ribero* che erano peori molto esperti, e maeſtri di far carte da navicare, faceſſero, balle, e carte e altri iſtromenti, neceſſarii a dichiarare il ſito della Maluche, ſopra le quali ſi litigava. v. Pietro da Cieza Hiſtoria del Peru ſeconda Parte. p. 148. Vinegia 1557.

3) ſ. v. Murr Diplomatiſche Geſchichte des Ritter Beheims. S. 44.

Riberos Charte ist auf Pergament spanisch geschrieben, die Schrift leserlich, aber wegen verschiedener Abbreviaturen und öfterer Auslassung einzelner Buchstaben zuweilen schwer zu enträthseln. In der Länge enthält sie sechs Fuß zehn Zoll Rheinländisch, und in der Breite zwey Fuß zehn Zoll. Am Nordlichen Rande steht folgende spanische Inschrift in dem Character den man auf dem Rücken spanischer Pergamentbände aus dem sechszehnten Jahrhundert zu lesen pflegt: Carta universal en que si contiene todo lo que del mundo se ha descubierto hasta agora. Hizo la Diego Ribero Cosmographo de su Magestad An. 1525. und unten auf dem südlichen Rand La qual se devide en dos partes conforme a la Capitulacion que hizieron los Catholicos Reyes de Espanna y el Rey Don Juan de Portugal en la villa de Tordesillas. 1494. d. i. Allgemeine Charte, worin alles enthalten ist, was man bis hieher von der Welt entdeckt hat. Diego Ribero Cosmograph seiner Majestät (Kaiser Carl des fünften von Spanien) hat sie verfertigt im Jahr 1529. Sie theilt sich in zwey Theile nach dem Vertrage, den die Catholischen Könige von Spanien (Ferdinand und Isabella) und der König Johann von Portugal in der Stadt Tordesillas 1494. machten. Es ist eigentlich eine Seecharte, und wie diese mit Windrosen und Linien versehen, auch auf den Meeren hin und wieder mit segelnden Schiffen bemahlt, welche bald die Ueberschrift voy a Moluco

ich

ich gehe nach den Molucken und vengo da Maluco ich komme von den Molucken, haben. Von Ländern und Inseln sind daher nur die Küsten, Vorgebürge und die an denselben belegenen Oerter bemerkt, das Innere des Landes gewöhnlich leer gelassen, außer etwa bey den bekanntesten Ländern, wie bey Deutschland, worin man die Namen Rheni provincia, Suevia, Bavaria Bohemia lesen kann, auch die Städte Nürnberg, Frankfurt und Hamburg bemerkt sind. Es ist ferner auf derselben ein Astrolabium, und andere Instrumente die Sonnenhöhe zu messen, nebst der Anweisung sie zu gebrauchen, abgebildet. Die Charte geht vom 70. Grade nördlicher bis zu eben diesem Grad südlicher Breite. Die Grade der Länge aber werden von der Demarcations Linie 360 Meilen westwärts der Capoverdischen Inseln gegen Westen und Osten berechnet, so daß auf der Morgen und Abendseite hundert und achtzig Grade kommen. Die neue östliche Demarcations Linie welche Portugal und Spanien 1529. auf 297 Seemeilen ostwärts von den Molucken bestimmten, und durch die Inseln Las Velas oder die heutigen Marianen gezogen werden sollten ist so wenig wie diese angeführten Inseln verzeichnet, vermuthlich weil sie nie zur Ausführung gekommen. Um die runde Gestalt der Erde vorzustellen ist ein Theil des damahls bekannten östlichen Asiens, und die Inseln im indischen Ocean von 174. Grade östlicher bis zum 171. Grade westlicher Länge zweymal

mal verzeichnet. Daher kann man hier einen Theil der Küste von China, und die Molucken, und andere Inseln, welche zwischen Java, Borneo und Gilolo liegen, an beiden Enden der Charte sehen. Häufig sind den Ländern und Inseln kurze geographische Nachrichten beygeschrieben, die allerley über die Producte und die Sitten der Einwohner enthalten. Z. E. Bey China schreibt der Verf. en esta provincia de la China ay mucha seda, almiscar, Ruybarbo y porcelanas todo en mucha abundancia, semejan mucho a los alemanes. d. i. In dieser Provinz China hat man viel Seide, Muscus, Rhabarber und Porcelain, (die Einwohner) haben Aehnlichkeit mit den Deutschen. Bey Abißinien: Los que abitan a qui son moros y tienen tierra con los abexines, tractan con los de la tierra en cera y oro, tienen naos cosidas con tamiza sin clavazon alguna. — A qui habita el preste Juan de las Indias. Son Christianos de la doctrina de S. mattheo, reciben baptismos de agua y fuego y circumcision son muy bien proportionados.

Auffer Europa ist Südasien vorzüglich genau, doch aber Africa und Westindien am deutlichsten und richtigsten auf dieser Charte abgebildet.

Die Oerter und Inseln die Magellan oder sein Gefährte Pigafetta in seinem Tagebuch anführt, sind bis auf die kleinen Inseln, die in der Charte keinen Raum hatten insgesamt verzeichnet. Oft aber auch mehrere, als Pigafetta hat, wie

wie die Vergleichung bey Brasilien, der Americanischen Küste südwärts des La Plataflusses, der Magellanischen Meerenge, und den Molucken zeigt, weil Ribero mehrere Reisejournale benutzen konnte.

Magellans Journal nennt von Brasilien nur das Vorgebürge St. Augustin, aber ausser diesem sieht man auf der Charte die Insel St. Catherina, die Küste St. Salvator und die Allerheiligen Bay. Das Vorgebürge St. Maria das Magellan für eine Insel hielt, ist hier die südlichste Spitze von Brasilien. Der La Platafluß hat hier noch keinen Namen, aber wol verschiedene große Flüsse, die in denselben fallen, wie der Uragay, Paragay und Parana. An dem Ufer des La Plataflußes sieht man eine Vestung mit der Ueberschrift: Esta tierra discubrio Juan de Solis en el anno 1515. o 16. Donde aora está Sebastian Gaboto en una casa fuerte que alli hizo. Es tierra muy dispuesta para dar pan y vino en mucha abundancia el Rio es muy grandissimo y de mucha pescaria, creen, que ay oro y plata en la tierra adientra. d. i. Johann de Solis entdeckte dies Land im Jahr 1515. oder 16. Hier wohnt jezt Sebastian Cabot (ein Sohn des berühmten Johann Cabot der in englischen Diensten 1497. Neufundland und Labrador entdeckte. Sebastian gieng nachher in Spanische Dienste als Pilote mayor, und untersuchte die Küste von Brasilien und La Plata) in einem festen von ihm erbauten Hause. Das Land kann dem
An=

Ansehen nach Brod und Wein in Menge hervorbringen. Der Fluß ist außerordentlich groß (Ribero hat ihn auch viel breiter und größer als den Amazonenfluß gezeichnet) und hat viel Fische. Man glaubt, daß im Innern des Landes Gold und Silber anzutreffen sey. Der hier angeführte Johann de Solis, war Magellans Vorläufer, und hatte vor ihm die Küste von Südamerica bis zum vierzigsten Grade südlicher Breite befahren, und aus seinen Berichten suchte Magellan zu beweisen, daß America südwärts wie Africa sich in einem Vorgebürge endige. 4) Dies ist eben der Johann de Solis, (Solisio) von dem Pigafetta erzählet, daß er nebst sechszig seiner Gefehrten, von den Wilden gefressen worden.

Von diesem Fluß weiter gegen Süden bis zur Magellanischen Meerenge, sind außer dem Hafen St. Julian sehr viel Vorgebürge, Flüsse und Bayen verzeichnet, davon einige wie Rio Serrano unter dem funfzigsten Grad Südlicher Breite die Namen ihrer ersten Entdecker führen. Das südlichste Land von America heißt Ferdinand Magellans Land, und was um den La Plataßuß liegt, Land der Patagonen. Was die Charte von dieses unfruchtbaren Landes Beschaffenheit meldet, ist wörtlich aus Pigafettas Tagebuch genommen. Los que habitan en esta tierra donde allo el estrecho Fernande-Magellaes, son hombres,

---

4) v. Pietro Cieza Historia del Peru, tradotta di Spagnuolo in Italiano. p. 130.

bres de grandes cuerpos, casi gigantes, vistense
de pieles de animalias. La tierra es esteril, y de
ningun provecho. Aqui estava Fernande Magal-
laes seis meses surto en el puerto de S. Julian,
qui esta en 50. grados, donde venian los Indios a los naos, los quales gustando del pan y de
vino, que en los naos los dieron, Se venian tan-
tos que aborrecian. No vieron a qui casas, abitan en los campos, ay aqui muchos abestruzes,
usan flechas los Indios. d. i. Von diesem Lande bis
zur magellanischen Meerenge, wohnen große fast
riesenmäßige Leute. Sie kleiden sich in Thierfel-
len, das Land ist unfruchtbar, und bringt nichts
hervor. In dem Hafen S. Julian unter dem
50. Grad hielt sich Magellan sechs Monat auf.
Die Indier kamen hier zu den Schiffen, kosteten
Brod und Wein, das ihnen die Matrosen gaben,
allein sie verabscheuten es. Sie haben hier keine
Häuser. Die Leute wohnen in den Feldern. Man
hat hier viel Strausse. Die Indier brauchen
Pfeile. 5) Unter den Inseln auf dieser Küste,
waren damahls schon die Falklandinseln bekannt.
Ribero setzt ihre Lage richtig zwischen dem funf-
zigsten und ein und funfzigsten Grad südlicher
Breite, und giebt einer Gruppe von sieben kleinen
Eilanden den Namen Islas de Sanson, der auf
keine andern als auf sie passen kann. In der
Magellanischen Meerenge bemerkt er auf seiner
Charte viel mehr Namen, als Magellan anführt.

Er

5) verglichen oben mit S. 17 — 23.

Er sezt hier auf der südlichen Küste Sierras de los Humas, Tierras Nevadas, und ausser verschiedenen andern Namen auch Tierra del Fuego, Feuerland, welches später der Name der ganzen südlichen Insel ward, wo von Ribero aber nur die nördliche Küste kannte.

Jenseits der magellanischen Meerenge hört auf Riberos Charte, die östliche Küste von Südamerica von funfzigsten Gr. Südl. bis zum zehnten Grade Nördlicher Breite auf, oder die Spanier hatten die Küsten von Chili und Peru damahls noch wenig besegelt, und ein grosser Theil von Südamerica war ihnen verborgen. Die Südsee hat ihre gehörige Breite, aber von den vielen Inseln die nachher in derselben gefunden wurden, war damals noch keine einzige entdeckt. Zwey Inseln aber die Magellan in derselben (S. 31.) fand und Ilhas desventuradas nannte, hat Ribero auch, nur giebt er ihnen die Namen die sie bey spätern Pertugiesen führen. Die erste nennt er St. Paul und die andere Tiburones, von den vielen Fischen welche die Weltumsegler dort sahen. In der Lage der Diebsinseln weicht er auch von Pigafettas Angabe ab, so wie verschiedene Inseln des Archipelagus St. Lazarus oder die Philippinen nicht unter der von Pigafetta angegebenen Breite liegen. Wahrscheinlich verhinderte ihn Mangel an Raum mehr als die Grossen zu nennen. So hat er unter den vom Magellan besuchten Inseln, nur Humunu wo M. zuerst landete, unter dem Namen

men Hunan, ferner Caplon, Zubut, Mathan und Bohol, dagegen auch aber die Namen anderer Inseln, Aguada, Zulvan, und sogar die sogenannte Philippinische Negern Insel, die er nebst andern aus frühern portugiesischen Nachrichten, oder aus den Berichten der Spanier erfuhr die vor dem Vergleich von Saragossa Magellans Entdeckungen in der Südsee, und bey den Molucken fortsezten. Die Insel Maginbanao (Mendano) erscheint auch schon in ihrer rechten Lage. Auf der östlichen Küste liegt nach Ribero ein Ort Namens Quepit. Dies kann kein anderes als das in Magellans Journal beschriebene Land Chippit seyn, wodurch unsre Muthmaßung von seiner Anwesenheit auf Maginbanao bestärkt wird. Von Borneo sieht man nur einen kleinen Theil der Nördlichen Küste, dagegen einige kleine von Magellan genannte Inseln, in ihrer Nachbarschaft, unter andern Tagsima, welche jezt nach Forrests Charte Bassilam heist, und dem spanischen Posten Semboangan gegenüber liegt. Valentyn und Bässet geben ihr dieselbe Lage, nennen sie aber wie Magellan Taghima. Von den Inseln zwischen dieser und Sanghir liegt Ciboco nur auf unserer Charte. Sie heist hier Cubuco und erscheint als halbentdeckte Küste eines großen Landes. Unter verschiedenen jezt unbekannten oder namenlosen kleinen Inseln erscheint die größere Sangir, und südwärts derselben Ternate, 3 Gr. N. Br. Tidore, 2 Gr. N. Br. und Mutir unter der Linie. Zwischen diesen

und

und den übrigen Molucken Macchian und Batsian liegen acht große und kleine Inseln, deren Namen nicht angezeiget sind. Von der großen Insel Gilolo kennt Ribero nur die westliche Küste, hinter derselben aber erscheinen wo Neuguinea liegt, daß einigen Nachrichten zufolge schon 1511. von den Portugiesen gefunden wurde, Spuren von festen Lande und einige namenlose Inseln. Von den weiter gegen Süden liegenden erblickt man nur Buro und Amboina und von der leztern nur einen Theil der Küste. Zwischen diesen und Timor liegt neben einer großen Insel, welches vielleicht Celebes seyn kann, die Insel Malua, die auf allen neuern Charten fehlt. Timor erscheint viel größer als sie wirklich ist, und Ribero bemerkt bey derselben, daß sie viel Sandelholz habe, so wie vorher bey Amboina und Gilolo, daß dorten viel Muscaten gefunden werden. Die Insel Mende (Flores) wo Magellan landete wird nicht angeführt, und von Java nur die nordliche Küste. Allein von den vielen Namen die er hieher gesezt hat, trift man auf dieser Küste nur jezt das einzige Japara an. Die Insel Sumatra (Camatra) hat ihre frechte Lage. Ribero kennt aber nur einige Reiche, Vorgebürge und Flüsse auf der östlichen Küste, und von diesen, die jezt nicht mehr vorhandnen Reiche Palibam, Campar, Ciada, Pacem und Pedir. Die kurze Beschreibung dieser Insel lautet: En Camatra ay Pimienta lunga, y en Sunda y Pacen, la qual se gasta en la Chinn,

China, ay mucho meyjoln y camfora, y canela muy fina, y mucha Seda.

Von dem südlichen festen Lande Asiens, sind alle Länder vom rothen Meer an bis China verzeichnet, und alle Küsten sind voller Namen. Auf der westlichen Seite der Halbinsel Malacca, liegen die Reiche Quedas, Martavan, Pegu und Barma. (Brama) Bey Pegu heist es, in diesem Reiche hat man viel Muscus und Diamanten, auch findet man hier eine Art Samen welcher Cacho und Pucho (una semilla a qui llaman cacho y pucho) heist, gut zu essen ist und stark nach China, geht. Von den Reichen Nordostwärts von Malacca, werden nur Cambaja und Cochinchina genannt. Die südliche Küste von China ist voller Namen die den Vorgebürgen und Flüssen von den ersten Portugiesischen Seefahrern gegeben wurden, unter diesen findet man auch die Stadt Canton.

Die Küsten von Hindostan sind sehr genau und deutlich gezeichnet. Auf den Küsten Concan und Malabar findet man fast alle jetzige Handelsplätze, sogar schon Suratte, (Curate) das damals schon ein von Kaufleuten besuchter Ort seyn muste. Bey den Reichen Cochin, Porca, Coulan und Travancor bemerkt Ribero A qui se colhe la pimienta qui se traen a portogal donde vale el quintal a menos de 3 ducados. d. i. Hier findet sich der Pfeffer der nach Portugal geführt wird, wovon der Centner wenigstens drey spanische Ducaten

caten kostet. Die Küste Coromandel geht auf dieser Charte nicht weiter als bis zum 11. Gr. N. Breite, oder bis an den Fluß Coleron, dessen Namen aber Albero nicht wuste. Nordwärts desselben bemerkt sie den Perlenfang, der jezt bey Tutocoryn getrieben wird. Auf der Küste Bengalen ergießt sich der Ganges in zwey Ausflüssen ins Meer. Ob die beiden Namen Comarja und Poralam hier Reiche oder Städte bedeuten sollen weis ich nicht, da sich jezt in diesem Lande kein Ort findet, auf welchen die Benennung passen könnte; auch Barbessa so wenig als andere alte Beschreiber dieses Landes einen ähnlichen Namen anführen. Im Bengalischen Meerbusen liegen auch die Nicobarischen Inseln, aber die nordwärts belegenen Andaman Inseln heissen hier Islas de Coricataja. Das nördliche Asien hinter Persien, Hindostan und Pegu ist völlig terra incognita, und hin und wieder stab aus den alten Geographen, die Worte India extra Gangem, Scythia extra Imaum montem, Gedrosia, Arachosia wiederholt.

Europa ist wie sich wol erwarten läßt, bis auf die Nordischen Reiche richtig abgebildet, und die wichtigsten Städte auf jeder Küste genannt. Besonders zahlreich sind diese am schwarzen Meer, ihre Namen passen aber nur bey den wenigsten auf die heutigen. Auf der Krimm findet sich nur Caffa und Cemburo. Im innern Rußland und Polen ist alles leere Wüste. Beide Reiche werden

den nur durch Sarmatia in Europa und Russia alba angezeigt, und Cäsars und Alexanders Altäre an den Ufern des Dons und tief in Litthauen so wie der Herzonische Wald in Polen versezt. Der Europäische Norden hat hier noch eben die unförmliche Gestalt wie in den ältesten Ausgaben des Ptolemäus, und liegt innerhalb des 59. und 70. Grads. Norwegen erstreckt sich hier von Osten gegen Westen, Schweden liegt diesem Reiche ganz gegen Süden, der Botnische Meerbusen läuft von Osten gegen Westen, und am östlichen Ufer von Schweden liegt eine große Insel, die weder Gothland noch Bornholm seyn kann. Kein Vorgebürge, keine Stadt ist in diesen Nordischen Reichen angezeigt, sondern nur einzelne Provinzen. Von Dännemark nur die Insel Seland, in Jütland welches hier Dacia heist, stehen die unerklärlichen Namen Scane, Obert und Chitamer, imgleichen am Ausfluß der Elbe die Insulae Saxonum. Im Königreiche Schweden sind angeführt, Scania et Dacia, vermuthlich weil die südlichen Provinzen damalen noch den Dänen gehörten. Mitten in Schweden an den Grenzen von Norwegen liegt ein großer See, der einen breiten Ausfluß in die Nordsee hat und kein anderer als der Mälersee seyn kann. Nordwärts desselben liegen Gotia meridionalis, — Suetia quae et aliter Jonasas. Ein Name den Lagerbring in seiner großen Schwedischen Reichsgeschichte, unter den alten Benennungen seines Vaterlandes nicht kennt,

kennt, 7) auch Schöning nicht in seiner Charte von den Nordischen Reichen, so wie die alten Sagenschreiber diese sich vorstellen. (Facies trium regnorum Borealium Europae ad normam veterum scriptorum expressa a G. Schöning. 1777.) Hinter diesen folgt Wermeland am Ufer des Botnischen Meerbusens. Jenseits desselben liegt Norwegen nebst einer dazu gehörigen Provinz Betaland, und weiter gegen Nordosten Gotia orientalis. Hinter Norwegen dehnt sich ein großer Meerbusen von Morgen gegen Abend aus, in demselben setzt Ribero zwey ganz unbekannte Inseln, Margarester und Hobreland, und Nordwärts das große Grönland, (Engroland) als eine langgedehnte Halbinsel zwischen diesem Meerbusen, und dem Eismeer. Auch die Länder an der Ostsee kannte Ribero wenig und lange so genau nicht, als Brasilien oder Malacca. Sie folgen bey ihm folgendermaßen auf einander: Megelbuc, Pomeria, Prusia, Letfania, Riga, Alba Rußia, und da wo Finland anfangen sollte, setzt er Livonia dessen Hauptstadt er vorher schon genannt hatte.

Grosbrittannien und Irrland haben ihre rechte Lage. Aber außer London und Bristol läst sich kein einziger Name enträthseln. Schottland erscheint wie eine Insel, welche ein großer Fluß von England scheidet. Ostwärts setzt er dicht an die schottische Küste die Insel Thule, die Orcaden

7) Swea Rikes Historia ifrån de äldsta tider första Delen S. 317.

den aber unterhalb Norwegen und Schettland gar zwischen diesem Reiche und Jütland.

In den Nordlichen Gewässern des atlantischen Meers hat er verschiedene Inseln die neuere Geographen daraus längstens verwiesen haben wie die große Insel Ilha verde, das Eiland Maydas, vorzüglich aber eine Insel Brasil genannt im 52. Gr. N. Br. Diese Insel findet sich nicht nur in allen alten Charten sondern noch bey Erdbeschreibern des vorigen Jahrhunderts unter andern auf Purchas Charte von Europa, in den neuern Ausgaben von Münsters Cosmographie, ja eine alte italienische Charte des Andreas Bianco von Jahr 1436. die Herr Formaleoni vor kurzen näher beschrieben, hat sie schon 6) Er sezt sie aber unter den Azoren, oder verwechselt die Insel Tercera mit derselben. Wie diese Inseln den damaligen Geographen bekannt geworden, oder auf welche Veranlassung sie solche in ihre Charten aufnahmen, darüber habe ich noch keine Erleuterung finden können, doch aber auf einigen Charten schon Biancos Fehler bemerkt, unter andern liegen die Azoren in Münsters Cosmographie so sehr unter einander zerstreut, so weit gegen Norden, und der Nordamericanischen Küste so nahe, daß die Isla Verde, womit die Geographen vor Sanson, die Inseln des atlantischen Meers vermehrten, und die Riberos Berechnungen zufolge, acht bis neun neun Grad von Graciosa der nordlichsten Azorischen

---

6) S. Kielisches Magazin, 1. B. S. 275.

schen Insel entfernt ist mitten unter denselben liegt. Auch über den Namen den die jetzt verlorne Insel vermuthlich von dem Färbeholze erhalten, das Europa lange vor der Entdeckung des Landes Brasilien, aus Ostindien bekam, und dessen Namen schon beym Abulfeda vorkommt, ist mein Nachsuchen vergeblich gewesen.

America war damals wie Ribero diese Charte zusammensezte, bey weiten nicht ganz entdeckt. Die Spanier kannten freilich die östliche Seite dieses Welttheils vom Mexicanischen Meerbusen, bis zur Magellanischen Meerenge vollkommen, das eigentliche Westindien eben als wir heut zu Tage, auch Nordamerica von dessen südlichster Landspize bis Labrador, allein die andere westliche Seite, die Küsten der neuen Welt an der Südsee waren wie diese Charte zeigt noch gröstentheils unerforscht. Damahls war noch kein Spanier nach Chili gekommen, von Peru war nur wenig entdeckt, und daher sieht man auf dieser Charte von der magellanischen Meerenge bis zum achten Grad nördlicher Breite, einen leeren Raum, oder Ribero wuste nicht was America hier für eine Gestalt hatte. Jenseits des achten Grads fängt die bekannte Küste von Peru wieder an, Ribero zeichnet die Landenge von Panama, wie wir sie noch auf allen neuen Generalcharten der neuen Welt sehen. Aber mit dem vierzehnten Grad nördlicher Breite hört die westliche Küste von Nordamerica wieder auf, und

von

von Mexico ist nur das Land um den Meerbusen gleiches Namens abgebildet, allein vom Innern dieser Provinz und so weit sie sich längst der Südsee ausdehnt, der Halbinsel Californien, und von dem, was Seefahrer hinter derselben bis Cooks oder Berings Straße gefunden haben, ist noch keine Spur zu sehen. Mexico heist Neuspanien und in den beygeschriebenen spanischen Zeilen wird gesagt: Man nennt dies Land deswegen so, weil man in diesen Lande vieles findet was Spanien auch hat. Man erntet hier so viel Korn, daß man ganze Schiffsladungen nach andern Orten senden kann, imgleichen gediegenes Gold. Vollständig und genau ist der Mexicanische Meerbusen abgebildet. Allein der Name Florida war damahls noch nicht bekannt, auch der große Fluß Mißisippi der hier Spiritu Santo heist, nur bey seiner Mündung. Florida hies damals Tierra de Garay, und Ribero bemerkt dabey, daß man hier wenig Hofnung habe Gold zu finden, weil das Land zu weit vom Wendezirkel entfernt liege. Der Entdecker Garay dessen Namen das Land führt ist sonst unter den Spaniern eben nicht bekannt, welche sich um die genauere Untersuchung der neuen Welt hervergethan haben. Auch Robertson kennt ihn nicht, und nennt nur als ersten Entdecker dieses Landes den Ponce de Leon, der hier 1512. die Quelle suchte, welche die Kraft hatte die Menschen zu verjüngen. Allein Riberos Nachricht wird aus andern spanischen Geschichtschreibern bestä=

ftåtigt. De Leon fand nur die lange Halbinsel von Ost Florida, welche sich von St. Augustin bis zum Vorgebürge der Märtirer erstreckt. Ribero sezt auch auf der östlichen Küste dieser Halbinsel einen Meerbusen, der den Namen dieses ersten Entdeckers führt. Nach seinem Tode sezte Franz Garay seine Untersuchungen 1518. fort. Er entdeckte die ganze Küste bis an den Mexicanischen Fluß Panuco, und fand, daß was er und Ponce de Leon bisher befahren hatten, ein mit Neuspanien zusammenhängendes Land sey, das weder Gold noch Silberspuren zeigte. 8)

Auf der südlichen Seite des Mexicanischen Meerbusens, hat Jucatan die Gestalt einer Insel. Die Lage von Westindien, oder der heutigen Zuckerinseln aber nebst den Lucayschen ist aufs genaueste vorgestellt. Selbst die kleinen damahls für Spanien völlig unwichtigen Inseln fehlen nicht, und man sieht schon Tabago, Barbados, St. Lucia und andere ganz deutlich. Auch einen gewöhnlichen Geographischen Irrthum kann ich gelegentlich bey diesen Inseln aus dem Ribero verbessern. Den dreißig großen und kleinen Inseln, welche zwischen Portorico und den sogenannten Leeward Inseln liegen, gab der Weltumsegler Drak nicht erst 1580. den Namen der virginischen Inseln, zu Ehren der Englischen Königin Elisabeth, sondern sie führten ihn 1529. schon, wahrscheinlich zu Ehren der 11000 Jungfrauen.

Bey

---

8) Cieco Historia del Peru. p. 61.

Bey Nordamerica unterscheidet sich Riberos Charte außerordentlich von allen aus seinem Jahrhundert vorhandnen, und die ganze Küste von Florida an, bis zum 61. Grade Nördlicher Breite ist hier so verzeichnet, als man sie sich vor Verazzanis und Cartiers genauern Untersuchungen vorzustellen pflegte. Neufundland erscheint hier als die Küste eines festen Landes, von Neuschottland, dem Lorenzmeerbusen, (Golfo quadrato.) Norumbega und vielen von Franzosen und Britten nachher entdeckten Inseln ist hier noch keine Spur, und nur mit Hülfe alter Specialcharten in Blaeuvs Atlas, sieht man hier die Cheseapeakbay den Hudsonsfluß und Maffachusetsbay schimmern. Dagegen aber hat die Charte die wichtigsten spanischen Seefahrten auf dieser Küste vor dem Vergleich von Saragossa erhalten, die bey der Seltenheit spanischer Nachrichten meistens so unbekannt waren, daß die wenigsten Geschichtschreiber dieses Landes ihrer erwehnen, oder wir erfahren aus Riberos Charte, daß lange vorher ehe andere europäische Nationen darauf fielen eine Nordwestliche Durchfarth zu entdecken, die Spanier und Portugiesen die Unmöglichkeit einer solchen Farth einsahen. Diese alten Seefahrer haben den Gegenden der von ihnen befahrne Küste mancherley Namen beygelegt, die freilich jetzt von den Einwohnern verändert worden, doch aber in dieser Charte zeigen, wo sie hier und dort das Land genauer untersuchten, und daß die Spanier bis

in

in der Gegend von Hudsons Meerenge bereits 1529 gekommen waren. Georgien und Südcarolina heißen hier Terra de Apllon von ihrem ersten Erfinder dem Licentiat Lucas Basques de Apllon aus St. Domingo, der hieher 1525, auf einer Farth nach den Lucapschen Inseln, wo er Sclaven zu rauben gedachte, verschlagen ward. Damahls hies diese Küste Chicora, und Apllon landete auf der heutigen Insel Port Royal südwärts von Charlestown, der er den Namen Cap. St. Helena beylegte, und einen benachbarte Fluß Jordan nannte. Ribero sagt von diesen Lande, dieser erste spanische Entdecker habe es bevölkern wollen, weil es dem Anscheine nach Wein und Brod hervorbringen konnte. Er muste aber wegen Krankheit seinen Plan aufgeben. Er erzählt ferner, die Indier auf dieser ganzen Küste wären stärker, als auf den Inseln, sie lebten von Mahis und Fischen, welche man hier überflüßig finde, sie wären große Jäger, und kleideten sich in Fellen von Wölfen und Füchsen.

In der Gegend der heutigen Provinzen Neuyork, Connecticut und Rhodeisland, sezt er das Land des Stefan Gomez und mitten in demselben einen sehr großen Fluß, welches kein anderer, als der Hudson seyn kann. Ribero sagt davon, daß Gomez es 1525. auf Befehl Carl des fünften aufgesucht habe, daß es hier viel Bäume und eine Menge von allerley Fischen (Rodovallos, Salmones

nes y Sollos) aber kein Gold gebe. Eben dasselbe bemerkt der erste Niederländische Geograph dieser Küste Adrian van der Donck 9) und versichert, seine Landsleute hätten mehr Fische gefangen, als sie in ihrer Landessprache benennen können. Gomez war wie oben bemerkt worden, mit unter den zu Bajadoz versammelten Geographen die damahls bekannte Welt zwischen Spanien und Portugal zu theilen. Wie beide Reiche hierüber nicht einig werden konnten, schickte ihn der Kaiser nach America, eine Nordwestliche Durchfarth aufzusuchen, woher er aber unverrichteter Sache wieder zurückkehrte.

Jenseits diesem Lande verliessen den Ribero seine bisherо sichern Führer, und er folgt bey Neufundland, und den nördlicher belegenen Küsten, nur ältern Seefahrergerüchten, und was damahls von Cortereals und Cabots Farthen den Geographen bekannt geworden war. Daher erscheint Neufundland als ein festes Land, und Cortereals Land nebst Labrador, haben eine ganz verkehrte Lage. Die vielen Namen die er bey diesen Ländern anführt, und wahrscheinlich vom Gomez herrühren, haben sich alle verändert, das südlichste Vorgebürge von Neufundland ausgenommen, Cap Race, daß er Cap Rasso nennt. Cabots Küste Bonavista kennt er nicht, aber eine Insel Bacalao bemerkt er an der östlichen Küste von Neufundland, welche er wegen der Menge dort ge-

---

9) Beschryving van Nieuw Nederland. p. 43.

gefundenen Stockfische also nannte. Merkwürdig ist es doch, daß italienische vor Erfindung der neuen Welt verfertigte Charten, schon diese Insel haben, auch Andreas Bianco auf seiner Charte von 1436. eine Insel ähnlichen Namens westwärts von Europa in dieser Gegend setzt. Bianco nennt sie Stockfisch, und andere nur etwas italisirter Stofasiga. Wenn Herr Formaleoni der diese venetianische Charte zuerst beschrieben, solche wie der Herr von Murr mit Beheims Charte gethan hat, mit einem kritischen Kommentar herausgeben, und dabey untersuchen wollte, ob Biancos Charte, nicht vielleicht später als 1436. verfertigt worden, weil wirklich in des Cardinal Bessarions Bibliothek eine ältere von einen gewissen Candibus gefunden wird, der mit dem vorhergehenden Bianco höchst wahrscheinlich eine Person ist, 10) so würde vielleicht die frühere Kenntniß von Neufundland in Italien eben so bald verschwinden, als Herr von Murr es von den Antillen durch die Herausgabe von Beheims Charte erwiesen hat, welche deutsche Gelehrte, hier vor Colons Fahrt finden wollten. Es ist mir sehr wahrscheinlich, daß wenn sich etwa die Insel Stockfisch, oder Bacalao auf alten Charten vor 1497. finden sollte,

uns

10) Saggio di osservazioni particolari sopra lo stato, in cui attrovasi presentemente la naval construzione in Venezia, da Giov. Dominico Cavalotti. Venez. 1766. 4.

unter derselben keine andere als Island oder eine in ihrer Nachbarschaft belegene Insel verstanden werden müsse. Island war vor Cabots Seereise sehr wegen seiner Stockfische berühmt, sie wurden hier von fremden Seefahrern in Menge geholt, ehe die Dänen den Handel dahin zum Monopol machten, und wirklich sezt Beheim in der Nachbarschaft von Island verschiedene Inseln. Wie nachher der reichere Fang bey Neufundland bekannt ward, rückte man diese Insel nach America und vermischte sie mit den dortigen Fischländern. Ribero nennt diese Länder oder die Nordamericanische Küste jenseit des zwey und funfzigsten Grades Nördlicher Breite Terra de Los Bacalaos. Er sagt, die Cortesreales hätten sie zuerst entdeckt. Man hole außer Stockfischen nichts daher, welche aber geringen Werth hätten. Die Brüder Cortereales waren Portugiesen die 1500. hier eine Durchfarth nach den Molucken suchten, aber nicht wieder nach Lissabon zurückkehrten, und vermuthlich im Eise Schiffbruch litten. Was Ribero Cortereals Land nennt, heist gegenwärtig Labrador, und er sezt zu Ende desselben, oder da wo Hudson im vorigen Jahrhundert die von ihm benannte Strasse fand, einen großen Meerbusen, und in denselben zwey Inseln, de la Fortuna, und de la Tormenta. Doch hänat Nordostwärts dieses Meerbusens, mit der Stockfisch Küste, Terra de los Bacalaos ein großes Land zusammen, dessen

sen nördliches Ende 1529 noch nicht erforscht war. Es liegt gerade wo andere alte Charten das sogenannte Estotiland und Meta incognita hinzusetzen pflegen, oder wo nach neuern Entdeckungen Grönland wirklich belegen ist. Es dehnt sich aber sehr weit gegen Morgen aus, hat auch südwärts eine ganz andere Gestalt als Grönland. Ribero nennt diese sonst namenlose Küste Labrador, und glaubt, die Engländer hätten es entdeckt. Man findet hier aber gar keine Producte. Bey ihm fängt also gerade Labrador an, wo die heutige Küste dieses Namens aufhört. Denn wir nennen den Theil von Nordamerica vom funfzigsten bis sechszigsten Grad Nördlicher Breite zwischen den Lorenzmeerbusen und Hudsonsstrasse Labrador. So wie er hier Labrador mit Grönland verwechselt, das seiner Meinung nach den Nordischen Reichen von Europa gegen Mitternacht lag, und andere spanische Charten aus dem Anfange des vorigen Jahrhunderts bey diesem Land fast gleichen Fehler begehen, 11) eben so unrichtig schränkt er Cabots Entdeckungen blos auf den kältsten und unfruchtbarsten Theil von Nordamerica ein. Indessen da von Cabots Reise kein Tagebuch vorhanden ist, und alles was wir davon wissen, auf Peter Martyrs und Ramusios Erzählungen beruht, die ihre Nachrichten selbst von Cabot gehört haben wollen, so hat

Ri-

---

11) Jeffreys great Probability of a Northwest passage, p. 85.

Ribero wohl nach diesen Sagen sein Labrador gezeichnet, und den Engländern die Entdeckung der nördlichsten Americanischen Küste daher zugeeignet, weil Cabot doch bis zum sieben und sechszigsten Grade Nördlicher Breite gekommen seyn soll, und kein anderer Seefahrer wie Ribero seine Charte zusammen trug weiter gegen Norden, die neue Welt untersucht hatte.

II.

James Cappers
Bemerkungen
über die Reise nach Ostindien
durch
Egypten und die grosse Wüste.

Aus dem Englischen.

Der Verf. dieser Bemerkungen stand als Oberster in den Diensten der englischen ostindischen Compagnie, und hat die Landreise über Egypten, auch über Syrien und Arabien verschiedenemal und die leztere noch 1778 gemacht. Weil besonders in Kriegszeiten, über Egypten auf dem kürzesten Wege Depechen von und nach Europa abgefertigt werden können, auch der Französische Hof auf diesem Wege früher als England Nachrichten aus Ostindien erhielt, 1) so hat Herr Capper die nachfolgenden Bemerkungen über diese Reise zum Besten seiner Landesleute unter folgenden Titel drucken lassen. Observations on the Passage to India through Egypt and across the grand De-

1) Wie der englische Oberste Baylie von Hyder Ally 1780. in den nördlichen Gegenden von Carnatic geschlagen ward, hatte man in Frankreich schon im Februar Nachricht davon, und konnte daher dem Hyder Ally zu rechter Zeit Succurs schicken. In England kam die Nachricht erst im April an wie;es bereits zu spät war Schiffe ums Vorgebürge der guten Hofnung nach Indien zu schicken.

Defart. London. 1783. 4. Die Schrift enthält außer diesen Bemerkungen ein Tagebuch der letzten Reise des Verfassers über Latichia, Aleppo, Baffora und dem persischen Meerbusen nach Ostindien. Es ist aber bey weiten so unterhaltend nicht als die egyptische Reise die wir hier unsern Lesern mit einigen Ergänzungen und Zusätzen vorlegen.

Die vornehmsten Einwürfe die man gewöhnlich gegen eine Reise nach Europa über Suez macht, sind die Kostbarkeit, Unbequemlichkeit und Gefährlichkeit derselben. Die Unkosten würden aber für einen Mann von Vermögen sehr geringe seyn und wenn man sie unter zwey oder drey Personen theilte gewiß weniger betragen als eine Reise um das Vorgebürge der guten Hofnung. 2) Die Schiffarth auf dem rothen Meere ist jetzt schon so gut bekannt, daß sie zur rechten Jahreszeit gar nicht mehr für gefährlich gehalten werden kann. Und was die Unbequemlichkeit anbetrift, so kenne ich keine die nicht vermittelst einiges Geldes zu rechter Zeit angebracht gehoben werden könnte. Auf dem Wege von Suez nach Alexandrien

s) Herr Capper rechnet an einem andern Ort die Kosten der Reise über Egypten für zwey Personen nebst einem Bedienten von England aus auf 250 Pf. St. Davon würde die Seereise von Livorno oder einem andern italienischen Hafen nach Alexandrien vierzig Pfunde, der Aufenthalt in Alexandrien zehn Pfund, die Landreise von hier nach Suez vierzig, und die Farth von Suez nach Indien sechszig Pfund Sterling koßen.

brien stößt man vielleicht auf einige Unannehmlichkeiten denen ein Mann von Stande und Vermögen in einem gesitteten Lande weniger ausgesetzt ist, diese können aber mehrentheils durch einige Geschenke von geringem Werth an die Beys und andern Vornehmen in Egypten vermieden, oder wenigstens vermindert werden.

Um sich gegen die Beleidigungen des Pöbels in Arabischen oder Türkischen Ländern hauptsächlich in der Nähe der Stadt Mecca zu sichern, sollte ein Europäer seinen Bart wachsen lassen, und eine orientalische Kleidung anlegen. Es ist am rathsamsten sich für die Reise ein schlechtes Kleid nach Arabischen Schnitt machen zu lassen, und ein anders nach der Türkischen Mode, etwas besser und prächtiger, um solches während des Aufenthalts in Cairo und Alexandrien zu tragen. Wenn man im Winter reiset, dient ein Pelz beides zum Nutzen und zur Zierde, es ist aber vielleicht nicht unnütz hier zu bemerken, daß ein Christ in diesen Gegenden wohl thäte keine grünen Kleider zu tragen, weil diese Farbe denen heilig ist, welche die Pilgrimschaft nach Mecca verrichtet haben, wie auch den Abkömmlingen des Propheten. Die Türken sehen auch nicht gerne, wenn Europäer sich der rothen Farbe bedienen, weil dieses Mahomets Lieblingsfarbe war.

Diejenigen welche in Europa lange Reisen unternehmen, müssen sich mit Wechselbriefen versehen; hier aber ist diese Vorsicht entbehrlich;
Ein

Ein Mann von Ansehen, kann auf dem ganzen Wege, Credit für irgend eine Summe gegen Wechsel auf Indien oder England bekommen; Sollte man aber nicht ohne einen hinlänglichen Vorrath von baaren Gelde reisen wollen, so thut man am besten sich mit Venetianischen Zechinen zu versehen, welche leicht fortgebracht werden können, und in allen Ländern zwischen Indien und England cursiren.

Ich vermuthe nicht daß es schwer seyn kann einen Dollmetscher welcher beides, Arabisch und Türkisch spricht, zu erhalten. Erstere Sprache ist vom Eingange des rothen Meeres an bis nach Suez unumgänglich nöthig und leztere wird mehrentheils von allen Standespersonen in Egypten gesprochen.

Im November wo es am rathsamsten wäre Madraß zu verlassen, ist die Reise um Ceylon sehr langweilig; ich würde daher vorschlagen, daß man sich an den Gouverneur von Bombay wendet, um eines oder mehrere der Compagnie Schiffe zu erhalten, die um die Mitte des Novembers nach Anjengo geschickt werden müßten. Eins davon zum eignen Gebrauch und ein kleineres zum Steuerschiff; Der Capitain desjenigen Schiffs auf welches man sich selbst begibt, wird natürlich Sorge tragen sich mit einem hinlänglichen Vorrath von allen Lebensmitteln für den Passagiers zu versehen, hauptsächlich müßte man ihm aber rathen in Bombay einen überflüßigen Vorrath an Wasser mitzunehmen,

weil

weil solches auf der ganzen Malabarischen Küste ziemlich schlecht, und das beste im rothen Meere kaum trinkbar ist.

Will man im Monat November mit seiner Bagage durch das Land Travancor reisen, so laufet man Gefahr, daß solche durch den Regen verderbt wird, weil der Monsoon eben dann am stärksten herrscht; die Leute müssen daher etwas früher mit der Bagage abreisen; und der Reisende würde in einen gutem Palanquin die Unbequemlichkeiten des Wetters wenig empfinden, da er beynahe jede Nacht in einen guten Choultrie, 3) oder den ganzen Weg von Pollancotah bis Anjengo in Kirchen schlafen kann. Ein Seefahrer würde es vielleicht nicht rathen schon im November von der Malabarischen Küste abzureisen; weil die Reise durch wiedrige Winde die einem oberhalb Gedda zustoßen könnten, wahrscheinlich verlängert werden würde.

Es ist wahr, wenn man eine sehr kurze Reise nach Suez machen will, muß man eigentlich nicht

3) Im Orient wo es keine Gasthöfe giebt, ist man verbunden gewesen öffentliche Gebäude zur Aufnahme der Reisenden zu errichten, welche in verschiedenen Ländern verschiedene Namen führen. Auf der Küste von Coromandel nennt man sie Choultries. Die oben erwähnten Kirchen sind diejenigen, welche der König von Travancor den katholischen Missionarien auf der Seeküste seines Landes zu erbauen erlaubt hat.

nicht nach Gedda segeln, ehe der Khumseen=
wind 4) anzuwehen fängt; ich meinestheils wür=
de aber immer gerne einige Tage länger an Bord
des Schiffes bleiben, um nachher bey kühlem
Wetter in Egypten reisen zu können. Der Khum=
seenwind kommt aus derselben Gegend als der be=
kannte Sirocco, und bringt beynahe eben die
Wirkungen hervor; er ist sogar zur See unange=
nehm, und würde in der Wüste völlig unerträg=
lich seyn. Die Pest pflegt auch spät im Frühjahr
auszubrechen, und wütet selten zu Cairo mit gros=
ser Heftigkeit vor dem März oder April. Da der
Capitain wahrscheinlich ein erfahrner Seefahrer,
und mit guten Seecharten versehen seyn wird, ist
es nicht nöthig, hier eine Abhandlung über
diese Seereise zu liefern; ich werde also nur eini=
ge wenige Worte über das Seewesen sagen, und
meine Bemerkungen hauptsächlich auf solche Din=
ge einschränken, die zu der Bequemlichkeit oder
Vergnügen dieser Reisenden beytragen können.

Im Monat November pflegen die Schiffe
gewöhnlich die Malabarische Küste mit Hülfe der
See und Landwinde bis Porca und Cochin hinauf
zu segeln, und ihren Lauf denn mit einen Nord=
ostwinde nach Westen herüber zu richten, bis sie
Calpini und Schulipar zwey der Lacadivischen In=
seln

---

4) Der Kumseen oder Kumsoon, weht südlich von den
lezten Tagen des Merz, bis um die Mitte des Mai=
monats. Der Name bedeutet im Arabischen funf=
zig, weil seine Zeit gemeinhin so viel Tage dauert.

seln 5) erreicht haben; nachdem sie diese verlassen, sehen sie kein Land bis sie an die Insel Socotra kommen, welche nahe an der Mündung der Meerenge Babelmandel liegt. Das arabische oder östliche Ufer dieser Meerenge, dem sie bis auf einige Meilen nahe kommen, bietet einige sehr malerische Aussichten dar, die hauptsächlich aus ungeheuren Bergen und hohen zerrissenen Felsen mit Ueberbleibseln von alten Schlössern bestehen. Es giebt in dieser Gegend aber wenige Städte von einiger Bedeutung, bis man die Insel Perim vorbey ist, die mit dem gegenüberstehenden Vorgebürge auf der östlichen Küste den Paß bildet, den die Araber Al Bab oder das Thor nennen.

Zu Mocha, welches die erste Stadt an der Ostseite des rothen Meeres innerhalb des Thores ist, dürfen die Reisenden sich nicht lange aufhalten. Sie können hier alle Arten von Erfrischungen und vornehmlich eine Menge der vortreflichsten Weintrauben bekommen. Sollten ihre Lebensmittel die sie von Bombay mitgenommen haben nicht mehr gut seyn, so können sie sich hier mit

---

5) Hamilton setzt diese Inseln zwischen 8 Gr. 36 M. und 12 Grad 30 Minuten nördlicher Breite etwa vierzig Seemeilen westwärts von der Malabarischen Küste. Sie liegen sehr niedrig und das Fahrwasser zwischen selbigen hat sehr seichte Stellen. Sie werden durch einen ziemlich breiten Canal von den Maldiven geschieden. Diese Inseln gehören jetzt zum Reiche Mysore, und wurden vom Hyder Ally erobert.

mit Abißynischen Schaafen, welche von eben der Art wie die am Vorgebürge der guten Hofnung sind, versehen. Bis Gedda brauchen sie nicht mehr als sechs, und an diesem lezteren Orte können sie alles was sie noch zu ihrer Reise brauchen besser und wohlfeiler erhalten.

Schaafe sind in Mocha sehr theuer, da sie alle von dem entgegengesezten Ufer von Abißynien als ein Handelsartikel herüber gebracht werden. Es ist aber sehr merkwürdig, daß die Einwohner des südlichen Theils des glücklichen Arabien, welche die vortreflichsten Pferde, Maulesel und Esel ziehen, die Schaafzucht vernachläßigen, welche gewiß auf eben den Weiden sehr gut fortkommen würden. Dieses ist noch sonderbarer, da Schöpsen und Hammelfleisch einen Haupttheil ihrer eignen Speisen ausmachen.

Das äußere Ansehen von Mocha von der Seeseite wird den Reisenden gewiß reizen an Land zu gehen; denn die Häuser, Moscheen, Minarets, und sogar die Mauern der Stadt sind geweißt, welches dem Ort in einiger Entfernung ein sehr reinliches, nettes Ansehen giebt, dem das Innere desselben aber keinesweges entspricht. Der Souverneur wird den Passagiers vermuthlich durch den Faktor der Compagnie eine Einladung schicken an Land zu kommen; und wenn sie solche annehmen bin ich gewiß, daß er sie mit großer Achtung empfangen wird. Wir wurden ihm als gewöhnliche Reisende die über Suez nach Europa giengen vorgestellt.

So-

Sobald wir landeten ließ er uns durch drey Kanonen begrüssen, und der Befehlshaber des Hafens bewirthete uns bey dem Thore mit Kaffee wo wir uns einige Minuten aufhielten, um die Musik des Gouverneurs und die Pferde zu erwarten, die für unsere Gesellschaft hergeführt werden sollten. Mit diesem Vortrupp, und von verschiedenen Personen von Stande begleitet, giengen wir nach dem Hause des Gouverneurs, welches in der Mitte eines großen Platzes, von unbehauenen Steinen und ungebrannten Ziegeln erbaut war. Man führte uns zwey enge schadhafte Treppen nach seinem Zimmer hinauf, wo wir ihn auf einem sogenannten Chiotque oder Sitz im Fenster nach der See zu sitzend fanden. Als wir in das Zimmer traten, stand er auf und begrüßte uns sehr höflich auf Arabische Art, indem er die rechte Hand auf die linke Brust legte, und dabey den Kopf ein wenig neigte. Nach einer viertelstündigen Unterredung über unsre vorhabende Reise, wurden Pfeiffen, Zuckergebacknes, und Kaffee hereingebracht, und zuletzt ein Rauchfaß den Bart und die Kleider zu räuchern, welches in allen Orientalischen Ländern ein Wink ist seinem Besuch ein Ende zu machen.

Sollte jemand hier die Nacht an Land zubringen wollen, so wird der Mäckler ihn nach einem Hause der Compagnie auf Arabische Art gebaut führen. Ein gewisser Mann von der Regierung zu Bombay hielt sich hier zwey oder drey Jahre lang als Agente oder Superkargo auf. Da aber

aber der Plan weder seiner eignen, noch seiner Vorgesezten Erwartung gemäß einschlug, ward er zurück berufen; und die Geschäfte der Compagnie sind seitdem größtentheils durch den Mäckler versehen worden, der aus Guzerat gebürtig ist, und die Englische und Maurische Sprache redet.

Zwischen Mocha und Gedda giebt es einige gefährliche Sandbänke, von denen man aber in dieser Jahrszeit nichts zu befürchten hat, da der Wind bis hierher zu einer Nördlichen Farth günstig ist. Die Stadt Gedda ist nicht besonders sehenswerth, und es ist daher rathsam hier nicht an Land zu gehen, denn da sie nur sechszig Englische Meilen von Mecca entfernt ist, würde ein Christ selbst vom höchsten Range und in der Landeskleidung maskirt, den Beschimpfungen und Neckereyen des Pöbels ausgesezt seyn, der hier zuverläßig glaubt, der Athem eines Ungläubigen könne ihn auf dieser heiligen Erde verunreinigen. Ein Dollmetscher oder irgend ein Mahomedaner an Bord des Schiffes kann den Reisenden alles einkaufen was sie bedürfen.

Die Regierung von Gedda ist eigentlich in den Händen des Scherif oder Hohenpriesters von Mecca. Damit dieser aber in Nothfällen auf den Schuz und die Hülfe des Groß Sultans von Constantinopel fußen könne, erlaubt er ihm einen Bascha dort hinzuschicken. Der Scherif eignet sich den größten Theil der Einkünfte zu, und überläßt dem Bascha nur eine geringe Summe; zuweilen muß

muß er aber auch dafür einige Beutel Löwenthaler nach Constantinopel schicken, um den Sultan und seine Minister bey guter Laune zu erhalten.

Der General Gouverneur von Bengalen that im Jahr 1774. einigen Kaufleuten in Calcutta den Vorschlag, ein Schiff mit solchen Waaren die unter den Türken guten Abgang finden, nach dem rothen Meere zu befrachten; und anstatt solche zu Gedda an Land zu bringen, gerades Weges nach Suez damit zu segeln; wodurch man einen neuen Handel zu eröfnen hofte, der für uns und die Türken gleich vortheilhaft wäre, und auch zugleich einen neuen Weg zu Ueberbringung der Nachrichten zwischen Indien und Europa zu bahnen. Es ist jezt nicht der Ort die Handels= vortheile dieses Vorschlags zu untersuchen, genug der Scherif von Mecca kam darüber sogleich in Bewegung, und gebrauchte seine ganze geistliche und weltliche Gewalt die Ausführung des Plans zu hintertreiben. In seinen Bemühungen bey der Pforte wegen dieser Sache, wurde er eifrigst von einer großen Anzahl Türkischer Kaufleute unter= stüzt, welche besorgten, daß sie durch Verringe= rung der Preise Indischer Waaren an ihren Han= delsplätzen leiden würden, und daß dadurch der alte Handel von Bassora und Aleppo ganz zu Grunde gehen müßte. Durch die Zusammentretung eines so wichtigen Interesse gelang es ihnen, ein Fir= maun von dem Sultan zu erhalten, welches sei= ner Kanzleymäßigen Wiederholungen und Mor=

genländischen Hyperbeln entblößt, folgendes enthielt.

Die Geschichtschreiber melden uns, daß die Christen, eine unternehmende und arglistige Race von Menschen, sich schon von den ältesten Zeiten an, der List und Gewalt zu Erreichung ihrer Ehrgeizigen Absichten bedient haben. Als Kaufleute verkleidet verschaften sie sich den Eintritt in Damascus und Jerusalem; auf ähnliche Art haben sie seitdem in Hindostan festen Fuß gefaßt, wo die Engelländer die Eingebohrnen zu Sklaven gemacht haben; so hat auch jezt die nehmliche Nation durch die Beys aufgemuntert, versucht, sich in Egypten einzuschleichen. Ohne Zweifel in der Absicht, sobald sie Charten von dem Lande, und Risse von den Festungen aufgenommen haben würden, sich desselben zu bemächtigen.

Damit wir aber diesen ihren gefährlichen Anschlägen zuvorkommen mögen, haben wir bey der ersten Nachricht von diesen Unternehmungen ihrem Gesandten aufgetragen an seinen Hof zu schreiben, und auszuwürken, daß ihren Schiffen verboten würde, den Hafen von Suez zu besuchen; und da dieses unser Ansuchen ist genehmiget worden, so befehlen wir, daß wenn je eines ihrer Schiffe es wagen sollte, dort vor Anker zu kommen, man die Waaren confisciren und alle Personen an Bord bis auf weiteren Bescheid gefänglich einziehen soll.

Der

Der unangenehme Theil der Reise fängt eigentlich zu Gedda an, denn ein oder zwey Grade weiter nach Norden verliert man den Monsoon Wind, und stößt auf den N. W. Wind, der in dieser Gegend des rothen Meeres gewöhnlich zehen Monate des Jahres wehet. Er wehet vom May bis Merz, und mit diesem kommen die Mehammetanischen Pilgrimme von Gedda nach Suez zurück. Die Steuerleute von Gedda die jährlich eine Hin und Herreise nach Suez machen, müssen natürlicherweise mit allen Häfen, Winden, Strömungen und Vorboten von bösen Wetter bekannt seyn, man thut daher wohl einen nach Suez mitzunehmen, da die ganzen Unkosten dafür nicht über dreißig Pfund Sterling betragen können, und die Reise dadurch um vierzehn Tage oder wohl gar drey Wochen verkürzt werden kann.

Es ist sehr zu bedauern, daß der Capitain der Coventry Fregatte, welcher vor kurzen das rothe Meer hinauf segelte, in einen Streit mit den Einwohnern von Cosire (einem Ort ungefähr sechs Grade nordwärts von Gedda, an der Westlichen egyptischen Küste, und hundert und zwanzig englische Meilen vom Ufer des Nils) verwickelt ward; denn könnte es mit Sicherheit geschehen, so würde man weit lieber hier als bey Suez an Land gehen, weil die Reise auf dem obern Theil des rothen Meeres äusserst langweilig und beschwerlich ist, und es überdem in Oberegypten sehr viele Ueberbleibsel von Alterthümern giebt.

Ein=

Einige wenige Meilen von Ghinnah, wohin man auf dem Wege von Cosire geht, findet man die Ruinen von der berühmten Stadt Theben, und die Ufer des Nils sind von dort an bis nach Cairo mit schätzbaren Trümmern alter Städte bedeckt, von denen Doktor Pococke und Herr Norden sehr gelehrte und genaue Nachrichten gegeben haben. In dem obenerwähnten Streit wurden wie man sagt, nicht allein das Fort und eine Menge Häuser zerstört, sondern sogar beynahe sechshundert von den Einwohnern getödtet. Diese Anzahl ist vermuthlich sehr vergrössert, da aber von der Fregatte fast zwey Stunden ein starkes Feuer gegen die Stadt unterhalten ward, muß man freilich besorgen, daß viele ums Leben kamen. Ich kann demungeachtet nicht von dieser Ausschweifung zurückkehren, ohne zu wünschen, daß man ihnen für ihren Verlust einige Entschädigung anbieten möge. Dies ist durchaus nothwendig, ehe ein Europäer es wieder wagen darf auf diesem Wege zu reisen: sie mögen nun rechtmäßiger oder unrechtmäßigerweise angegriffen seyn: denn sie werden bis man sie hinlänglich zufrieden stellt, einen jeden der ihnen in die Hände fällt, ihrer Rache aufopfern.

Es giebt noch viele große Städte auf der Oestlichen Seite des rothen Meeres zwischen Gedda und Suez, da aber die Arabischen Städte einander alle ziemlich gleich sind, würde es nur Zeitverlust seyn, wenn man sich nachdem man Mocha

ge=

gesehen hat, noch zu Yambo oder Tor aufhalten sollte. Ersterer ist ein großer Handelsort nicht weit von Medina; und lezterer ein kleiner Hafen hauptsächlich von Steuerleuten bewohnt, wo man einige Brunnen mit ziemlich guten Wasser findet. Tor liegt ungefähr fünf und dreißig Meilen vom Berge Sinai, nahe bey welchen ein Kloster von Griechischen Mönchen liegt, welches wie man sagt von der Kaiserin Helena gestiftet seyn soll, und der Heiligen Catharina gewidmet ist. Wer neugierig seyn sollte dieses Kloster zu besuchen, kann vermuthlich vermittelst eines Schreibens an die Mönche, von den Arabern die Erlaubniß erhalten ungestört von Tor dorthin zu reisen. Die Araber und Mönche sind aber nicht immer in einem guten Vernehmen, weil die Raubgier der ersteren, und der wehrlose Zustand der lezteren, und ihr beiderseitiger Aberglauben häufige Streitigkeiten zwischen ihnen veranlassen. Die Mönche halten ihre Thüren immer fest verschlossen, um sich für einem Ueberfall zu hüten, und wenn sie nöthig haben heraus oder herein zu gehen, werden sie in einem Korbe aus einem Fenster ihres Klosters über vierzig Fuß herauf oder herunter gelassen; sie gehen aber äußerst selten aus, da sie alle Lebensmittel und Bedürfnisse innerhalb ihrer Mauern besitzen, welche einen Umfang von mehr als drey viertel Meilen umfassen.

Die Reise von Tor nach Suez kann bey guten Winde leicht in einem Tage gemacht werden,

auf

auf alle Fälle aber in fünf Tagen. Sobald das Schiff in der Nähe von Suez erscheint, wird ein Boot vom Lande abgeschickt, um den Zweck der Reise zu erfahren. Der Officier bringt gewöhnlich ein Geschenk von dem Gouverneur mit, welches in einem oder zwey Schaafen, einigen flachen Brodkuchen, einem Gefäße frisch Wasser und allerley Früchten, vornehmlich Pomeranzen die viel Saft und einem vortreflichen Geschmack haben, besteht. Da der Abgesandte gewöhnlich ein Mann von Stande ist, pflegt man ihn mit drey Canonen zu begrüßen, und mit Coffee, Taback und Backwerk zu bewirthen. Wenn er wieder an Land geht, kann man ihm Briefe nach Cairo mitgeben, welche noch denselben Abend durch einen Expressen an den vornehmsten Bey von Cairo, welcher Scheich Belled heißt, 6) fortgeschickt werden. Es ist nicht rathsam diesen Briefen Geheimnisse anzuvertrauen, sondern blos einige Verfügungen wegen der vorhabenden Reise, und einen Auftrag ein Schiff in Alexandrien in Bereitschaft zu halten. Meiner Meinung nach wäre es gut, daß die Reisenden ihren Stand entdecken, nur müßen sie es auf alle Weise zu verbergen suchen, wenn sie etwa große Summen Geld oder Juwelen bey sich führen. Man wird alsdenn freilich Geschenke von

---

6) Der vornehmste von den vier und zwanzig Beys die Egypten beherrschen führt diesen Namen. Er wird von den andern erwählt, und vom Bascha des Groß-Sultans bestätigt.

von ihnen erwarten, ihre Aufmerksamkeit wird aber auch ihrer Freigebigkeit gegen sie angemessen seyn, und die Unkosten sind für einen Mann von Vermögen sehr unbedeutend, da hingegen der Vortheil sehr groß ist, für einen Mann von Stande gehalten zu werden. Lord Algernon Percy, welcher im Jahr 1776. in Cairo war, erschien in seinem eignen Charakter, und wurde mit vieler Höflichkeit aufgenommen, und wenn ich recht berichtet bin, betrugen die Geschenke, welche er empfieng, beynahe eben so viel, als die welche er gab. Jemand der durch die Noth oder einen natürlichen Hang genöthiget wird, ein strenger Oekonom zu seyn, sollte nicht aus Neugierde oder zum Vergnügen in der Levante reisen; denn nur ein Ansehen von Reichthum und Freigebigkeit vermag den Aberglauben und die Unverschämtheit des Volkes dort in ihren Schranken zu halten. Nöthigen aber Geschäfte jemanden auf diesem Wege zu reisen, so muß er sich einrichten so gut er kann. Der Gouverneur von Suez ist gewöhnlich einer von den Beys oder Vornehmen, welche der Aristokratischen Regierung in Egypten vorstehen. Sein Stand erfordert daher einige Achtung. Will man ihn besuchen, so muß man sein Vorhaben den Tag vorher ankündigen, und die Stunde bestimmen, und der Reisende wird gewiß mit vieler Höflichkeit aufgenommen werden. Da aber die Antwort auf die nach Cairo geschickten Briefe spätstens in vier Tagen ankommen muß, thut man am besten solche

che zu erwarten. Und Mittlerweile darf man nur eine Unpäslichkeit vorgeben um so lange an Bord zu bleiben.

Die angenehmsten Geschenke die man den egyptischen Ober und Unterbefehlshabern machen kann, sind kurze mit Silber beschlagene Pistolen oder Flinten mit doppelten Läufen, Porcelaine Schaalen, kleine französische goldne Repetiruhren, Schauls und Keemkaubs oder Stücke Nesseltuch. Giebt man dem Gouverneur irgend eines von diesen Stücken, und dem Accise Officianten der in Diensten des Gros Sultans steht, und von den Bascha von Cairo angesezt wird, eine Kleinigkeit derselben Gattung, so wird man einen Reisenden mit Achtung begegnen, und seine Bagage undurchsucht lassen. Ein Oekonom oder ein sehr vorsichtiger Mann, würde vielleicht die Entdeckung des Standes abrathen, aus Furcht die vermeinten Reichthümer möchten die Araber reizen ihn in der Wüste anzugreifen. Ich meines Theils glaube aber nicht, daß jemand dieses zu befürchten habe, und bin vielmehr überzeugt, daß man grössere Gefahr läuft durch irgend einen Zufall entdeckt zu werden, als wenn man seinen Stand öffentlich anzeigt. Der jetzige Herzog von Lafoens ein Portugiesischer Edelmann hielt sich Incognito zu Alexandrien ungefähr zu eben der Zeit auf, als Lord Percy sich unter seinem eignen Namen dort befand, und indem der leztere die Erlaubniß hatte zu Pferde zu erscheinen, von einer Wache begleitet

tet wurde, und Geschenke an Pferden und andern Sachen erhielt, die beynahe eben so viel betrugen als was er den Beys geschenkt hatte, wurde ein Befehl ausgefertiget den ersteren festzunehmen, und nur mit einiger Schwierigkeit entkam er durch Hülfe des Herrn Baldwin auf ein Schiff welches vor Alexandrien lag. Der Scheick Belled besitzt großes Ansehen beides unter den Türken und Arabern, und man kann unter dem Schutz seiner Garde, so bald er den Stand der Reisenden weis, in der gröſten Sicherheit den Iſthmus von Suez paßiren.

Cairo liegt nicht mehr als siebenzig Meilen von Suez, einige Leute haben diese kleine Reise aber als sehr gefährlich und mühsam vorgestellt. Ich habe meine Meinung von der Gefahr schon gesagt, und daß solche mit ein wenig angewandter Vorsicht völlig eingebildet ist. Was die Beschwerden anbetrift, so kann man in einer Sänfte von Mauleseln oder Cameelen getragen, reisen, welches keine sehr unangenehme Bewegung ist. Dergleichen Maschienen kann man leicht in Cairo bekommen; es würde aber vortheilhafter seyn eine in Bombay aus Bamborrohr verfertigen zu laſſen, welche zugleich leicht und bequem ist, und dem Reisenden sowohl zum Wagen als auch statt Zelt dienen könnte. Will sich der Reisende nicht mit einer solchen Sänfte beläſtigen, oder der Bey ihm kein Pferd schicken, so kann er immer in Cairo ein Pferd bekommen, auf alle Fälle aber eines von

der

der Arabischen Garde die ihm begleitet, leihen. Die Pferde haben zwar kein groß Ansehen, lassen sich aber doch recht gut reiten, denn ihre Schritte sind leicht, und haben keine Unarten an sich.

Sobald der Tag der Abreise von Suez festgesezt ist, thut man wohl einen guten Vorrath Brod und zubereiteter Speisen zu besorgen, als Hühner, Hammelfleisch und dergleichen, welche wenn das Wetter kalt ist, sich drey oder vier Tage halten können. Länger dauert die Reise nach Cairo ohnedem nicht. Des Nachts hält die Gesellschaft immer an, wo sie sich leicht etwas zu essen zubereiten kann, wenn sie lieber warm als kalt essen sollte. In der Wüste giebt es kein Wasser, und ich wollte daher rathen einige Dutzend Bouteillen in Körben vom Schiffe mitzunehmen; denn das Wasser in Suez ist etwas salzig und die Araber führen es in Häuten die nicht immer rein sind.

Obgleich ich dafür halte, daß man nichts von den Streifereyen der Araber zu befürchten hat, so wollte ich doch der vollkommnen Sicherheit wegen rathen, so bald der Paß von Cairo angekommen, die Bagage ein paar Tage vor der Abreise voraus zu schicken; sobald man durch einen besonders abgefertigten Bothen erfahren hat, daß solche schon auf der Hälfte des Weges nach Cairo ist, kann der Reisende nachfolgen, ohne sich der Hitze des Tages auszusetzen, und von einer Menge Cameele die langsam fortgehen und

ein-

einander im Wege sind, aufgehalten zu werden, höchstens in acht und vierzig Stunden den ganzen Weg zurücklegen, und sich noch dazu zum Schlaf und zur Erfrischung Zeit lassen. Die Araber greifen äußerst selten einen Reisenden an, wenn sie nicht durch die Hofnung der Beute gereizt, oder irgend einer feindlichen Handlung aufgebracht werden; Wenn also die Bagage die immer der einzige Gegenstand ihrer Angriffe ist, ungestört fortkommt, darf man für seine Person gar nichts befürchten.

Das äußere Ansehen des Landes ist beynahe wie in der großen Wüste; es ist kahl und gänzlich von Bäumen entblößt, und nur hier und dort wachsen einige wenige Egyptische Hagedornsträuche, die eine gelbe Blüthe tragen. Ungefähr zwanzig Meilen von Cairo findet man einige Felsen, in denen es Steine giebt die versteinertem Holze gleichen. Mir schienen sie wichtig genug nach Europa gebracht zu werden, und ich nahm daher einige kleine Stücke mit, welche sehr bewundert wurden.

Man muß eilen um vor Sonnenuntergang in Cairo anzukommen, denn um diese Zeit werden die Thore verschlossen; und kömmt man fünf Minuten später an, so ist man genöthiget die Nacht auf eine unbequeme Art, in einigen armseligen Arabischen Hütten in den Vorstädten zuzubringen. Aber auch ohne diese Unbequemlichkeit ist es angenehm in Cairo bey Tage anzukommen,

um

um eine der schönsten Aussichten zu genießen, die man sich nur vorstellen kann; deren Schönheit dadurch noch erhöht wird, weil man vorher nichts als solche Gegenden gesehen hat, von denen eine immer gräslicher und öder als die andre war.

Wenn man ungefähr drey Meilen von Cairo ist, erblickt man von der Spitze eines Hügels diese Stadt die in einem fruchtbaren Thal liegt, durch welches sich der Nil bey der Stadt vorbey, so weit das Auge sehen kann, durch ein fettes Land schlängelt. Gegen S. W. liegt ein ungeheuer hoher Fels, an dessen Fuß sich die Citadelle und der Pallast nahe bey der Stadt befinden. Gegen Norden und Nordwesten bedecken die Gebäude einen Raum von wenigstens zehn oder zwölf englischen Meilen in die Runde. Unter diesen giebt es viele prächtige Begräbnisse und Moscheen, deren Kuppeln und Säulen dem Prospekt eine Mannigfaltigkeit geben, deren sich selbst die wohlgebautesten Europäischen Städte nicht rühmen können. Das Wetter war unglücklicherweise ein wenig nebelicht an dem Tage da wir auf dem Hügel waren, sonst würden wir in dem Hintergrunde dieser herrlichen Landschaft auch noch die Pyramiden erblickt haben.

Wenn man durch die Thore der Stadt kommt, wird man nicht angehalten und befragt, wie in den mehresten Städten auf dem festen Lande in Europa üblich ist. Sondern der Wegweiser führt den Reisenden, sogleich vor das Haus sei-

seiner Europäischen Correspondenten, welcher den folgenden Tag mit den Officianten des Zolls die gehörigen Verfügungen wegen der Bagage trift. Sollte man die Koffers zu Suez versiegelt haben, wie gewöhnlich geschieht, so muß man nicht zugeben, daß diese Siegel jezt abgerissen werden, wiel die Türken gerne einen solchen Vorwand benutzen, Reisenden mit der Ungnade der Regierung zu drohen, und für ihr Stillschweigen ansehnliche Summen zu erpressen; diese Künste werden sie wahrscheinlich gebrauchen, wofern sie die geringste Veranlassung dazu haben, und hauptsächlich wenn sie muthmassen, die Reisenden verschweigen ihren Namen und Stand.

Die Zollbedienten zu Suez versiegelten gleichfalls alle unsre Koffer, und so brachten wir sie nach Cairo; da es aber bey unserer Reise durch die Wüste stark regnete, öfneten wir unsre Koffer um unsre Kleider und hauptsächlich unsre Papiere zu trocknen; doch auch dieses nicht ohne vorher einen Herrn zu Cairo über die Schicklichkeit dieses Schrittes zu Rathe gezogen zu haben. Den Tag darauf als die Zollbedienten unser Gepäcke zu untersuchen kamen, stellten sie sich, da wir ihnen sagten was geschehen war, als ob sie glaubten wir hätten die Siegel abgerissen um verbotene Waaren zu verbergen, oder wenigstens um den bestimmten Zoll nicht dafür zu erlegen. Es wäre uns vermuthlich leicht gewesen sie durch eine kleine Summe zu befriedigen, unser Freund aber ver-

ach-

achtete ihre Drohungen und fußte darauf, daß er
den Scheick Belled zu unsrem Vortheil würde einnehmen können; zum Unglück aber hatte er sich
auch hierin geirrt, und am Ende kostete uns diese
kleine Unbesonnenheit beynahe dreyhundert Pfund
Sterling, und wir standen dabey keine geringe Angst
aus, weil ein Befehl des Bascha uns verschiedene
Tage in Alexandrien aufhielt.

Gleich nach der Ankunft in Cairo wollte ich
jeden Reisenden sowohl zum Vergnügen als Ge-
sundheitshalber rathen, sich nach dem Hummam
oder Bade zu begeben. Die Türkische Art zu ba-
den ist unendlich allem vorzuziehen was von der
Art in Europa bekannt, oder wenigstens üblich ist,
denn selbst die Einwohner Italiens, welches vormals wegen seiner prächtigen Bäder so berühmt
war, haben längst diesen wollüstigen aber heilsa-
men Gebrauch vernachläßiget.

Ein türkisches Bad, wie man dergleichen in
allen Städten der Levante findet, ist folgendermaß-
sen beschaffen.

Das erste Zimmer ist zum Auskleiden. Es
ist hoch und groß, ungefähr fünf und zwanzig
Schuh lang, und achtzehn breit. An der Wand
ist eine Art Bank, zwey Schuh von der Erde erhöht und sieben bis acht Fuß breit, so daß man
der Länge nach darauf liegen kann. Die Fenster
sind ganz oben nahe an der Decke, damit die Luft
den Badenden nicht beschwerlich fallen mag, wenn
sie ausgekleidet sind, und auch der Anständigkeit
wegen.

wegen. So bald man ausgekleidet ist, reicht der Aufwärter ein Tuch zum Umschlagen, wie auch ein paar Pantoffeln, und so ausgerüstet wird der Badende durch einen schmalen Gang in die Dampfstube oder in das Bad geführt, welches ein großes rundes Gebäude von fünf und zwanzig Fuß im Durchschnitt, und mit Marmor gepflastert ist. In der Mitte desselben ist eine cirkelförmige Bank, wo er so lange sitzen bleibt, bis eine starke Transpiration erfolgt. Hierauf fängt der Begleiter an mit einem Stück groben Zeuge Kessay genannt, zu reiben, bis sich die rauhe Haut ablöset die durch bloßes Waschen nie abgehen würde. Ist man nun einige Minuten so gerieben worden, so wird man in ein kleines Zimmer geführt, worin ein heisses Bad von ungefähr vier Fuß tief und zehn Fuß ins Gevierte ist. In diesem kann man sich noch einmal mit einem weichern Zeuge abreiben lassen, oder man erhält wohlriechende Seife sich selbst zu waschen. Nachdem man sich so lange hier aufgehalten hat als einem beliebt, wird man in ein anderes kleines Seitenzimmer geführt, wo aus zwey Hähnen heisses und kaltes Wasser läuft, welches man sich mit einem Gefäß über den Leib giessen, und zu irgend einem Grade der Wärme mäßigen oder ganz kalt gebrauchen kann. Dieses ist die lezte Ablution. Hierauf wird man mit einem Tuche bedeckt, und wieder nach dem Auskleidezimmer geführt, wo man auf der oben erwähnten, mit einem Teppich bedeckten Bank, der

Forsters L. u. W. K. 4. Th.   O   Länge

Länge nach ausgestreckt, vom Begleiter mit Tüchern abgetrocknet wird. Einige Personen lassen sich auch die Nägel abschneiden, und sich schampoen. 7) Die Türken rauchen gewöhnlich nachdem sie gebadet haben und schampoet worden sind; und etwas mehr oder weniger als eine Stunde darnach kleiden sie sich an, und gehen nach Hause.

Es wäre zu wünschen, daß ein geschickter Arzt sich die Mühe gäbe, und uns belehren wollte, welches die wahrscheinlichen Folgen des Gebrauchs Türkischer Bäder in England seyn würden. Sollte man zwischen den Endemischen Krankheiten in Asien und Europa einen Vergleich anstellen, so könnte man vermuthen, daß der mäßige Gebrauch der Bäder die Gicht und das Podagra eben

---

7) Das Schampoen wird in verschiedenen Ländern verschiedentlich verrichtet. Die gewöhnliche Art besteht blos darin, daß man den Leib und die Glieder, hauptsächlich aber die Extremitäten, sanft mit den Händen und Fingern drückt. Auf diese Art wird es gewöhnlich von den Domestiken verrichtet. Die Balbier und Aufwärter in den Bädern aber besitzen eine Fertigkeit durch eine plötzliche Bewegung mit den Gelenken des Körpers und sogar des Rückgrats ein Geräusch zu machen, welches für diejenigen die nicht von Jugend auf daran gewöhnt sind eine etwas schmerzhafte Empfindung ist. Die Chinesischen und Malayischen Balbiere sind in dieser Kunst vorzüglich geschickt, die aber in ganz Asien bekannt und gebräuchlich ist, wo man es bey heissem Wetter für einen guten Ersatz des Mangels an Bewegung hält.

eben so ungewöhnlich unter uns als in der Levante machen würde.

Sehr wenige Einwohner von Asien sind mit diesen Krankheiten behaftet, obgleich ihre Fleischspeisen sehr gewürzt und mit geschmolzener Butter zubereitet sind; sie machen sich wenig Bewegung, und viele unter ihnen sind heimlich solchen Ausschweifungen ergeben, denen wir das Podagra zuschreiben. Warum sollten wir denn nicht den warmen Bädern und dem Schampoen eine große Würksamkeit in Wegschaffung der Unreinigkeiten zuschreiben, welche unter uns das Podagra und andre Chronische Krankheiten verursachen. Da aber meine Kenntnisse in dergleichen Sachen äusserst gering und unvollkommen sind, unterwerfe ich diese Gedanken mit aller Demuth einer nähern Untersuchung und Aufmerksamkeit der Fakultät. Dies aber kann ich mit Gewißheit aus meiner eignen Erfahrung behaupten, daß der Gebrauch des warmen Bades nach heftigen Strapazen sehr erfrischend und stärkend ist. Auf dem Wege von Suez nach Cairo, einer Strecke von siebenzig englischen Meilen, war ich zwey Tage und zwey Nächte ohne ein Zelt oder andre Bedeckung als einen Mantel, sehr schlechtem Wetter ausgesetzt. Bey meiner Ankunft in Cairo gieng ich jezt von Kälte erstarrt, und von Müdigkeit erschöpft gleich nach einen warmen Bade, und befand mich nachdem ich eine halbe Stunde in demselben zugebracht hatte vollkommen wieder hergestellt, auch so munter

ter und stark, daß ich meine Reise sogleich wieder
hätte antreten können.

Ein jeder Reisende muß sich sogleich an dem
Tage seiner Ankunft in Cairo entschliessen, ob er
den Scheick Belled und den Bascha besuchen will,
oder nicht, welches mehrentheils von ihrem Betragen gegen denselben, oder vielmehr von dem
Stande abhängen wird, in dem er erscheinen will.
Reiset er Incognito so ist es nicht nöthig Aufwar-
tung zu machen; er muß sich aber in diesem Fall
gefallen lassen in den Strassen auf einem Esel her-
umzureiten, wie alle Christen hier thun müssen,
die nicht besondre Erlaubniß haben sich der Pferde
zu bedienen. Da aber Lord Percy und vor ihm
Lord Charlemont beide diese Erlaubniß erhielten,
wird jeder Reisende von irgend einem Character,
leicht ähnliche Vergünstigung erhalten, wofür aber
wie ich schon oben bemerkt habe, der Scheick Belled und der Bascha ansehnliche Geschenke erwarten. Man sagte uns es wäre nicht nöthig den
Bascha zu besuchen, weil er nur einen Titel ohne
würkliche Gewalt im Lande zu besitzen, führte;
daß dieses aber ein Irrthum war erfuhren wir zu
unsrem großen Leidwesen; denn hätten wir ihm
die gehörige Achtung bezeigt, oder in andern Worten ihn besucht und ein kleines Geschenk gemacht,
so wäre der Vorfall mit den geöfneten Siegeln mit

Still-

Stillschweigen übergangen worden. Um jeden Reisenden gegen die Unbequemlichkeit zu sichern, welche wir aus Mangel an Kenntniß von der Beschaffenheit der Egyptischen Regierung erfuhren, will ich versuchen einen kurzen allgemeinen Begriff davon zu geben.

Egypten wird in vier und zwanzig Provinzen getheilt, von denen jede durch einen Sangiack oder Bey regiert wird. Der größere Theil dieser vier und zwanzig Beys hält sich zu Cairo auf, wo sie sich einmal die Woche und zuweilen öfter versammeln, welche Versammlung sie den Divan nennen. Der Scheick Belled ist der Präsident der Versammlung, und ein ausübendes Mitglied der Regierung; seine Stelle gleicht einigermassen der des Doge von Venedig, nur hat er mehr Gewalt, doch beruht dies auch auf einer Menge besondrer Umstände, ob er nemlich selbst ein Mann von Fähigkeiten und einem festen Charakter ist; ob er durch eine große Parthey seiner Collegen unterstützt wird; und ob er mit dem Bascha in guten Vernehmen steht. Als ich mich zu Cairo aufhielt, war der Scheick Belled ein schwacher Mann, der seine Sicherheit dem gegenseitigen Ehrgeiz zweyer Beys zu verdanken hatte, die beide um seine Stelle buhlten. Der Bascha wird von der Pforte von Seiten des Gros Sultans abgeschickt, und wenn es ihm gelingt Zwietracht unter die Beys auszustreun,

streun, und sich heimlich zur stärkern Parthey zu schlagen, indem er das Ansehen einer strengen Neutralität beobachtet, kann er zuweilen mehr Einfluß als der Scheick Belled selbst erlangen. In diesem Fall muß er aber mit großer Klugheit verfahren, denn sollten seine Ränke entdeckt werden, und seine Feinde das Uebergewicht bekommen, so würde er gewiß genöthiget werden das Land zu verlassen.

Die Art seiner Entsetzung ist ein Zug zur Charakteristick des schwarzen eigenmächtigen Verfahrens dieser Orientalischen Republik. Sobald nemlich die Beys den Entschluß gefaßt haben den Pascha fortzuschicken, wird ein Caraculuck von dem Divan nach seinem Hause abgefertiget. Dieser nähert sich dem Ort wo der Bascha , und nachdem er stillschweigend einen Zipfel des Fußteppichs zurückgeschlagen, entfernt er sich schleunig; er muß aber auch einen schriftlichen Befehl bey sich tragen, den er so in den Busen steckt, daß ein Theil davon deutlich zu sehen ist. Die Benennung Caraculuck bedeutet einen schwarzen Bothen, denn seine Kleidung ist schwarz, und er trägt eine Mütze von eben dieser Farbe auf dem Kopf. 8)

Der

8) Nach Lusignans Geschichte der Empörung des Ali Bey, Leipz. 1784. S. 30. trägt dieser Bothe eine weisse

Der Bascha wiedersezt sich niemals diesem Befehl oder Wink des Divans, denn er weis, daß die geringste Widerspänstigkeit ihm wahrscheinlich das Leben kosten würde. Er begiebt sich daher ganz ruhig und in möglichster Eile nach Boulako, welches ungefähr drittehalb Meilen westwärts von Cairo liegt; oder wenn er einen sehr heftigen Haß gegen sich vermuthet, geht er auch wohl bis Rosette, und von dort mit der ersten Gelegenheit nach Cypern, wo er auf Nachrichten von Constantinopel wartet.

Um den äußern Schein der Unterwürfigkeit gegen die Pforte beizubehalten, fertiget der Divan einen Expressen nach Constantinopel ab, um sich über das Betragen des Bascha zu beschweren; und der Gros Sultan der sein eignes Unvermögen kennt, bekümmert sich um die Entsetzung seines Bascha nicht weiter, sondern schickt einen andern an seine Stelle nach Cairo. Sehr oft wird dem Angeklagten noch eine Geldstrafe auferlegt.

Die Kinder eines Beys erben weder den Stand noch die Güter ihres Vaters, und können auch nicht einmal eine Bedienung erlangen, welche einem Bey anständig wäre. Es ist wahr der

Divan

---

weisse Kleidung und eine weisse Mütze. Allein schon das Anfangswort dieses Namens Cara, das auf türkisch und arabisch schwarz heist, bestätigt Herrn Cappers Erzählung.

Divon bestimmt bey dem Tode eines Beys einen Theil seines Vermögens zum Unterhalt seiner Familie, der übrige Theil aber fällt seinem Caschif oder Lieutenant anheim, welcher gewöhnlich auch in seine Stelle einrückt. Diese Caschifs sind Georgische oder Cirkassische Sklaven, welche der Bey sehr jung gekauft, und an Sohnes Statt angenommen hat, und die folglich mit großer Sorgfalt und Zärtlichkeit erzogen werden, damit sie dankbare Beschützer seiner verwaiseten Kinder seyn mögen. Ihr Wiederwille gegen eine Monarchische und ihre Vorliebe zu einer Republikanischen Regierung, haben ihnen vermuthlich diesen Grundsatz eingegeben; sicher aber entstand es unter der Verwaltung eines Kinderlosen Mannes, sonst würde die Stimme der Natur gewiß die Befehle der Politick unterdrückt haben.

Die Stadt Cairo ist nebst ihren umliegenden Gegenden mit Seltenheiten angefüllt. Keine derselben aber reizte meine Aufmerksamkeit mehr, als die erstaunende Menge verschiedener Nationen in den öffentlichen Straßen, und doch konnte ich unter ihnen keine National Physionomie entdecken. Die Egypter sind ein Heterogenes Gemisch von mancherley Völkern, und da sie unglücklicherweise nur die widrigsten Züge des Leibes und der Seele ihrer Vorfahren beybehalten haben, kann man sich keine unangenehmere verächtlichere Nation auf

Got-

Gottes Erdboden denken; sie sind den alten Egyptiern eben so wenig ähnlich als ihre gegenwärtigen Ruinen ihren ehemaligen prächtigen Gebäuden.

Hat der Reisende seine Neugierde zu Cairo hinlänglich befriediget, so kann er seine Reise zu Lande nach Alexandrien fortsetzen. Bis Rosette aber kömmt man ungleich geschwinder, sicherer und bequemer zu Wasser fort. Es giebt auf dem Nil zwey Arten Böte, eine gleicht einem Bengalischen Budgerow oder Barke, und die andre Art ist einem Mohrischen Puckey ähnlich, überhaupt aber sind die Egyptischen Fahrzeuge schlechter als die Bengalischen, beides in Absicht auf Bequemlichkeit und Zierlichkeit. Ich miethete eines derselben zu Cairo mit achtzehn Rudern, und kam damit in dreißig Stunden nach Rosette, indem zwey Drittheile der Mannschaft beständig ruderten unterdeß die andern schliefen. Die Ufer des Flusses sind hier überall mit volkreichen Städten und Dörfern bedeckt, da aber die Eingebohrnen in diesem Theil des Landes in keinen guten Ruf stehen und besonders gegen die Europäer feindselig gesinnt sind, kann man es nicht wagen sich ihnen anzuvertrauen. Zuweilen ist es sogar nöthig des Nachts ein Licht in einer Papiernen Laterne unter dem Verdeck des Boots zu führen, damit diese Seeräuber sehen, daß Europäer auf dem Fahrzeuge sind und daß sie wachen, sonst könnte es

ihnen

ihnen einfallen sie anzugreifen und zu plündern. So bald das Boot zur Stelle kommt, muß man genau acht haben, daß sie nicht heran schwimmen und etwas aus dem Boote entwenden, worin sie eine große Fertigkeit besitzen.

Die Ursache warum man nicht bis nach Alexandrien zu Wasser gehen kann, ist die starke Strömung an dem Bogaz oder Mündung des Flusses bey Rosette, welche diesen Theil der Reise einigermaßen gefährlich macht. Es ist daher rathsamer bey Rosette an Land zu gehen, und den noch übrigen Theil des Weges von ungefähr dreißig Meilen zu Lande zurückzulegen. Diese Reise erlaubt man den Christen auf Kameelen, Mauleseln oder gar zu Pferde, wenn sie solche nur bezahlen wollen. Wenn man um acht Uhr Abends von Rosette abreiset, so ist man gewiß mit Tagesanbruch in Alexandrien, und bey Mondhellen Nächten ist dies bey weitem die angenehmste Art zu reisen, weil man dadurch der Sonnenhitze entgeht, die selbst im Winter in den Mittagsstunden sehr unangenehm und beschwerlich ist.

Wenn ich hier dem Reisenden rathe, des Nachts von Rosette nach Alexandrien zu gehen, verstehe ich damit nicht, daß er gleich die erste Nacht bey seiner Ankunft abgehen soll. Denn wenn es seine Zeit erlaubt, so wird er hier für eine ganze Woche Beschäftigung finden. Nicht
als

als ob in Rosette viele Alterthümer zu sehen wären, sondern man findet in und bey der Stadt Moderne sehenswehrte Gebäude in Menge. Es ist ein Ort den die Mahomedaner sehr verehren, und von dem sie sagen, daß wenn man ihnen Mecca nähme, die Pilger sich in Zukunft nach Raschid das ist Rosette wenden würden; und diese Meinung gründet sich vermuthlich auf eine Tradition daß einer von Mahomeds nächsten Anverwandten, vormals an diesem Ort gelebt habe, und in einer Moschee, in der Nördlichen Vorstadt, begraben liege. Die Stadt ist mehr als zwey Meilen lang aber nicht über eine halbe breit. In den umliegenden Gegenden sieht man viele Landhäuser die Christlichen Kaufleuten angehören, und in den Gärten hat man einen Ueberfluß von den vortreflichsten Pomeranzen und andern herrlichen Orientalischen Früchten. Was aber am mehresten dazu beyträgt diesen Wohnplatz den Christen angenehm zu machen, ist die Gefälligkeit und vernünftige Denkungsart der Mahomedanischen Einwohner, welche ohnerachtet der vorgeblichen Heiligkeit des Orts sich gegen die Christen sehr freundschaftlich betragen. Dahingegen zu Damiette, welches nur auf der andern oder Pelusischen Seite des Delta liegt, ein Christ nicht erscheinen darf, ohne beschimpft zu werden. Und für diese Art von Abscheu läßt sich kein andrer Grund angeben,

ben, als daß zu Zeiten der Kreuzzüge Christliche Armeen hier zu landen pflegten, und bey den Nachkommen das Andenken der von ihnen verursachten Verwüstungen, noch nicht erloschen ist.

Europäische Reisende klagen gewöhnlich über die üble Behandlung in den Morgenländern, hauptsächlich bey Untersuchung der Ruinen alter Städte. Man glaubt gewöhnlich, daß diese Zurückhaltung der Mahometaner aus ihren Religionsvorurtheilen oder ihren Mangel an Gastfreiheit entstehe, man wird mir aber erlauben einen andern Grund dafür anzugeben.

Es ist ein allgemeiner Glaube unter ihnen, daß alle Europäer große Kenntnisse von den geheimen Wissenschaften besitzen, daher sie uns eben so betrachten als der Pöbel bey uns die Wahrsager und Zauberer. Das heißt mit einer Bewunderung mit Furcht und Abscheu vermischt. Zu diesem Vorurtheil kommt noch der Aberglauben den sie aus den täglich wiederholten Erzählungen der tausend und einer Nacht geschöpft haben, daß es in ihrem Lande viele unterirdische Palläste gäbe, die mit Perlen und Diamanten angefüllt sind, und diese zu suchen glauben sie, daß die Europäer nach Egypten kommen; da wir auch immer gestehen, daß wir Seltenheiten suchen, bestätiget sie dies noch mehr in ihrem Irrthum. Denn da sie nicht den entferntesten Begrif von dem haben was wir Seltenheiten nennen, glauben sie ganz natürlich, daß wir darunter die in den unterirdischen

Pa=

Palläs000ten verborgenen Perlen und Diamanten verstehen; und zu diesem Glauben trägt der unermüdete Eifer und die ängstliche Sorgfalt unserer Alterthumskenner nicht wenig bey.

So wie der gewöhnliche Grad der Hitze eines Landes, durch den gewöhnlichen Grad der Wärme der Quellen bestimmt zu werden pflegt; eben so kann man das Genie und den Charakter einer Nation aus ihren Lieblingsbüchern entdecken; und daher wollte ich vor allen Dingen rathen, ehe Europäer die Reise antreten, die Arabischen Erzählungen oder tausend und eine Nacht zu lesen, da solche wirklich viele nützliche und interessante Nachrichten enthalten. Viele glauben freilich irrigerweise, daß dieses Buch ein untergeschobenes Werk irgend eines Europäers sey, und betrachten es daher mit einer Geringschätzung, die es keinesweges verdient. Es ist die Arbeit eines Arabers und wied in ganz Asien von allen Classen von Menschen, von jung und alt gelesen. Wenn man es daher als ein Original Werk betrachtet, welches eine getreue Darstellung morgenländischer Sitten und Gebräuche, imgleichen des eigenthümlichen arabischen Charakters enthält, verdient es allerdings die Aufmerksamkeit des Forschers. Dies ist aber nicht sein einziges Verdienst, denn obgleich einige Mährchen die ausschweifendsten Fictionen enthalten, muß man doch im Ganzen die Erfindung und Einbildungskraft des Verfassers in Erdichtung so vieler unterhaltender Vorfälle bewundern.

dern. Ich nenne sie unterhaltend, weil sie mir manche angenehme Stunden gemacht haben, und ich beneide keinem seine Vernunft der sich zu klug dünkt um Vergnügen an dergleichen Kleinigkeiten zu finden. Ehe aber jemand es wagt über das Verdienst dieses Buchs ein entscheidendes Urtheil zu sprechen, müßte er ein Augenzeuge der Würkung seyn, die es bey denen hervorbringt, die es am besten verstehen. Ich selbst habe die Araber in der Wüste oft um ein Feuer herum sitzen sehen, und der Erzählung dieser Mährchen mit so viel Aufmerksamkeit und Vergnügen zuhören, daß sie die Beschwerlichkeiten, welche sie den Augenblick vorher zu Boden drückten ganz darüber vergaßen. Ich darf nur noch hinzufügen, daß diese Erzählungen in ganz Asien eben so hoch gehalten werden, als die Abentheuer des Don Quichotte in Spanien, und kein Mann von Geschmack oder Kenntnissen würde sich einfallen lassen dieses Land zu durchreisen ohne vorher die Werke des Cervantes gelesen zu haben.

Ungefähr auf der Hälfte des Weges zwischen Rosette und Alexandrien kommt man an einen Ort, der Madhia heißt, und wo man zur Zeit der Fluth in einer Fähre übersetzen muß, bey der Ebbe aber kann man zu Pferde durchreiten; bey der Fähre ist ein Serai oder Ruhrplatz wo man die Nacht schlafen kann, man thut aber besser wenn man eine Nacht unterwegens zubringen will, bis an die Stadt Abukeer zu gehen, die andert-

halb

halb Meilen gegen Nordwesten der Fähre an der Seeküste liegt. Denn das Serai ist allen Witterungen ausgesezt, und sehr schmuzig. Von Abukeer oder der Fähre an, bis Alexandrien sind noch siebzehn englische Meilen.

Was die Beschreibung von Alexandrien und den benachbarten Gegenden anbetrift, kann ich füglich auf den Pocoke, Norden, Niebuhr und andre verweisen, mir aber die Freiheit vorbehalten hie und da andrer Meinung als diese Herren zu seyn, auch einige Bemerkungen sowohl über den gegenwärtigen als vorigen Zustand von Egypten hinzuzufügen, die ich in keinem von den obenerwehnten Schriftstellern angetroffen habe.

Keiner hat deucht mich des großen Meerdamms der über dreytausend Fuß lang ist und zu dem Ende erbauet wurde, die Insel Pharos mit dem festen Lande zu verbinden, hinlänglich Erwähnung gethan. Da Alexandrien des Handels wegen erbaut ward, ist es wahrscheinlich, daß der Damm, ohnerachtet man in den Gewölben einige Spuren Gothischer Bauart bemerkt, doch mit der Gründung der Stadt gleiches Alters ist. Er muß gewiß von fürtreflichen Materialien aufgeführt seyn, um dem Toben von Wind und Wellen zweytausend Jahre zu wiederstehen. Doktor Pocock bewundert mit Recht die gewölbten Cisternen das Nilwasser unter den Häusern aufzunehmen, obgleich es deren nur noch fünf oder sechs giebt. Meiner Meinung nach aber hätte man die

nehm-

nehmliche Mühe und Kosten besser auf Ausfütterung des Canals mit denselben dauerhaften Materialien als der Damm von dem Nil bis nach Alexandrien verwendet; auf diese Art wäre die Stadt auf ewig reichlich mit Wasser versehen, und man hätte ihr auf diesem Canal Waaren von allen Gegenden Egyptens zuführen können. Aus Mangel dieser Vorsicht ist der Canal oder Calisch jezt eingefallen, welches eine von den Hauptursachen der Abnahme des Handels, und folglich von dem Verfall der Stadt ist.

Es ist lange eine Lieblingsmeinung sowohl der alten als neuern Gelehrten gewesen, daß die Egyptier schon Künste und Wissenschaften kannten, da andere Völker noch in völliger Unwissenheit waren. Wir lesen in der Geschichte, daß indem sie die Abtheilungen ihrer Länder nach den jährlichen Ueberschwemmungen des Nils machten, sie die Meßkunst entdeckten; daß die Heiterkeit ihres Himmels sie eher als andre Völker in den Stand sezte, Astronomische Beobachtungen zu machen; und daß die Fruchtbarkeit ihres Landes die erste Veranlassung zum Handel gab, indem sie von ihrem Ueberfluß allen ihren Nachbarn Getraide und andre Lebensmittel mittheilen konnten. Alles dieses sind aber mehr Scheingründe als wirkliche Beweise. Denn hätten wir die Entdeckung der Geometrie den Ueberschwemmungen des Nils, die Astronomie dem heitren Himmel, und den Handel blos einem fruchtbaren Erdreich zu verdanken, so ist

es

es eben so wahrscheinlich, daß diese Wissenschaften ihren Ursprung in Hindostan hatten, wo man vorzüglich in den Gegenden zwischen den Wendezirkeln, größere Flüsse findet, welche jährlich aus ihren Ufern treten, einen heitrern Himmel, und ein fruchtbareres Erdreich. Der Nil befruchtet nur einmal alle Jahre die Länder, an seinen beiden Ufern, und der Regen welcher übrigens dort fällt, ist nicht hinlänglich den geringsten Grad von Vegetation zu unterhalten. Dahingegen die Flüsse von Hindostan hauptsächlich an der Küste von Koromandel zweymal des Jahrs vom Wasser angeschwellt werden. Zuerst von den Regengüssen welche im Junius, Julius und August in den Gebirgen von Balagat 9) wo diese Flüsse entstehen, fallen; und zweitens von dem nordöstlichen Monsoon oder der regnichten Jahreszeit, welche auf der Küste von Coromandel während dem October, November und December anhält. Was die Güte des Cli-

9) Die Gebürge welche von Norden gegen Süden, oder vom Innern des eigentlichen Hindostans die Halbinsel disseit des Ganges bis zum Cap Coimorim durchschneiden, heissen Gauts, Gatte, Gotts, und von ihnen hat das an beiden Seiten derselben belegene Land einen besondern allgemeinen Namen erhalten. Das Land an der westlichen Seite, oder Hyder Alis Gebiet, nebst einem Theil der Küste von Malabar heißt Balla Gat, d. i. die großen Gebirge; und der östliche Theil, oder das heutige Cornatic Payen Gat, oder Gaut. d. i. Die kleinen Gebirge.

Climas und die Heiterkeit des Himmels zum Behuf der Astronomie anbetrift, läßt sich zwischen Egypten und Hindostan gar kein Vergleich anstellen; denn in Hindostan sieht man den größten Theil des Jahrs in den Nächten kein Wölkchen am Himmel, und die Luft ist vornehmlich in den südlichen Gegenden nie unangenehm rauh, so daß hier ein Sternkundiger alle mögliche Gelegenheit und Anreizung, zu Fortsetzung seines Studiums in der freyen Luft hat. Dahingegen der Himmel in Egypten öfters bewölkt, und die Luft so kalt ist, daß man nach Sonnenuntergang nicht leicht draussen bleiben kann.

Die Indier hatten auch einen offenbaren Vortheil über die Egypter in Absicht auf Kleidung, welches doch eines von den ersten Bedürfnissen oder wenigstens Bequemlichkeiten des Lebens ist; denn wenn die Menschen sich zuerst in Thierhäute kleideten, so finden wir in Indien eine Menge ungeheurer Wälder und fruchtbarer Ebenen, wo alle Gattungen von Thieren beide zahme und wilde sich ungleich geschwinder vermehren konnten, als in den unfruchtbaren Wüsten von Oberegypten. In einem heissen Clima musten die Eingebohrnen aber natürlich Kleider von gewebter Baumwolle vorziehen. Nun wächst aber die Baumwollenstaude in Egypten sogar jezt noch sehr sparsam; von Indien aber weis man, daß sie dort von jeher gewachsen und zu Zeugen verarbeitet worden.

Hier=

Hieraus läßt sich sehr natürlich der Schluß ziehen, daß die Indier in den ersten Zeitaltern wahrscheinlicherweise eher die Egypter mit den Bedürfnissen und Bequemlichkeiten des Lebens versehen haben, als von ihnen damit versehen wurden. Doch dies sind alles bloße Vermuthungen da wir weder Traditionen noch Geschichte von denen Zeiten haben, wo entweder die Egypter oder Indier in einen uncultivirten Zustande waren. Wenn wir aber diesen Punkt näher untersuchen, werden wir offenbare Beweise finden, daß sobald einiges Verkehr zwischen beiden Nationen statt fand, die Egypter von den Indiern alle Artikel des Luxus bekamen, welche die Griechen und Römer nachher von ihnen erhielten. Es würde langweilig und unnütz seyn alle diese verschiedenen Artikel herzuzählen, ich will daher nur einige wenige anzeigen, nemlich Seide, Gewürze, Perlen, Diamanten und andre Edelsteine.

Man vermuthete vormals alle diese Waaren kämen aus dem glücklichen Arabien. Dies ist aber ein Irrthum von dem man längst zurückgekommen ist. Denn es ist jetzt allgemein bekannt, daß das glückliche Arabien keinen dieser Artikel hervorbringt, sondern daß solche mit Schiffen von Indien dort hingebracht, und von da mit andern Produkten des Landes das rothe Meer hinaufgeführt wurden.

Es könnte vielleicht eingewandt werden, daß man immer geglaubt hat, die Egypter und Araber der waren früher mit der Schiffarth bekannt gewesen als die Indier, und daß daher, obgleich Indien die Gewürze u. s. w. hervorbringt, die Egypter und Araber dorthin segelten, um solche zu holen. Da die Geschichte über diesen Punkt ein gänzliches Stillschweigen beobachtet; können wir blos versuchen die Sache in ein helleres Licht zu setzen, indem wir die Gründe für beide Meinungen anführen.

Wahrscheinlicherweise ist beides den Egyptern und den Indiern, noch ehe sie die geringste Gemeinschaft mit einander hatten, die Kunst kleine Böte oder vielmehr Flösse zur Ueberfarth tiefer Flüsse zu verfertigen, oder auch um sich zu Wasser von einem Ort ihres Landes nach einem andern zu begeben, bekannt gewesen. Zugleich muß man aber auch zugeben, daß die Indier bessere Materialien zu Verfertigung großer und kleiner Böte als die Egypter oder auch die Araber besäßen; und die Böte gegenwärtiger Zeit beweisen deutlich, auf welche Art die Indier diese Materialien nutzten. Die Planken werden aus einem leichten, elastischen biegsamen Holze gemacht, die mit Coir oder den zusammen geflochtenen Fasern der Cocosnuß zusammengenäht sind. Alle größere Stricke werden aus eben diesen Materialien verfertiget, und selbst die Ruder bestehen blos aus einer geraden Stange, an deren einem Ende ein flaches Brett mit einem Stricke von Coir befestiget ist. Die jetzigen großen Fahrzeuge von vier-

zig

zig bis funfzig Tonnen, hauptsächlich die, welche zu den Lacadivischen und Maldivischen Inseln gehören, werden noch auf eben die Art zusammengesezt, blos mit dem Unterschiede, daß sie größer sind. Man kann sich selbst die ersten Versuche der Kunst nicht einfacher und roher denken, und doch machen sie mit diesen Fahrzeugen bey guter Witterung Reisen viele Grade weit vom Lande. Es ist daher höchst wahrscheinlich, daß sobald ihnen die Lage der Meerenge von Babelmandel bekannt war, und sie Instrumente hatten um Beobachtungen anzustellen, sie es wagten von der Küste von Malabar bis nach der Arabischen überzuschiffen.

Man wird vielleicht fragen, wenn und auf welche Art wurden sie mit der Lage dieser Meerenge bekannt. Dies ist aber eine Schwierigkeit die ein andrer eben so wenig als ich im Stande zu heben ist. Es ist aber möglich, daß es ehedem eine Kette von Inseln nicht weit von einander entfernt, zwischen der Küste von Malabar und der von Arabien gegeben haben mag, von denen die mehresten bey irgend einer großen Erschütterung der Natur verschlungen wurden, und keine Spuren ihres Daseyns zurückliessen, als nur die Inseln Socotra, Lacadivi und Maldivi. Gesezt aber es hätte nie dergleichen Inseln gegeben, so ist es doch zu vermuthen, daß die Indianer die gute Materialien zum Schiffbau und ein Meer zu durchschiffen hatten, wo man reguläre Strömungen und periodische Winde findet, (welches

bei=

beides den Egyptern fehlte) eher die Produkte von Indien nach Egypten führten, als daß die Egypter solche von ihnen holten.

Wenn nun die Indier von den Egyptern weder die Bedürfnisse noch Bequemlichkeiten des Lebens erhielten; wenn leztere von dem ersten hingegen Gewürze und andre Artikel des Luxus bekamen; wenn die Eingebohrnen von Indien früher mit der Astronomie und Schiffarth bekannt waren, welches alles deucht mich sehr wahrscheinlich ist, so ist es der Vernunft gemäß zu glauben, daß diese Künste und Wissenschaften über das rothe Meer von Indien aus nach Egypten gebracht wurden.

Ich weis sehr wohl, daß die Vertheidiger Egyptens verlangen werden, ich solle ihnen in Indien Ueberbleibsel des Alterthums aufweisen, die den Pyramiden den Rang streitig machen könnten. Diesen Herren aber werde ich eine Unmöglichkeit einer andern Art entgegen setzen, und sie ersuchen, die Zeit der Erbauung der Stadt Gur, welche siebenhundert und dreißig Jahre vor Christi Geburt die Hauptstadt von Bengalen war, zu bestimmen, oder die Erbauung der noch mehr bekannten Palibothra 10) der Alten, der Hauptstadt

---

10) Major Rennel beweist in seinen Memoirs of a Map of Hindostan p. 38. daß dieser Ort kein anderer als die in der alten indischen Geschichte am Ufer des Ganges belegene Stadt Kanoge seyn kann, welche 1018. schon von den Ghazniden den ersten fremden bekannten Eroberern Indiens zerstört wurde.

stadt von Indien lange vor Alexanders Zeiten. Man erlaube mir noch als einen weiteren Beweis anzuführen, daß die Indier schon vor zweytausend Jahren einen hohen Grad von Cultur erreicht hatten, daß vor kurzen bey Mongheer in Bengalen eine Kupferplatte aufgegraben wurde, mit eingegrabenen Schanscrit 11) Charakteren, welche eine Belehnung oder Schenkung gewisser Ländereien von Bickeram Gunt dem Raja von Bengalen an einen seiner Unterthanen enthält, und beynahe hundert Jahre vor der Christlichen Zeitrechnung datirt ist.

Der gelehrte Herr Halhed meldet uns in der Vorrede zu seiner Bengalischen Grammatik, daß der Raja von Kischnagur, der, wie er sagt, der gelehrteste und geschickteste Alterthumskenner ist, den Bengalen in diesem Jahrhunderte hervorgebracht hat, daß dieser Raja sage ich, zuverläßig behauptet, daß er Schanscrit Bücher besitze, welche Nachrichten von einer ehemaligen Verbindung zwischen Indien und Egypten enthalten, in denen aber die Egypter beständig als die Schüler und nicht die Lehrer der Indier beschrieben werden; und die in Hindostan solche Wissenschaften zu erlangen suchten, in welche ihnen keiner ihrer Landsleute

11) Die älteste Sprache Hindostans davon die heutigen Töchter oder modernisirte Dialecte sind, heißt Schanscrit. Sie verhält sich zu den gegenwärtigen indischen Mundarten, wie Ottfrieds von Weissenburg poetische Umschreibung der vier Evangelisten in Fränkischer Sprache, zum Hochdeutsch des achtzehnten Jahrhunderts.

leute Unterricht ertheilen konnte. Dieses Zeugniß des gelehrten Raja scheint mir viel Gewicht zu haben, um so mehr da es wirklich viele Bücher in Bengalen in der Schanscrit Sprache giebt, welches Copien von andern sind, von denen die Braminen behaupten, daß sie mehr als zweytausend zweyhundert Jahre vor der Christlichen Zeitrechnung geschrieben wären. Wenn man dieses annimmt, so erscheinen die Egypter in Vergleichung mit den Eingebohrnen von Hindostan als ein ganz neues Volk. Denn da die ersteren noch keine weitere Fortschritte in den Künsten und Wissenschaften gemacht hatten, als nöthig waren um Hieroglyphen zusammenzusetzen, besassen die leztern schon Bücher in einer Sprache geschrieben die schon einen hohen Grad von Cultur erreicht hatte.

Dieses ist aber noch nicht alles was man zum Vortheil der frähern Cultur von Indien sagen kann, man wird noch mehrere Beweise finden wenn man den allgemeinen Zustand des Handels über den ganzen Erdboden, in diesen Zeiten untersucht. In Europa war er damals sehr unbedeutend, nur ein kleiner Theil von Afrika war damals bekannt; folglich war aller damals vorhandene Handel in Asien. Zu dieser Zeit war in Egypten eine ganze Reihe oder Kette prächtiger Städte von Coptos bis Alexandrien, welche ohnerachtet der verschiedenen Herren denen das Egyptische Reich nach und nach unterthan war, dennoch in einem blühenden Zustande blieben. Und ich

ich finde auch nirgends, daß diese Städte in Abnahme gerathen wären, ehe die Nachfolger Mahommeds den Indischen Handel von Oberegypten an die entgegengesezte Küste verlegten. Damals ward Oberegypten was es noch ist, eine unbewohnte Wüste.

Diese Städte in Oberegypten hatten nicht allein diesem Handel ihren Flor zu verdanken, sondern waren ihm auch gewiß ihren ersten Ursprung schuldig. Egypten ist auch nicht das einzige Land, welches diese Wirkungen des Indischen Handels empfunden hat. Jede Nation die diesen Handel im Grossen trieb, besaß zur selben Zeit auch unveränderlich ansehnliche Reichthümer und grosse Macht, und sank nach Verlust dieses Handels gewöhnlich in ihre unsprüngliche Dunkelheit zurück.

Als die Wuth der Kreuzzüge aufhörte, und das Andenken an die beiderseitig erlittenen Beleidigungen einigermaßen geschwächt war; überliessen die Mahomedaner, welche nur auf Eroberungen und Ausbreitung ihrer Lehre bedacht waren, den Christen die Besorgung des Handels zwischen Europa und der Levante, welcher damals hauptsächlich in dem Transport der Indischen Waaren von den Syrischen, Palästinischen und Egyptischen Häfen, nach Italien bestand. Es ist bekannt, daß die Venetianer diesen Handel beynahe ausschlieslich befassen, und während dem Besitz desselben die reichste und mächtigste Nation in Europa war. Von Venedig können wir dem Gang

die

dieses Handels nach den Hanseestädten nachspüren, wo viele Städte in Deutschland ihm damals ihr Ansehen zu verdanken hatten. Endlich aber entdeckten die Portugiesen den Weg um das Vorgebürge der guten Hofnung und leiteten dadurch einen Theil des Indischen Handels in einen andern Canal. Sogleich gerieth Venedig in Verfall und Portugal ward eine der mächtigsten Nationen Europens. Sie genossen dieses Uebergewicht nur eine kurze Zeit, denn die unternehmenden und unermüdeten Holländer fanden auch den Weg um das Cap der guten Hofnung, und errichteten bald ihre Macht in Indien auf den Trümmern der Portugiesischen. So lange die Reichthümer Indiens nach Holland strömten, war dieses im Stande den vereinigten Flotten von Frankreich und England die Herrschaft der See streitig zu machen. Zuletzt erhielten wir einen größeren Theil dieses Handels als je eine Nation außer Egypten davon besessen hatte, und jedermann weis daß damals Grosbrittanien dem ganzen Europa Gesetze vorschrieb. Und ohne die Gabe der Prophezeyung zu besitzen ist es leicht vorher zu sehen, daß sobald wir diese Quelle des Reichthums verlieren, wir in der Politischen Wagschaale Europens eben so tief sinken werden als Holland, Portugal, Venedig, oder selbst Egypten.

Erhielten alle Europäischen Länder die ich genannt habe den größten Theil ihres Reichthums und Ansehens von dem Indischen Handel, und
ge=

geriethen sie so wie ihn verloren, wieder in Verfall; so können wir natürlicherweise schliessen, daß ähnliche Ursachen in Egypten ähnliche Wirkungen hervorbrachten, und daß folglich Hindostan die ursprüngliche Quelle aller Künste und Wissenschaften und des Handels war, von da sie sich nachher über den ganzen Erdboden ausgebreitet haben.

Obgleich es mit der Materie dieses Beweises keine Verbindung hat, kann ich mich doch nicht der Bemerkung enthalten, daß mir etwas mehr als bloßer Zufall in diesem Regelmäßigen Fortgange der Künste und Wissenschaften von Osten nach Westen obzuwalten scheint. Wenn wir annehmen daß sie ursprünglich von Indien kamen, so breiteten sie sich von dort nach Egypten, hierauf nach Griechenland, und so weiter nach Italien, Deutschland, Frankreich, Spanien und Portugal aus. Von den Westlichen Gegenden Europens giengen sie auch nach Amerika über, wo sie wahrscheinlich fortfahren werden, denselben Gang zu halten, bis sie ihre Reise um die Welt, durch Eröfnung einer nähern Communikation zwischen den Westlichen Küsten von Amerika und den Oestlichen von Asien, vollendet haben. Die weitere Untersuchung dieser Materie würde mich in eine lange Reihe politischer Betrachtungen führen, ich will sie daher verlassen, und nach Egypten zurückkehren.

Die neuern Gelehrten streiten sehr über die wahre Lage der alten Stadt Berenice an der

Westküste des rothen Meeres; wie auch ob zwischen dieser Stadt und Coptos am Ufer des Nils ein schiffbarer Canal gewesen. Sollten Reisende nach Oberegypten kommen, oder bey Cosire an Land gehen, so wird es ihnen vielleicht angenehm seyn dasjenige zu wissen was über diesen Gegenstand gesagt worden ist, wie auch was ich im Stande bin ihnen darüber mitzutheilen.

Die alten sowohl als die neuern Geographen beschreiben die Ueberbleibsel eines Canals von Suez nach einem kleinen bittern See ungefähr dreißig Meilen nordwärts von dieser Stadt, und von dort zu einem andern Canal den der Kaiser Trajan angelegt haben soll, und der von diesem See bis in den Nil einige Meilen unterhalb Cairo geht. Ich für meinen Theil muß gestehen, daß ich bey Suez nichts einem Canal ähnliches gesehen habe, eine kleine Wasserleitung ausgenommen, deren es viele sowohl in der großen als kleinen Wüste giebt. Was denjenigen anbetrift der zwischen Berenice und Coptos, im sechs und zwanzigsten Grade in Oberegypten gegraben seyn soll, so zweifle ich sehr an seinem Daseyn. Herr D'Anville glaubt, das blos eine Heerstrasse von dem Nil an das rothe Meer gemacht wurde, und das der Irrthum daher entstand, weil ein schiffbarer Canal zwischen Coptos und dem Nil vorhanden war, von dem der Weg nur sieben Meilen entfernt lag. Da aber dieser große Geographe diese Materie nicht so genau untersucht hat als sie es

wohl

wohl verdient, will ich noch einige Bemerkungen zu Bestätigung seiner Meinung hinzufügen.

Diejenigen welche das Daseyn eines schiffbaren Canals zwischen dem rothen Meer und dem Nil von dem neuen Ort Ghinna bis nach Cosire, behaupten, haben vermuthlich blos gerathen, daß er in dieser Gegend wäre, weil die Entfernung des Meeres von dem Fluß hier am geringsten ist, und in gerader Linie nicht mehr als hundert und zwanzig Meilen beträgt. Gesezt aber ein solcher Canal sey vorhanden gewesen, obgleich man davon keine Spuren in Oberegypten findet: so ist es gar nicht wahrscheinlich, daß man ihn in dieser Gegend gegraben haben soll, denn da Cosire beynahe drey Grade jenseits dem Wendezirkel des Krebses liegt, würden die Alten in ihrem schlecht gebauten Fahrzeugen, die Reise von hier bis Cosire nur während des Khumseen Windes haben machen können, der wie ich schon oben bemerkt habe nur ungefähr funfzig Tage im Jahr weht: Hätten die Egypter einen solchen schiffbaren Canal machen wollen, so würden sie ihn gewiß weiter nach Süden, nahe bey dem Wendezirkel angelegt haben, wo er ihnen wenigstens sechs Monate des Jahrs nutzen konnte: nemlich nahe an dem Orte wo Ptolomäus und andre das alte Berenice hingesezt haben. Doktor Pococke der diesen Umstand des so lange herrschenden Nordwindes unterhalb Cosire nicht bedacht zu haben scheint, glaubt daß Ptolomäus sich in der Lage von Berenice irrt, weil Strabo welcher Oberegypten durchreisete, die La=

ge=

ge desselben nahe bey Coptos angiebt. Da aber das Wort nahe blos ein Relativer Ausdruck ist, so kann es eben so wohl hundert als zweyhundert und acht und funfzig Meilen bedeuten, und kann daher nicht für einen Beweis gelten, daß Berenice mit Coptos gerade in der nemlichen Paralele der Breite gelegen hat. Die Lage von Coptos ist nicht streitig, und da Ptolomäus und viele andere glaubwürdige Geographen seine Entfernung von Berenice auf zweyhundert und acht und funfzig Meilen schätzen, werden vermuthlich die mehresten der Meinung seyn, Berenice habe an der sogenannten Foul Bay gelegen, gegen Süden des Vorgebürges Nose und einige Meilen von dem Wendezirkel. Ptolomäus Philadelphus machte eine Heerstraße von einer Stadt zur andern, auf der er Brunnen graben und Gebäude errichten ließ, die man jezt im Orient Caravanseras nennen würde; von denen aber wie man mir sagte, keine Spuren mehr übrig sind. Dieser Weg ist von einigen irrig für einen Canal gehalten worden, der meiner Meinung nach nie existirt haben kann.

Dieser Canal müßte sein Wasser entweder von dem Fluß oder dem Meere erhalten haben. Erhielte er es von dem Fluß, so müßte, ein so großer Abzug Unteregypten selbst in den besten Jahren einen sehr großen Theil der Quelle seiner Fruchtbarkeit entzogen, und in trocknen Zeiten die in vier bis fünf Jahren wenigstens einmal eintreffen, eine Hungersnoth verursacht haben;

da

da der Regen dort nie hinlänglich ist die Vegetation zu unterhalten.

Würde der Canal hingegen von dem rothen Meer mit Wasser versehen, so hätte ein ungewöhnlicher Zuschuß oder ein Sturm die Schleusen wegreissen, dadurch ganz Niederegypten überschwemmen und in einen Salzwasser See verwandeln können. Oder wenigstens würde die Vermischung des salzen mit dem süssen Wasser lezteres zum Ackerbau untauglich gemacht haben. Ueberdem hat der gröste Theil der Einwohner kein andres frisches Wasser als vom Nil.

Die Reise von Alexandrien nach Europa kann man auf folgende Art einrichten. Die Zeit und Art der Abreise von Alexandrien hängt gänzlich vom Reisenden ab, ob er geradezu nach England gehen, oder mit Muße reisen will. Es wird schwerlich jemanden einfallen, zu Lande nach Europa, über Palestina, Syrien, Kleinasien u. s. w. zu reisen. Ich will mich daher blos auf einige kurze Anweisungen für die Seereise einschränken.

Der Agente wird leicht ein Schiff nach irgend einen Hafen um einen billigen Preis anschaffen, wenn man erlaubt, daß solches eine Ladung an Bord nimmt, die gar nicht hinderlich seyn kann, wenn das Schiff nur ganz unter dem Befehl des Reisenden steht.

Unter allen Nationen die diesen Hafen besuchen, würde ich rathen, sich der Raguser zu bedienen. Ihre Schiffe sind stark und gut gebaut, ihre Matrosen mäßig, reinlich und höflich; und

sie

sie leben gewöhnlich mit allen verschiedenen Staaten der Barbarey in Frieden. Nach diesen würde ich in Friedenszeiten den Franzosen den Vorzug geben, welche einen ansehnlichen Handel in diesen Gegenden haben, und grosse Schiffe dazu gebrauchen. Von Englischen Schiffen findet man wenige, und diese sind gemeiniglich klein und schlecht unterhalten.

Muß der Reisende eilen, so wird er am besten thun das Schiff auf zwey Monate zu miethen, um ihn nach irgend einen Hafen im Adriatischen oder Mittelländischen Meer zu führen, und er kann hernach denjenigen Ort wählen wo die Quarantaine am kürzesten ist. Nemlich Malta, Marseille, Ragusa und Triefte; denn in allen diesen Häfen wenn man ein Patenta Netta oder Gesundheits Attestat hat, darf man nur achtzehn Tage warten. Ich würde rathen den Lauf nach Malta zu richten; sollte aber der Wind aus Westen kommen wenn das Schiff Candia schon vorbey ist, und ehe solches Malta zu Gesichte bekömmt; so muß es sich bemühen den Faro von Meßina vorbeyzusegeln um Marseille zu erreichen, oder durch den Adriatischen Meerbusen nach Triefte zu kommen. Sollte sich der Wind auf der Farth im adriatischen Meer, nach Nordwesten wenden, so ist es am besten in Ragusa einzulaufen, und von hier nach verrichteter Quarantaine, nach irgend einem italienischen Hafen zu segeln.

III.

III.
Nachrichten von Sumatra.
Zweite Lieferung
von
dem Reiche Menangcabo.

Der vornehmste Sitz der Herrschaft der Malayen, und überhaupt von ganz Sumatra ist Menangcabo. Dieses liegt beynahe in der Mitte der Insel, und erstreckt sich zum Theil an der Nördlichen, hauptsächlich aber an der südlichen Seite der Linie, 1) zwischen sechzig und hundert englische Meilen weit. In diesen engen Grenzen ist jezt ein Reich eingeschlossen, dessen Herrschaft sich vormals über ganz Sumatra erstreckte, und dessen Beherrscher in den entferntesten Gegenden des Orients mit Achtung genannt wurden. Das Land ist beynahe durchgängig eine große von Bergen umschlossene Ebene ohne Wälder, und vergleichungsweise gut gebaut. Es liegt bequem zum Handel so wohl mit der Ost, als Westküste der Insel, wo jezt die Holländer und Britten ihre Posten haben. Der Westlichen Küste liegt es freilich am nächsten, an der Oestlichen aber

---

1) Die Linie oder der Aequator theilt Sumatra beynahe in zwen gleiche Theile. Der Theil Nordwärts des Aequators erstreckt sich bis zum sechsten Gr. Nördlicher, und die andere Hälfte der Insel bis 5 Gr. 48 M. südlicher Breite.

aber hat es den Vortheil einiger großen Flüsse, als den Racan, Indergerce, Siak, Jambi und selbst den Palembang, mit dem es vermittelst eines Sees aus dem die beiden lezteren entspringen, wie auch der Fluß Cattawn an der entgegengesezten Seite, Gemeinschaft. Einige Colonien von Malayen aus Menangcabo haben sich auch an verschiedenen Armen des Jambi Flusses, oder vielmehr an einigen kleinern Flüssen niedergelassen die sich in ihn ergiessen.

Der Name Menangcabo wird von den zwey Worten Menang gewinnen und Corba ein Büffel hergeleitet, und soll sich auf eine Geschichte gründen die ein sehr fabelhaftes Ansehen hat. Es soll nemlich auf dieser Stelle ein berühmtes Treffen zwischen den Büffeln und Tigern vorgefallen seyn, in welchem die ersteren einen vollkommnen Sieg erhielten. So lautet die Erzählung der Eingebohrnen; sie halten aber überhaupt viel auf Erdichtungen, und ich glaube, daß diese Etymologie ihren ganzen Grund in der zufälligen Aehnlichkeit der Worte hat.

Die Gewalt und Einkünfte des Sultan sind gegenwärtig beynahe eben so eingeschränkt als die eines gewöhnlichen Raja; demungeachtet behauptet er noch alle seine ehemaligen Rechte und Prerogativen, die ihm auch nie streitig gemacht werden werden, so lange er es nicht versucht sie wirklich auszuüben. Die Könige von Acheen, Indrapur, Moco Moco, Palembang und Jambi gestehen,

stehen, daß sie ihre Gewalt von ihm als ihrem Oberherrn erhalten haben; einige bezahlen ihm auch einen kleinen unbedeutenden Tribut. Alle aber handeln ganz unabhängig. Seine Person wird einigermaßen als heilig betrachtet, und die Dunkelheit und das Geheimnißvolle Ansehen welches an seinem Hof herrscht, unterhält nebst dem Einfluß der Mahommedanischen Priester, die ihn als das Oberhaupt ihrer Religion ansehen, diese Achtung und Ehrfurcht. Kurz seine Gewalt gleicht einigermaßen der Päbstlichen, wie sie vor Zeiten war; sie gründet sich auf abergläubische Meinungen, breitet Schrecken über die Schwachen aus, und wird von den Mächtigen verlacht. Was die Waffen allein ausführen können, suchte er durch großtönende Diktatorische Edikte ins Werk zu setzen. Diese werden mit allen äußern Zeichen der tiefsten Ehrfurcht aufgenommen, und nicht weiter befolgt, als insofern sie mit dem Politischen Vortheil desjenigen Fürsten an den sie gerichtet sind, übereinkommen. Die Einwohner von Sumatra glauben, daß dieses Reich schon in den ältesten Zeiten geblühet habe. Da sie aber keine Annalen, Jahrbücher oder andre historische Denkmale besitzen, so kann man nicht einmal eine Vermuthung über den wirklichen Ursprung wagen, zwar kann man nicht zweifeln, daß es in der That sehr alt sey, da es alle innern Merkmale eines hohen Alters hat, und jede Tradition ihm solches zuerkennt. Wie die Europäer zuerst in diesen Gegenden

den Entdeckungen machten, war es schon in seiner Abnahme, wie sich aus der damaligen Unabhängigkeit und Macht der Könige von Acheen, Pedir und Pasay ersehen läßt; und der erstere von diesen besizt vermittelst eines Freibriefes des Sultan von Menangcabo, die ganze Seeküste südwärts bis Benculen; obgleich sich seine Besitzungen 1613. nur bis Barras erstreckten. Alle alten Seefahrer die diese Insel besucht haben, unter denen der französische Commodore Beaulieu, welcher 1620. hier ankam, gewiß der erfahrenste und geschickteste Forscher war, thun von Menangcabo als einem sehr wichtigen Staate Erwähnung, hauptsächlich wegen des Goldhandels den die Einwohner führten und beynahe ganz an sich gerissen hatten, wie auch wegen des Handels mit Dolchen, Schießgewehren und Zeugen, womit sie die angränzenden Länder versahen.

Da diese Seefahrer keine unmittelbare Verbindung mit einem Inländischen Staate haben konnten, und die Fürsten mit denen sie auf der Küste in Handelsgeschäften zu thun hatten, sich sehr hüteten, die Wichtigkeit eines andern Staates zu erheben, wo sie bey einer Vergleichung selbst leiden musten, sind freylich die ersten Nachrichten von diesem Reiche sehr dunkel und unvollkommen, und wahrscheinlich würde es in den Geschichten ihrer Reisen gänzlich unbemerkt geblieben seyn, wenn von dort nicht so viel Gold nach den Küsten gekommen wäre. Der Commodore

Beau=

Beaulieu spricht von den Königen von Acheen, Palembang und Indrapur als unabhängigen Fürsten, und da diese ihm gestanden, daß sie ihre Gewalt von Menangcabo erhalten haben, beweist seine Nachricht blos, daß sie damals schon das Joch des sinkenden und sich zu seinem Untergange neigenden Reichs abgeschüttelt hatten.

In neueren Zeiten haben die Ränke der Holländer, deren Niederlassung Padang, in der Nähe von Menangcabo liegt, nicht wenig dazu beygetragen die Gewalt des Königes zu schmälern, indem sie seinen ungehorsamen Vasallen Schutz und Hülfe leisteten; und leztere haben ihrerseits auch empfunden wie gefährlich es sey von einem zu mächtigen Bundesgenossen Beystand zu erhalten. Der Rajah Canallee welcher der Vicekönig von Passamman für den Sultan von Menangcabo war, führte einen langwierigen Krieg mit den Holländern in dem die Schicksale sehr verschieden waren.

Nichts kann so abgeschmackt und ausschweifend seyn, als die Titel und Beinamen welche sich der Sultan in dem Eingange seiner Briefe und Manifeste anmaßt; sie übertreffen an Thorheit die übernatürlichen Attribute der Persischen Genie und sogenannten Diven. Einige sind ganz kindisch, und es ist unbegreiflich wie ein Volk welches in der Cultur schon so weit gekommen ist, daß es eigne Schriftzüge hat, solche Zeichen der Barbarey beybehalten kann. Folgendes ganz neue

neue Schreiben an Tuanco Sungey Pagu, einen Oberpriester der sich zu Benculen aufhält kann zum Beyspiel dienen.

Der Sultan von Menangcabo, dessen Aufenthalt ist zu Paggarujung (nachdem der Schreiber des Patents für die Freiheit seinen Namen zu nennen um Vergebung gebeten) welcher ist König der Könige, Sohn des Raja Bunderzulcar=nain=ny, und der Muncooto besaß, der durch den Propheten Adam vom Himmel gebracht wurde; Herr des dritten Theils des Holzes Macummat, welches die Eigenschaft besizt jede Materie zu beflügeln; der Lanze mit dem Barte des Jangi geziert; des Pallastes der Stadt Rom, dessen Feste und Schauspiele in dem Monate Dul=hadjee aufgeführt werden, und wo alle Alims, Fakirn und Mulahnocarris Gott loben und anrufen; 2) des Goldes von zwölf Gran, welches Cudarat Cudaratti heißt, 3) und einem Manne gleicht; der seine Auflagen in lautern Golde Scheffelweise einnimmt; dessen Betelkästchen von Gold und mit Diamanten besezt ist; der das Schwert besizt welches

2) Alim ist der maleische Name für Gelehrte und Weise, Mulanocarri bezeichnet eine besondere Art Geistlichen von Mulah dem maleiischen Namen eines Geistlichen.

3) Dieser und verschiedene andere Namen lassen sich keinesweges aus Maleiischen Wörterbüchern erklären, sie beziehen sich auf fabelhafte Geschichte und Mythologie dieser Nation welche vielleicht nur wenige Alims oder Gelehrten verstehen.

des Churen=se=menborg=girne heißt, und hundert und neunzig Scharten hat, die alle in dem Streit mit dem Erzteufel Se=Catti=nuno, den es erschlug, gemacht wurden. Der Herr ist über alles süsse Wasser im Ocean so weit man in einem Tage segeln kann; der im Besitze einer Lanze ist, aus einem Zweige von Edju 4) verfertiget; und eines Calewang 5) in ein ungemachtes Chinday gewickelt; eines Krises (Dolch) aus der Seele des Stahls bereitet, und der durch einen Laut sein Mißvergnügen zu erkennen giebt, wenn man ihn in die Scheide steckt, und vergnügt ist wenn man ihn zieht; der mit der Schöpfung vom gleichem Alter ist; der eine Flinte besizt die vom Himmel gebracht ward und Subaharahuvataralla heißt; ein Pferd von der Race von Sorimberahni, daß allen andern überlegen ist; Sultan des feuerspeyenden Berges, und des Berges Guntang guntang, welcher Palembang und Jombi trennt; welcher tödten kann wenn es ihm gefällt ohne

4) In dem ersten Bande der Abhandlungen der Gesellschaft der Wissenschaften in Batavia steht v. S. 143 184 ein langes Register maleiischer Namen, der vornehmsten Geschlechter aus allen drey Naturreichen, allein auch nicht einen einzigen Namen der in diesem schwülstigen Titel vorkommenden Gewächse habe ich darin angetroffen.

5) Calubang heist in Bowreis maleiischen Wörterbuch, eine Art von Decke, und Chantl, feine kostbare Zeugen, die blos von Frauenzimmern getragen werden.

ohne ein Verbrechen zu begehn; der den Elephanten Namens Setti Dewa besizt; der Vicekönig des Himmels ist; Sultan des goldenen Flusses; Herr der Luft und der Wolken; Eigenthümer eines Balli, 6) dessen Säulen von dem Strauch Jelattang verfertiget sind; Besitzer von Trommeln aus den ausgehöhlten Zweigen des kleinen Krauts Pulut und Silosurre gemacht; einer Trommel welche bis an dem Himmel erschalt; des Büffels welcher Se-Binnuang-Satti heißt und dessen Hörner zehen Schuhe auseinander stehen; des unbesiegten Hahns Sengunanni; des Cocosnußbaums, der wegen seiner erstaunenden Höhe, und Menge von Schlangen und anderm giftigen Ungeziefer die auf ihn nisten, nicht erstiegen werden kann; der Wohlgeruch duftenden Blume Seran Menjeri; der wenn er sich zur Ruhe begiebt, nicht eher wieder erwacht, bis das Gandang nebot erschalt; von dessen Augen eines ist wie die Sonne und das andere wie der Mond rc. Dieser Monarch verkündiget seinen Unterthanen diesen seinen Willen u. s. w. Es giebt gewiß keine Jahrbücher in der Welt die ein ähnliches Beyspiel von unverständigem Gewäsche aufzeigen können; 7) und doch glauben die Malayen die sich

in

6) Balli heißt Maletisch ein großes Haus für öffentliche Versammlungen und Feierlichkeiten, und wo Fremde empfangen und bewirthet werden.

7) Alle morgenländische Fürsten setzen in einem langen, schwülstischen Titel große Vorzüge. Der türkische

Titel

in einiger Entfernung von seinem Wohnsitz aufhalten, und die mehr Glauben als Scharfsinn besitzen, daß alle diese Attributen in der Wahrheit gegründet sind; mit diesem Zusatze, daß er in einem Pallaste ohne Dach wohne, ohne von den Veränderungen der Witterung die geringste Unbequemlichkeit zu leiden.

Die Siegel welche neben seinem eignen dem Sendschreiben anhängen, sind vom Sultan von Rom oder des Großherrn in Constantinopel, (weil das Römische Reich nach Constantinopel verlegt wurde.) Dieser wird seit dem Untergange der Caliphen für das Oberhaupt der Mahometanischen Religion gehalten, und der Sultan von Menangcabo beehrt ihn mit dem Titel seines ältesten Bruders. Das zweyte Siegel ist des Sultans von China; welches Reich in allen Orientalischen Meeren sehr bekannt ist, und von den Malayen Negri Chino genannt wird. Diesen nennt er seinen zweyten Bruder und sich bescheidnerweise den jüngsten. Hieraus läßt sich ersehen welchen Begriff diese Fürsten von ihrer verhältnißmäßigen Wichtigkeit in der Welt haben, und wie weit sich ihre

Titel zeigt dieses beynahe eben so sehr als die Titulatur des Kaisers von Maningcabo. So nennt sich der Gros Sultan Herr der Städte, welche alle Fürsten mit Neid ansehen, Abulg aller Völker auf Erden, der alles thun kann, was ihm beliebt, Sultan dem Gott die Macht gegeben alle Länder und festen Plätze zu erobern.

ihre geographischen und historischen Kenntnisse
erstrecken.

Der König wird mit einem einzigen Kanonenschusse begrüßt, welches ein wahres Rafinement im Ceremoniel ist, als ob nemlich keine Anzahl einen angemeßnen Grad von Achtung ausdrücken, sondern blos dazu dienen könnte, zwischen seiner Würde und der seiner Grossen oder andrer Fürsten einen bestimmten Abstand festzusetzen. Der Sultan von Menangcabo läßt also lieber das Maas seiner Wichtigkeit unbestimmt, und verspart dabey sein Pulver. Man muß hier noch bemerken, daß die Malayen gerne bey allen Gelegenheiten die Kanonen lösen, und dieses versäumen sie nie an ihren hohen Festen, und ben der Erscheinung des Neumonts; hauptsächlich wenn er den Anfang ihrer jährlichen Fasten anzeigt. Gelb wird für eine Königliche Farbe gehalten, und wird daher wie man sagt ausschliesslich von dem Sultan und seinem Hofstaat getragen. Das gewöhnliche Geschenk des Sultans wenn er eine Gesandschaft an jemand schickt; (denn ein Eingebohrner von Sumatra hat keinen Begriff wie man eine förmliche Anrede bey irgend einer Gelegenheit ausrichten kann, ohne ein Geschenk, wenn es auch noch so geringfügig ist, mitzubringen;) besteht gemeiniglich in zwey oder mehrern weissen Pferden: welche figürlich die Reinigkeit seines Charakters und seiner Gesinnungen ausdrücken sollen. Die Verwandten des Königes,

ges, (und es giebt viele die ohne ein Recht dazu haben sich diesen Titel anmassen;) werden überall wo sie sich sehen lassen, mit der grösten Achtung aufgenommen; nnd in einigen Gegenden der Insel, die übrigens ganz unabhängig sind, werden sie sogar mit einem solchem Grade von abergläubischer Ehrfurcht betrachtet, daß die Landleute sich von ihnen schimpfen, plündern, und selbst verwunden lassen ohne sich zur Wehr zu setzen, welches sie für eine strafbare Versündigung die an die Gotteslästerung gränzt halten würden.

Wie alle andern Völkerschaften auf Sumatra, haben die Einwohner von Menangcabo gar keine Annalen oder historische Denkmale. Wenigstens hat man ihrer in allen Verhandlungen die wir mit ihnen gehabt nie erwähnt. Sie sind sehr geschickt im Schreiben, mit arabischen Schriftzügen. Ihre ganze Litteratur besteht aber in Abschriften des Korans, und der Cabao oder historischer Mährchen die unsern alten Romanen gleichen, aber weniger Erfindungsreich sind. Sie sind wegen Verfertigung gewisser Lieder die sie Panlun nennen, sehr berühmt. Diese verbreiten sich durch die ganze Insel, und obgleich sie auch in andern Theilen derselben verfertiget werden, so achtet man die von Menangcabo doch am höchsten, und als solche, die sich von dem Hauptsitze der Musen herschreiben. Die Künste überhaupt haben unter ihnen einen höhern Grad von Vollkommenheit als in andern Theilen von Sumamatra erreicht. Die Malayen sind die einzigen Verfertiger der Gold und Silber durchbrochnen Arbeit, die von dort nach England kommt. Menangcabo ist auch wegen seines ansehnlichen Goldhandels berühmt, indem es mitten unter den Bergwerken liegt, in denen es gegraben wird. Es werden hier auch viele Zeuge verfertiget und ausgeführt. Schon seit undenklichen Zeiten haben sie auch Gewehre fabricirt, sowohl zu ihrem eignem Gebrauch, als zur Ausfuhr für die Nördlichen Einwohner der Insel welche sehr kriegerisch sind. Wie früh sie angefangen haben Kanonen zu giessen und Flinten zu verfertigen kann man nicht bestimmen, wenn sie aber diese Kunst von den Europäern erlernten, welches zweifelhaft ist, müssen sie solche sehr schnell begriffen haben, indem schon die ersten Portugiesischen Nachrichten ihrer Schießgewehre erwähnen. Sie schmelzen, hämmern und bereiten das Eisen und den Stahl selbst zu diesem Behufe. Ihre Flinten sind von der Art der alten Musketen, die mit Lunten angezündet werden, denn sie haben weder Schloß noch Steine; der Lauf ist gut gearbeitet und vortreflich gebohret, wie man aus ihrem richtigen Zicken sehen kann. Die Verarbeitung des Eisenerzes zu Stahl ist für sie so mühsam, und mit so vielen Schwierigkeiten verbunden, daß sie solchen muthmaßlich von den westlichen Nationen erhalten. Man hat mich aber von Gegentheil versichert, und ich weis auch, daß die geringe jetzige

Ein-

Einfuhr dieses Artikels von Europa unmöglich zu ihrer Konsumtion hinlänglich seyn kann. Ueberdem sind alle ihre Dolche und alle andere Seitengewehre offenbar aus einer ganz andern Gattung dieses Metalles, als das unsrige verfertiget, welches unbezweifelt von ihrer eignen Arbeit ist. Sie machen auch eine große Menge Schießpulver, aber entweder beabachten sie keine rechte Proportion in der Mischung der Bestandtheile oder sie verstehen nicht es zu können, denn es fehlt ihm sehr an Stärke. Außer den Flinten sind ihre Waffen der Cujur oder die Lanze, Rubus, Calewang, Buddil, Pamandah, Sewar und Krise. Dies sind mehrentheils Waffen deren Gestalt ein Mittel zwischen einem Schwert und einem Messer ist. Einige als der Rubus welches ein kurzes breites Schwert ist, und der Calewang werden an der Seite getragen, und andre vorne durch einen Gürtel gesteckt der verschiedenemale um den Leib geschlungen wird. Der Sewar ist ein kleines Instrument wie ein Stilett und wird hauptsächlich zum Meuchelmorden gebraucht. Der Krise ist eine Art Dolche, von einer besondern Form und wird von jederman getragen. Die Klinge ist vierzehn Zoll lang und von außerordentlich hartem Stahl; sie ist nicht glatt und polirt wie die Klingen unserer Degen, sondern damascirt. Es ist nicht gerade wie ein Degen gestaltet, oder krum gebogen, sondern in einer wellenförmigen Linie gekrümmt, wie das feurige Schwert

vor=

vorgestellt wird, welches den Eingang ins Paradies verwahrte. Eine Wunde mit diesem Instrumente ist vermuthlich um desto gefährlicher. Der Knopf oder Grif ist gewöhnlich von Elfenbein, oder schön geäderten Holze, mit Gold verziert, oder aus einer Composition von Gold und Japanischen Kupfer, welches Suasso heißt; er ist schön polirt und in eine künstliche Figur geschnizt, die einige Aehnlichkeit mit der Egyptischen Göttin Jsis, und wie diese einen Vogelschnabel und die Arme eines Menschen hat. Die Scheide ist ebenfalls von schönem Holze und unten mit gespaltenen und roth gefärbten Rohr verziert. Der Werth eines Dolches steigt je nachdem viele Personen durch denselben ihr Leben verlohren haben. Einer der recht viel Blut vergossen hat, wird mit der grösten Ehrfurcht als etwas heiliges betrachtet. Der Abscheu und das Schrecken welches Mordthaten erregen, wird auf Rechnung des Werkzeuges geschrieben, und vermöge des Grundsatzes aus dem unwissende Menschen Dinge verehren und fürchten, welche die Kraft zu schaden besitzen, erhält es hiedurch einen gewissen Grad von Heiligkeit. Der abscheuliche Gebrauch die Waffen zu vergiften, wird in den jetzigen Zeiten glaube ich selten ausgeübt, obgleich er vormals sehr häufig gewesen seyn mag.

Man behauptet von den Einwohnern von Menangcabo, daß sie oft zu Pferde in den Krieg ziehen; demungeachtet werde ich es nicht wagen

ihren

ihren Truppen den Namen der Cavallerie beyzulegen. Obgleich die Befehlshaber sich der Pferde wohl zuweilen aus Bequemlichkeit oder zur Pracht bedienen; und man sie vielleicht um schneller fortzukommen den Truppen auf Märschen giebt, weil sie hier überhaupt sehr häufig sind. Es ist hier nicht gebräuchlich die Pferde zu beschlagen, welches in einem Lande ohne steinigte Wege überflüßig seyn würde. Die hiesige Art ist klein, aber gut gebaut, muthig und stark. Sie kommen in ihren Kriegen selten zu einem offenbaren Gefechte, sondern stellen einander beständig Hinterhalte und suchen die herumstreifenden Partheyen zu überfallen. Wenn es zu einem ordentlichen Treffen kommt, sorgen sie sehr dafür, daß sie in einer ziemlichen Entfernung schiessen, welches auch ohne Ordnung geschieht. Die Soldaten haben keinen Sold, die Beute wird aber zusammengeworfen und getheilt. Vormals pflegten die Kriege zwischen den Einwohnern von Menangcabo und denen von Rou 8) und Achien unaufhörlich zu seyn, seit den lezten zwanzig Jahren aber hält sie die Englische Niederlassung zu Natal einigermaßen im Zaum. Es war sonst unmöglich einige Meilen in Lande herum zu gehen ohne Ueberreste von Verschanzungen anzutreffen, die die Einges

---

8) Rou oder Tru ist wie Menangcabo ein inländisches Reich in Sumatra, es gränzt außer dem angeführten Reiche westwärts mit den Battas.

gebohrnen in ihren Kriegen aufgeworfen hatten. Einige von diesen waren ziemlich fest, und unsre Faktorey wurde zuerst auf einer solchen Vestung errichtet. Ihre Feldzüge pflegten sie sehr bedächtig einzurichten, indem sie beständig nach Sonnenuntergang einen Waffenstillstand beobachteten, den keine Parthey so leicht brach. Zuweilen wurden sie einig, daß nur in gewissen Stunden des Tages Feindseligkeiten ausgeübt werden sollten. Oft wählten sie auch Herrn Carter den Englischen Residenten zum Schiedsrichter ihrer Streitigkeiten, der bey diesen Gelegenheiten seinen Rohrstock an der Stelle in die Erde zu stecken pflegte wo die Abgesandten beider Partheyen zusammentreffen sollten, bis endlich beide ihrer unnützen Händel müde, sich entschlossen unter den Schutz der englischen Compagnie zu treten. Dies muß man aber nicht von den Königreichen Menangcabo und Achien verstehen, sondern blos von einigen Mitgliedern dieser Nationen, die sich in der Nachbarschaft von Natal niedergelassen hatten.

Alle Einwohner von Menangcabo sind Mohametaner, und daher von den übrigen Bewohnern der innern Theile der Insel verschieden. Dieses Reich wird auch mit für den Häuptsitz dieser Religion gehalten; und nächst einer Reise nach Mecca, welche einige Einwohner von Sumatra zuweilen unternehmen, bringt eine Reise nach Menangcabo den Ruf der Heiligkeit und Gelehrsamkeit. Die vornehmsten Innuns, Moulanas, Cat-
tils

tils und Panditas kommen entweder von dort, oder reisen wenigstens hin, und bringen ein Diplom oder Schein ihrer Würde, von dem Sultan oder seinen Ministern mit. Auf welche Art das älteste Reich in der Insel, welches noch dazu im Mittelpunkt derselben liegt, so ganz Mahometanisch geworden, läßt sich schwerlich erklären. Wir müßten denn annehmen, daß die eifrigen Bekehrer desselben durch den einträglichen Goldhandel gereizt, sowohl aus geistlichen als weltlichen Absichten dahin reiseten. Eben so schwer ist es den gewissen Zeitpunkt der Bekehrung der Einwohner von Sumatra anzugeben. Sie selbst sind darüber ganz unwissend, und wir können uns nur durch Vergleichung der Zeugnisse alter Schriftsteller der Wahrheit nähern. Johann de Barros ein alter, sehr einsichtsvoller Portugiesischer Schriftsteller von den Thaten seiner Landsleute in Ostindien sagt: Der Tradition der Einwohner zufolge wäre die Stadt Malacca ungefähr zweyhundert und funfzig Jahre vor Ankunft der Portugiesen in diesem Theil von Indien, folglich ungefähr um das Jahr 1260. von einen Javaner Namens Paramisora und seinem Sohn Xachem Darxa gegründet worden, und daß das Volk unter den Regierungen ihrer Nachfolger allmählig angefangen, von Kaufleuten aus Persien und Gezerat die dorthin handelten, Mohamets Religion anzunehmen. So daß ungefähr hundert und funfzig Jahr vor dem Zeitpunkt in dem er schrieb, ober im Anfange des funfzehnten Jahrhunderts sich die Anhänger dieses Glaubens sehr vermehrt, und bis zu den benachbarten Inseln ausgebreitet hätten. Ein anderer berühmter Geschichtschreiber Diego do Couto, der seine Untersuchungen in Indien anstellte, und des eben angeführten Barros berühmte Decaden fortsezte, geht von ihm in Erzählung von der ersten Gründung der Stadt Malacca ab, und nennt den ersten Beherrscher derselben Raja Saba. Er sagt auch, unter der Regierung des zweiten Sohnes dieses Fürsten Namens Casemo, wäre ein Arabischer Priester gekommen, der zuerst die Lehre der Caliphen gepredigt, und den König zu derselben bekehrt habe, indem er ihm dem Namen Scha Mahommed gegeben. Dies soll um das Jahr 1384. gewesen seyn. Corneille le Brun erfuhr 1706. von dem Könige von Bantam, daß die Einwohner von Java vor ungefähr dreyhundert Jahren zu diesem Glauben bekehrt wurden. Aus diesen verschiedenen Nachrichten die keine Verbindung unter einander haben, können wir den Schluß ziehen, daß die Mahometanische Religion, die im siebenten Jahrhundert in Arabien entstand, vor dem Jahr 1400. noch keine Fortschritte in Sumatra gemacht hatte, und daß die Einführung derselben, vermöge der Nähe von Malacca nicht viel später seyn konnte. Marco Poolo der Venetianische Reisende, der uneracht aller Unrichtigkeiten seiner Schriften, dennoch gewiß in allen

oder

oder doch den mehresten Ländern die er beschreibt und zuverläßig in Java und Sumatra gewesen ist; sagt, daß die Einwohner der Küsten als er 1268. auf Java minor, das ist Sumatra besuchte, dem Mohamedanischen Gesetze folgten, welches sie von einigen Saracenischen Kaufleuten angenommen hätten. Dieses setzt den Zeitpunkt ihrer Bekehrung ein ganzes Jahrhundert früher zurück. Der berühmte Missionarius der Jesuiten Franciskus Xavier erwähnt, daß als er im Jahr 1546. zu Amboina war, hätten die Einwohner angefangen von den Arabern schreiben zu lernen. Diese Insel liegt aber sehr weit nach Osten, und war damals weniger wichtig, als sie durch nachmalige Begebenheiten geworden ist, daher wurde auch der Geiz und Eifer dieser frommen Landstreicher so spät gereizt sie zu besuchen.

Die Einwohner von Menangcabo veränderten aber nicht allein ihre Religion, sondern sie erfuhren auch eine gänzliche Umschaffung ihrer Sprache, Gesetze, Sitten und Gebräuche. Diese Veränderung ist zuverläßig durch Malayen bewirkt worden, die von der Halbinsel herüber kamen und sich unter ihnen niederließen. Denn mit diesen stimmen sie bis auf den heutigen Tag in allen Stücken überein; so daß auch durchgängig auf der ganzen Insel die Benennung eines Einwohners von Menangcabo und eines Malayen für gleichbedeutend gehalten werden. In der That bedeutet das Wort Malay im ganzen Orient

jetzt

jezt nicht mehr eigentlich einen Bewohner von Malacca oder einen der von dort herstammt, sondern einen jeden dessen Sprache und Religion mit der dortigen übereinkommt. So heißt in Indien jeder schwarze Christ ein Portugiese, wenn gleich kein Tropfen Europäisches Blut in seinen Adern fließt. Man könnte auch wegen der erstaunenden Aehnlichkeit dieser Nation mit den wirklichen Malayen glauben, daß sie eine Colonie von dem vesten Lande wären: oder das eine Armee aus jener Gegend diesen Theil der Insel überwunden, und die Eingebohrnen ausgerottet habe.

Die eigne Meinung des Volks, welche durch das schwache Licht, das uns die alten Geschichtschreiber aufstecken verstärkt wird, beweiset ein Alterthum dieses Reiches, das weit über den vermuthlichen Zeitpunkt der Einführung der Mahometanischen Religion in dieser Insel hinaus geht. Dieses Alterthum wird durch die ausgebreitete, und anerkannte Herrschaft von Menangcabo erwiesen; die schon früher als die Europäer Sumatra zu besuchen anfiengen, in Abnahme war. Die abergläubische Ehrfurcht welche man für dieses uralte Reich heget, herrscht auch nicht blos an den Orten, wo der Koran gilt, sondern auch unter den Battas und andern Völkern, die bis auf den heutigen Tag Heiden sind. Hätten etwa fremde Mohammedaner dies Reich erobert, würde sich solches gewiß durch Tradition erhalten haben, und noch jezt müsten Spuren davon vorhanden seyn.

seyn. Der Sultan würde zuverläßig nicht ermangeln, sich in dem Verzeichniß seiner Titel wie die Scheriffen in Marocco und andern Orten, mit ihrer heiligen Abkunft von dem Königlichen Propheten zu brüsten, die er doch nicht im geringsten berührt. Die gescheutesten Indier die ich selbst über diesen Punkt befragt habe, unter denen einer als ein Fürst mit diesen Dingen bekannt seyn mußte; behaupteten alle geradezu, daß Menangcabo ein ursprünglich Sumatrisches Reich vor Einführung der Mahometanischen Religion gewesen, und daß sie zwar durch Malayen unterrichtet, aber nie überwunden worden. Es stimmt auch nicht mit dem gewöhnlichen Gange der Malayischen Colonien überein, daß sie ein im Innern des Landes belegnes Volk sollten überwunden haben; indem man sie durchgängig in allen Inseln blos an den Küsten findet, auf welche sie, vermöge ihres unveränderlichen Hanges zum Handel und zur Seeräuberey sich immer eingeschränkt haben.

Vielleicht ist es bey alle dem weniger sonderbar, daß dieses einzige Land ganz zur Mahometanischen Religion bekehrt worden, als daß bis auf diesen Tag so viele andre Reiche in der Insel ohne Religion geblieben sind. Es ist merkwürdig, daß wenn einer von dieser lezteren Gattung, sich unter den Malayen niederläßt, er sehr bald ihre Sitten annimmt, und ihre Religionsgebräuche beobachtet. Die Liebe des Neuen, die
Eitel

Eitelkeit zu lernen, das Hinreissende der Ceremonien, das Ansteckende des Beyspiels, Ehrfurcht gegen etwas das über seine Begriffe geht, und die immerwährende Thätigkeit unsrer geistlichen Fähigkeiten, durch Neugierde gespornt, verleiten ihn zu Erlangung neuer Kenntnisse, sie mögen wahr oder falsch seyn, und zur Annahme eines Glaubenssystems, in dem nichts gegen die alten Vorurtheile die er schon eingesogen hat streitet, sondern vielmehr mit ihnen übereinkommt. Er entsagt keinem alten und geliebten Gottesdienst, um einen neuen anzunehmen: und sein Gewinn ist offenbar, indem er eine so unbedeutende Kleinigkeit als die Vorhaut seines Fleisches gegen ein Paradies und ewige Glückseligkeit vertauscht.

Aus neueren Nachrichten hat man ersehen, daß das Königreich Menangcabo selbst in seinem eingeschränkten Zustande, noch in mehrere Herrschaften zertheilt ist. Zwey Rajas, der von Susuaso und Sungi Tarap massen sich einen Theil der Oberherrschaft an, und schickten vermöge dieser Forderung jeder eine Deputation an den Englischen Befehlshaber zu Padang, um ihm zu der Einnahme dieses Orts 1781. 9) Glück zu wünschen. Passamman, ein volkreiches Land, mit einem Ueberfluß am Gold, Caffia und Campfer, welches nordwärts an Menangcabo gränzt, behauptet jetzt eine völlige Unabhängigkeit von dem-
sel-

---

9) Padang gehört den Holländern, und ward in dem letzten Krieg von den Engländern erobert.

selben. Es wird von den beiden Rajas von Sabluan und Canalli beherrscht, die sich eines Ursprungs von hohem Alterthum rühmen. Einer von ihnen bewahrt als eine Reliquie die Rinde eines Baums, in der sein Vorfahr in den Wäldern groß gezogen wurde, ehe das Volk der Paßsamans seinen jetzigen gesitteten Zustand erreicht hatte. Der andre um ihm nichts nachzugeben, brüstet sich im Besitze des Barts eines seiner ehrwürdigen Vorväter; welcher so ansehnlich war, daß ein großer Vogel darin nistete. Der Sohn schnitt ihm bey dem Absterben seines Vaters ab, und man sagt, daß er bis auf diesen Tag sorgfältig aufbewahrt werde.

Die Malayischen Staaten die nach Grundsätzen regiert werden, welche einige Aehnlichkeit mit dem Feudal System haben, werden von einem Raja oder Fürsten beherrscht, welcher nach Art der Araber gewöhnlich den Titel Sultan führt. Unter diesem stehen eine gewisse Anzahl Dattoos, die aus der Classe der Orang capos oder Männer von Stande gewählt werden; und diese haben gewöhnlich eine grosse Anzahl Vasallen in ihrem Gefolge. Aus den Dattoos wählt der Sultan die Staatsbedienten; als den Schabandar, der die Zölle am Hafen bestimmt und versieht; den Tamongung oder Befehlshaber im Kriege; den Bandahara oder denjenigen der die Gerechtigkeit verwaltet, und andre mehr; die in Zahl und Ansehn, je nach der Lage und Wichtigkeit des Staates

tes verschieden sind. Es giebt auch eine Gattung Staatsbedienten die man Uluballong nennt, welches Wort gewöhnlich durch Ritter übersezt wird, indem sie auf Verlangen des Fürsten oder Grossen in dessen Dienste sie stehen, sich für seine Sache ducelliren oder herum balgen müssen; man kann sie aber viel besser durch das Wort Assassine (Meuchelmörder) charakterisiren, weil sie wie die ersten Führer dieses Namens, (unter der Regierung eines Fürsten in Kleinasien, welcher der Alte vom Berge genannt ward, und ein Zeitgenosse Richard des ersten von England war) von einen schwachen aber Blutdürstigen Monarchen abgeschickt werden, heimlich seine Todesbefehle auszurichten, um Leute die ihm anstößig sind und die er nicht öffentlich angreifen darf, aus dem Wege zu räumen. Gewöhnlicher Weise machen sie die Leibgarde ihres Herren aus, von dem sie doch nicht überall zu diesen heimlichen Dienstleistungen gebraucht werden.

Der Titel Dattoo ist der Malayischen Regierung allein eigen, und überall wo man ihn findet gehört das Volk zu dieser Nation. Er stammt dennoch nicht von Malacca sondern von Menangcabo her. Benculen nahe bey welchem die Englische Präsidentschaft Fort Marlborough liegt, und wo die Festung York vormals stand; ist eine Malayische Stadt, die von vier Dattoos regiert wird, die unter dem Schutz oder der Herrschaft zweyer

Pan-

Pangerans stehen, die alle beide Besitzungen an verschiedenen Gegenden des Flusses der durch die Stadt fließt, haben; und von denen immer derjenige die oberste Herrschaft behauptet, der die grösten Fähigkeiten besizt. Sie leben zwar auf einem guten Fuße mit einander, sind aber doch dabey beständige Nebenbuhler und nur das Ansehen der Engelländer, hält sie von einem offenbaren Kriege zurück. Dennoch sind beide keine Malayische Fürsten sondern Eingebohrne des Landes.

Die Colonisten an den Flüssen Limue, Batang-Assy und Pacallang Jambu, die von Menangcabo ausgewandert sind, und sich hier wegen des Goldhandels niedergelassen haben, werden auch jeder von vier Dattoos regiert, die ob sie gleich der Sultan nicht ernennt, dennoch von ihm bestätiget werden müssen, und ihm Tribut zahlen. Die Limue Dattoos welche am weitesten gegen Süden wohnen, erhalten die Investitur, wobey ihnen ein besonderer Titel beygelegt, und eine Kleidung (Badju) nebst dem Turban (Daytar) von dem Sultan von Palembang überreicht wird. Dieses ist eine politische Vorsicht, weil sie ihnen in ihrem Handel mit jenem Orte mancherley Vortheile bringt. Ich bin ungewiß, ob der Titel Rattoo der auch eine ansehnliche Würde bedeutet, Malayisch ist oder nicht. Mir scheint es aber doch ungeachtet seiner Aehnlichkeit mit dem

Wor=

Worte Dattoo ein ursprüngliches National Wort zu seyn.

Indrapur war vormals der Sitz eines ansehnlichen Königreichs, dessen Alterthum sich aus der historischen Nachricht die der Sultan von Bantam dem Cornelius le Brun gab, ersehen läßt. In dieser Nachricht heist es, daß als der Sohn des Arabischen Prinzen der die Javaner um das Jahr 1400. zur Mahomedischen Religion bekehrte, sich zum Fürsten von Bantam unter dem Titel Pangeran erklären ließ, habe er die Tochter des Raja von Indrapur geheirathet und das Land der Sillabaren, eines besondern Volks, mit ihr zum Brautschatz erhalten. Dies war vermuthlich die erste Zerstückelung, deren sich die Könige von Java nachher öfter bedienten; und seitdem ist das Königreich Indrapur ganz unbedeutend geworden. Aus seinen Trümmern ist nachher das Reich Mocomoco entstanden, der Sultan desselben erhält jetzt von verschiedenen Dörfern seines Districts, eine besondere Abgabe, die in vorigen Zeiten der König von Bantam auf der Insel Java ihrem ehemaligen Landesherrn wegen eines Mordes auflegte. Diese besteht an Gelde etwa im vierten Theil eines Thalers, einem Bamboo mit Reis und einem Huhn von jeden Dorfe. Die Regierung von Mocomoco ist auch Malayisch, ein großer Theil des davon abhängenden Landes wird aber von einem Volke bewohnt, welches man Dusun nennt. Die Befehlshaber desselben

sind

sind zwar verbunden dem Sultan aufzuwarten und ihm ihre Beisteuer oder Abgabe zu bezahlen, seine Macht ist aber demungeachtet sehr eingeschränkt. Die vornehmsten Männer gleich nach dem Sultan werden Mantri genannt, wovon einige glauben, daß es von dem Chinesischen Titel Mandarin abgeleitet werden könne.

Palembang auch ein von Menangcabo abhängiges Reich ist hauptsächlich von Javanern bevölkert, weil es vormals unter der Herrschaft des Sultan von Bantam stand, der ihre Fürsten einsezte. Jezt steht es unter dem unmittelbaren Schuze der Holländischen Regierung zu Batavia, die dort eine Faktorey und einen Commandeur unterhält, und Pfeffer und Zinn von dort holen läßt. Sie verkaufen hier auch eine Menge Opium und andere indische Waaren mit großen Vortheil. Der Fluß Palembang welcher in dem Distrikt Musi, nahe bey der westlichen Küste, und innerhalb ein oder zwey Tagereisen von Benculen entspringt, ist der beste schiffbare Fluß in der ganzen Insel. Hoch hinauf, wird an seinen Ufern der Pfeffer gebauet, und den Eingebohrnen von den Agenten des Königes oder Holländischen Compagnie um einen äusserst geringen Preis abgekauft. Die Einwohner von Passummah erhalten mehrentheils ihr Opium, Salz und ihre Ellenwaaren von Palembang. Der Agente des Königes, (denn in diesen Gegenden besizt der Fürst gewöhnlich

den

den Alleinhandel) fährt den Fluß in großen Käh=
nen hinauf, die wieder den Strom gezogen wer=
den. Auf diese Art werden die Waaren bis an
einen Ort der Muarro Mulang heißt, gebracht,
und von dort durch Träger weiter ins Land ge=
schaft. Die Reise den Fluß hinauf dauert wie
man sagt vierzehn Tage, aber von Muarro Mu=
lang wo die Waaren an Land kommen bis Pas=
summah ist nur eine Tagereise. Sie erhalten da=
für hauptsächlich eine Art Schnüre die sie Pulap
nennen; ganz rohe Seide und Elephantenzähne.
Das Zinn, (welches die Malayen Timar, und ei=
nige Nationen Calin nennen) wird obgleich man
es von Palembang ausführt, in der Insel Ban=
ca an der Mündung des Flusses gegraben, und
macht einen ansehnlichen Handelszweig aus.

Ein gewisser berühmter Schriftsteller behaup=
tet, daß der König von Palembang ungeheure
Reichthümer gesammelt habe; ich habe aber im=
mer daran gezweifelt, sowohl wegen der politi=
schen Unwahrscheinlichkeit der Sache, weil der
König in einem so abhängigen Zustande ist, als
auch weil ich die Eingebohrnen nie von seinem
Reichthum habe reden hören, von dem sich der
Ruf doch wahrscheinlich bis zu unsern Verbindun=
gen im Innern des Landes erstreckt haben würde,
wenn die Nachricht davon gegründet wäre. Ich
habe aber seitdem von wohl unterrichteten Person=
nen, welche lange mit dem Handel in jenen Ge=

gens=

genden bekannt waren, gehört, daß wirklich eine erstaunende Menge Silber durch den Zinnhandel in das Land gebracht werde, ohne daß irgend ein Canal bekannt wäre, durch den man vermuthen könnte, daß es wieder aus dem Lande gienge: indem selbst die Holländer einen großen Theil der Bezahlung für alle Frachten die sie erhalten, in Thalern geben müssen. Dieses würde beweisen das Land wäre reich, der König aber nicht, indem die Bergwerke ihm nicht als Regal gehören; und doch sind die Würkungen dieses Reichthums nicht sichtbar. Auf der westlichen Küste der Insel äußert sich eine ähnliche Schwierigkeit; dahin werden jährlich dreißig bis vierzigtausend Thaler von den Engelländern für Pfeffer geschickt; von denen wenig oder nichts wie es scheint zurückkehrt, indem der Gewinn durch den Privathandel der Residenten immer durch Wechsel remittirt wird, und doch sind durchgängig das Volk die Oberhäupter arm. China wird mit Recht für den Abgrund gehalten, welcher alles Silber von Indien und auch von America verschlingt; aber in dem gegenwärtigen Fall ist es schwer zu erklären durch welche Mittel es dorthin gelangt.

Der vorige König von Palembang hinterließ seine Staaten durch das Loos seinem jüngern Sohne; der älteste zwang ihn aber nach dem Tode des Vaters der Krone zu entsagen, und zu dem Sultan von Jambi zu fliehen. Dorthin wurden

den eine Menge bewafneter Fahrzeuge abgeschickt, um die Auslieferung des Flüchtlinges zu fordern. Der Sultan von Jambi erklärte aber, daß er die Forderungen des jüngern Sohnes unterstützen wolle, und nahm die Fahrzeuge weg. Der König von Palembang welcher jezt besorgt war, daß diesen Feindseligkeiten ein Angrif auf sein Land folgen möchte, war im Jahr 1777. beschäftiget eine große Menge Steine zusammenzubringen um damit zwey von den Mündungen des Flusses zu verstopfen, und nöthigte zu dem Ende jeden Datto nach der Anzahl seiner Vasallen eine gewisse Quantität zu liefern. Die dritte Mündung ließ er befestigen. Diese Erzählung habe ich aus dem Munde eines glaubwürdigen Malayen.

Jambi war vormals ein sehr ansehnlicher Ort, an dem die Engelländer und Holländer Niederlassungen hatten. Die Stadt liegt ungefähr sechszig Meilen von der See an einem Flusse. Der vornehmste Handel ist mit Goldstaub, Pfeffer und Rottings, welche man in Europa zu den Spazierstöcken verkauft; er ist aber jezt von sehr geringer Bedeutung, indem das Gold mehrentheils quer durch das Land, nach der westlichen Küste geht. Es giebt noch viele kleinere Malayische Staaten, an jedem großen Flusse auf dieser Seite der Insel, es ist aber nicht möglich ihre Grenzen zu bestimmen, indem ihre Häfen selten außer von den Fahrzeugen, welche von der Küste

Coromandel kommen; besucht werden. Zuweilen
aber sehr selten, versucht ein privat Kauffarthey
Schiff von Bengalen hier einige Kisten Opium
los zu werden; die Capitains gehen aber nie an
Land, und handeln mit den Malayen die zu ihnen
kommen mit der grösten Vorsicht, weil sie für
äusserst treulos gehalten werden. Sie sind ge=
wöhnlich mit den Bewohnern der innern Gegen=
den in Kriege verwickelt, die sie daher auf die
Küsten, und sogar auf die blossen Flüsse ein=
schränken. Das Land Aru oder Rou, dessen die
Portugiesischen Geschichtschreiber so oft erwähnen
liegt an den Ufern des Flusses Racan. Cam=
par ein andres vormals berühmtes Königreich ist
jezt ganz unbedeutend.

Das ganze Land an dieser östlichen Seite
der Insel, von der Meerenge Sunda bis zur
Diamanten Spitze oder Tanjong Guri ist sehr
niedrig, beynahe ganz ohne alle Berge, und
mehrentheils mit Waldungen bedeckt. Die Nörd=
liche Küste von dort bis Achien hat ein sehr
verschiedenes Ansehen, indem sie sich bis zum
Fuß einer Reihe hoher Berge allmählig aber un=
unterbrochen hebt, und das Land überall gut be=
bauet ist. Posay welches ehedem der vornehm=
ste Siz der Regierung an dieser Seite der In=
sel war, liegt an einer schönen Bay, wo Vieh,
Getraide und alle Arten von Lebensmittel im
Ueberflusse sind. Dicht an dem Ufer dieser Bay
wachs=

wachsen Bäume welche man zu Masten für die größten Schiffe vorzüglich gut gebrauchen kann, und von denen überhaupt eine große Menge auf Sumatra gefällt, und nach Malacca und Batavia gebracht werden. Die Regierung und Sitten dieser Orte kommen völlig mit allen andern überein wo die Malayische Sprache herrscht, und es giebt nur sehr wenige und unbedeutende Abweichungen.

IV.

IV.

Kurze Nachrichten
von den
Reichen Pegu und Ava.

Aus der italienischen Lebensbeschreibung des
Missionarius Johann Maria Percoto
gezogen.

Die beiden Reiche Ava und Pegu können obgleich ihre Größe sehr ansehnlich ist, füglich für eins gerechnet werden, weil sie mehrentheils unter der Regierung eines Königes standen. Das Königreich Ava wird auch Barma oder Burma genannt, und daher heissen auch die Einwohner beider Reiche Barmaner, obgleich diese Benennung eigentlich nur den Avanern zukömmt. Diese beiden großen Länder zusammengenommen sind zweymal so groß als ganz Frankreich. Gegen Süden und Osten grenzen sie an die Königreiche Siam, Laos und Junam 1) gegen Westen an den Meerbusen von Bengalen, 2) und gegen Nor=

1) So heißt die westlichste Provinz von China. Sie liegt etwa sechszig deutsche Meilen von Bengalen. Es ist aber zwischen beiden Reichen keine Gemeinschaft. Sie werden nach Rennels Bemerkungen durch eine Provinz Namens Mecklen, welche der Bengalische Gouverneur Verelst 1763. erobern wollte, und jezt zum Reiche Ava gehört, geschieden.

2) Herr Percoto rechnet also das Reich Arracan (Arkhong) zu welchem sonst der jezt Bengalische District Chittagong gehörte mit zu Ava. Noch zu Anfange dieses Jahrhunderts hatte Arracan seinen eigenen Regenten.

Norden an Buttan. 3) Das Land wird eigentlich von Heiden bewohnt; man findet dort aber auch eine Menge Fremde die sich des Handels wegen hier aufhalten. Unter diesen sind viele Armenier, Mauren, Engelländer, Franzosen und Portugiesen, die hier ihren Handel treiben. Die Sprache des Königreichs Ava welche die Barmanische heißt, ist von der Peguanischen verschieden; diese wird aber von allen wohlerzognen Personen gesprochen, wie es in China gebräuchlich ist, wo die Sprache der Mandarinen die man am Hofe und vor Gericht redet, von der des gemeinen Volks verschieden ist. Außer vielen kleineren giebt es hier zwey große Flüsse, welche die beyden Reiche von einem Ende zum andern durchströmen. Der eine ist der Ava, der seine Benennung dem Lande gegeben, oder sie von selbigem erhalten hat, und wegen seiner Größe und Vortreflichkeit in der Sprache des Landes vorzugsweise der Menamchiu 4) oder der Fluß genannt wird.

3) Gemeiniglich wird dieser Name für einerley mit Tibet gehalten. Jetzt gehört es zwar zu Tibet, ist aber eine besondere Provinz. Die Tibetaner sollen ihr den Namen Tacpo beylegen. Ihre Hauptstadt heißt Taffasudon. Das Land stößt gegen Süden an Bengalen, und die Engländer haben in den dortigen Gebirgen die Grenzvestung Dellamcotta 1773. eingenommen.

4) Rennel nennt diesen Fluß auch Nu-Kian und behauptet, er heisse bey den Eingebohrnen Irabatti.

Er,

wird. Er entsteht auf den Gebürgen, welche das Land von China und Thibet trennen, und nachdem er die Provinz Tipra die jetzt mit zu Bengalen gehört, durchströmt, und mehr als dreißig Meilen unter 21 Gr. 34 Min. Nördlicher Breite seinen Lauf von Norden nach Süden gerichtet hat, krümmt er sich westwärts, und bildet eine Insel, auf der die Hauptstadt von Ava 5) liegt. Zwölf Meilen hinunter nimmt er an der rechten Seite den kleinen aber schnellen Fluß Mu auf, welcher in einer mit ihm parallelen Richtung von den nemlichen Bergen hinunter fließt. Achtzehn Meilen weiter in welchen er sich nach Westen gewandt und die Stadt Nebeck vorbeygeflossen, empfängt er den Fluß Cassu oder Assem, und wendet sich zuletzt von neuem gegen Süden in das Königreich Pegu. Hier fällt er nach dem er mit dem Flusse gleiches Namens vereiniget, eine Strecke von mehr als hundert und siebenzig Meilen zurückgelegt hat, zwischen der Stadt Rangan und den Ruinen von Siriam in den Bengalischen Meerbusen. Der zweite große Fluß heißt der Pegu; er entspringt auf den Bergen die an das

Reich

Er führet also wie mehrere große Flüsse, der Amur, Indus und andere von seiner Quelle bis zu seinem Ausfluß verschiedene Namen, von denen wir jetzt vier kennen Ava, Menainchiu, welches vielleicht Rennels Nu-kian seyn kann, und Irabatti.

5) Rennel nennt sie Monchabu, sonst war es Ava am Flusse gleiches Namens, und diese nennt unser V. an andern Orten auch als die Hauptstadt des Reichs.

Reich Pegu grenzen, und durchströmt, mit dem Ava in einem weitem Bette vereiniget, 6) das ganze Land bis wo er sich zulezt wie oben erwähnt worden in die See ergießt. Das Clima dieser Länder ist heiß, aber nicht übermäßig, indem die Hitze selten stärker ist, als bey uns in Italien in den heissesten Tagen. Der Winter ist auch nicht strenge, er fängt im April an, und dauert bis in den October, während welcher Zeit so unaufhörliche Regengüsse fallen, daß das Land von dem Wasser zuweilen ganz sumpfig und stinkend wird. Das Feld ist mit immerwährenden Grün bedeckt, obgleich dieses in den Monaten November, December und Januar wo die gröste Hitze herrscht, weniger lebhaft als sonst ist. Um diese Zeit verlieren auch einige Bäume ihr Laub. Es sproßt aber gleich von neuem hervor. Es giebt hier unzählige Bäume, und an vielen Orten dicke Wälder, daher auch das Holz hier in großen Ueberflusse ist.

6) Percotto berichtigt durch diese Nachricht vom Ava und Peguflaß einen Fehler der sich in allen auch den besten Charten dieser Länder findet. Danville und andere die ihm folgen geben beiden Flüssen nicht nur einen besondern Lauf von ihrem Ursprunge an, sondern lassen beide unvereiniget den Ava ostwärts, und den Pegu westwärts in dem Bengalischen Meerbusen fallen. Obgleich das erstere richtig ist, so wird die lezte Meinung doch durch die Erzählung eines Augenzeugen wiederlegt, und beide Flüsse ergiessen sich nach vorhergegangener Vereinigung in verschiedenen Zweigen in dem Bengalischen Meerbusen.

ist. Es scheint daß die Crocodillen hier ihren Hauptwohnort haben, und da sie in dem Wasser und auf dem Lande leben greifen sie die Menschen überall an, und würden die Fahrzeuge in den Flüssen oft überfallen, wenn man sie nicht durch Flintenschüsse schreckte und verjagte. In einer so waldichten Gegend kann es nicht an wilden Thieren fehlen, wirklich giebt es ihrer auch viele, hauptsächlich Tiger, Elephanten, und eine besondre Art Hirsche. Vögel von allen Gattungen findet man auch im Ueberfluß. Das Land ist mehrentheils platt, und die Luft gesund; bey alle dem aber hat es einen großen Fehler, denn man erndtet dort keinen Weizen, und zieht keinen Wein. Das Wasser muß den Mangel des Weins ersetzen, und der Reis das fehlende Brod. Letzterer wird in erstaunender Menge gebauet, und gedeihet ganz außerordentlich, wozu die vielen Gewässer welche das Land durchströmen und fruchtbar machen viel beytragen. Es hat Leute gegeben die viel von dem großen Reichthum dieser Länder, und ihren reichen Goldbergwerken gerühmt haben, worin sie so weit giengen, daß sie das alte Ophir hieher setzen wolten. Diese Bergwerke haben aber entweder nie anders als in der Einbildung dieser Leute existirt, oder sie sind durch die Nachläßigkeit der Eingebohrnen, in Vergessenheit gerathen. Soviel ist gewiß, daß das Land gegenwärtig sehr arm ist. Der vornehmste Handel
ist

ist mit Holz, Eisen, Zinn, Elephantenzähnen und hauptsächlich mit Rubinen von auserlesener Schönheit und hohem Werth. Die hiesige Bauart ist äußerst einfach und schlecht, und die elendeste Hütte in Italien übertrift an Bequemlichkeit und Schönheit die Gebäude der Peguaner und Avaner. Ihre Häuser werden weder von Quadern noch Backsteinen aufgeführt, dies darf man auch nicht ohne königliche Erlaubniß thun, sondern sie sind aus Holz zusammen gesezt, und gleichen eher elenden Hütten als ordentlichen Häusern. Das Gerippe besteht aus großen Balken und die Wände sind von einer Gattung dicken Rohrs das man hier Bambu 7) nennet zusammengefügt; das Dach wird mit bloßem Stroh, oder trocknen und breiten Palmblättern gedeckt. Es sind in diesen Häusern keine Gemächer unten, sondern sie stehen auf Pfählen und man steigt auf einer Leiter zu dem Gebäude hinan; und dies geschieht sowohl wegen der Feuchtigkeit und der häufigen Ueberschwemmungen, als auch wegen der vielen Tieger welche des Nachts herumschleichen. Selbst der königliche Pallast unterscheidet sich nicht durch die geringste Pracht, außer daß er weitläuftiger, von Steinen aufgeführt, und von Innen und Außen vergoldet ist. Der Pallast des Königes von Ava muß immer vier Thüren nach den vier

---

7) Bambu ist auch der malaiische Name des in Europa so genannten Spanischen Rohrs.

vier Winden haben, wie von dem Pallast des Kaisers von China gesagt wird. Eine von diesen heißt die goldne Thüre, und durch diese werden die Abgesandten zu dem Könige geführt. Die zweite heißt die Thüre der Gerechtigkeit, und durch diese geht das Volk ein um seine Klagen vor den Thron zu bringen, die dritte ist die Gnadenthür, zu welcher jedermann, der eine Gnade empfangen oder dem eine Strafe erlassen worden, hinausgeht. Die lezte ist gerade gegenüber dem Flusse Ava, und wird die Prächtige genannt, und zu dieser geht der König hinaus um sich dem Volke zu zeigen. Man findet hier nur wenige Städte, sie sind aber sehr volkreich. Die vornehmsten sind, Ava, Savedy, Suemiudo, Bakan, Pronn, Pegu und Siriam, welches an der Mündung des Avastroms lag, und den besten Hafen in ganz Pegu hatte. In den lezten Kriegen aber wurde es ganz verbrannt und zu Grunde gerichtet, und an dessen Stelle in einer geringen Entfernung die Stadt Rangan erbauet. Dörfer sind hier sehr häufig, so daß man zwanzig Tage längst dem Ava reisen und beständig Dörfer und Flecken treffen könnte, die so volkreich sind, daß sie kleine Städte zu seyn scheinen, und selten mehr als eine oder zwey italienische Meilen auseinander liegen.

Vormals wurde Pegu und Ava von zwey verschiedenen Königen regiert, als aber die Peguaner einmal von den Einwohnern von Siam ihren südlichen Nachbarn sehr geängstet und bedrängt wurden, riefen sie die Barmaner zu Hülfe und eroberten mit ihren Truppen ihre verlornen Länder wieder. Ihre Freude hierüber war aber von kurzer Dauer, denn der König der Barmanen hatte in dem Umgange mit ihnen wahrgenommen, wie schwach ihre Truppen waren, und wie leicht es seyn würde sich des Königreichs zu bemächtigen. Er tödtete also ihren König, überwand ihre Armee und vereinigte die beiden Reiche miteinander. Mit der Zeit wünschten aber die Peguaner ihre Freiheit wieder zu erhalten, und das Joch abzuschütteln. Sie empörten sich also wieder die Barmaner, und wählten einen ihrer Nation zum Könige der sich Simingto nannte, und vormals ein Talapoine 8) gewesen war. Dieses geschah im December 1740. Der neue König konnte sich aber nicht lange auf dem Thron erhalten, seine Grausamkeit und sein Stolz hatten ihn allen seinen Unterthanen verhaßt gemacht, und da er die Folgen dieses Hasses scheute, entsagte er freywillig dem Königstitel, und floh 1747. in die Wälder. Bald zeigten sich zwey neue Competenten, welche um den erledigten Thron kämpften, von diesem wurde aber einer nach dem andern ums Leben gebracht, und ein Dritter betrat die Bühne, der nachdem er die Unruhen im Reiche gestillt hatte, alle seine Kräfte an-

8) Die Geistlichen dieser Reiche führen diesen Namen.

anstrengte um sein Land in der Unabhängigkeit von den Barmanern zu erhalten. Zwischen diesen beiden Völkern herrschte damals der bitterste Haß, und ein unaufhörlicher Krieg. Der neue König von Pegu war aber nicht allein auf die Vertheidigung seines Reichs bedacht, sondern er wollte auch das Königreich Ava angreifen. Zu diesem Ende brachte er eine zahlreiche Armee zusammen, und grif seinen Feind damit so muthig an, daß er die Stadt Ava einnahm, und den König nebst den grösten Theil des königlichen Hofstaats zusammen wegführte. Dieses ereignete sich im Jahr 1752. und vor Ende des Jahrs 1754. wurde der unglückliche König von Ava wegen eines wahren oder falschen Gerüchtes, daß eine seiner Weiber den Plan zu einer Revolution gemacht hatte, nebst allen seinen Anverwandten umgebracht und in den Fluß geworfen. Eine solche Grausamkeit weckte den schlafenden Muth der Barmanen, sie wählten sich ein Oberhaupt, brachten einige Truppen zusammen und überfielen die Peguaner so unerwartet, daß sie solche gänzlich in die Flucht schlugen, bis in ihr Land verfolgten, welches sie ganz verwüsteten, und in kurzer Zeit wieder Herren von Pegu waren. Der neue König von Ava Miazza Pra begnügte sich hiemit nicht, er fieng auch mit dem damaligen König von Siam Krieg an, verjagte ihn aus seinem Reich, erschlug ihn, machte seinen Bruder und seine Weiber der zu Gefangenen und bemächtigte sich des ganzen Königreichs. Diese Siege verwickelten ihn in einen Krieg mit den Chinesen, die ihn aus der an Ava grenzenden Provinz Junam mit einem großen Heer angriffen, sie erlitten aber eine gänzliche Niederlage, und da sie in den folgenden Jahren immer neue Versuche machten, war ihr Verlust in diesem Kriege so groß, daß sich die Anzahl der erschlagenen auf dreyhunderttausend Chinesen und dreytausend Mandarinen belief, wodurch der Muth der Barmanen so sehr wuchs, daß da die Chinesen schwer bewaffnet und bekleidet in den Krieg ziehen und die Barmanen halb nackend gehen, diese noch aus Spott wo sich die Chinesen sehen ließen, die Waffen wegwarfen, und mit bloßen Knütteln über sie herfielen, und sie verjagten. Dies hat den Chinesen einen so hohen Begriff von dem Muth der Barmanen gegeben, daß sie sich vorgenommen haben nie wieder gegen sie zu Felde zu ziehen, sondern sich mit der bloßen Vertheidigung zu begnügen, und selbst dies scheint ihnen ein gefährliches Unternehmen. Daher werden die Mandarinen zur Strafe für schwere Verbrechen, zur Beschützung der Grenzen gegen die Avaner verurtheilt. Der jetzige König von Ava, Sohn des verstorbenen Miozza Pra bestieg den Thron seines Vaters im Jahr 1776. und obgleich er nur ein und zwanzig Jahr alt war, besaß er doch so viel Klugheit das er die Vortheile des Friedens

den

den Hofnungen vorzog, zu denen ihn sein bisheriges Glück berechtigte. Er nahm sich also vor die Früchte der Siege seines Vaters in Ruhe zu geniessen, welches er bisher auch gehalten hat, so daß gegenwärtig in seinen Staaten überall Friede herrscht.

Obgleich nun die Fürsten in diesen Ländern nicht den mindesten Begriff von der Pracht und der Verfeinerung der Sitten haben, welche man an Europäischen Höfen findet, so pflegen sie sich doch wie unsre Fürsten mit unzähligen Titeln zu schmücken. Unter diesen giebt es viele die äußerst lächerlich sind. Zum Exempel wie sich der Kaiser von China Tientu oder Sohn des Himmels nennt, führen diese Könige die Benennungen eines Königes der Könige, eines Freundes und Verwandten aller Götter des Himmels, eines Bruders der Sonne, und nahen Verwandten des Mondes und aller Sterne, und dergleichen Albernheiten, die eben sowohl ihre Unwissenheit als ihren thörichten Stolz an den Tag legen. 9)

Wenn

9) Hamilton der zu Anfange dieses Jahrhunderts in Indien war, bestätigt die abentheuerliche Titelsucht des Königs von Ava, und daß er sich außer den angeführten hochtönenden Beinamen, den König von dem weissen Elefanten, und der vier und zwanzig weissen Sonnenschirme nennt, weil keiner seiner Unterthanen einen von dieser Farbe führen darf. Diese vier und zwanzig Sonnenschirme welche in dem königl. Titel figuriren, waren noch dazu gewöhnliche in China verfertigte Schirme, und mit feinen weissen

Mus-

Wenn ein Fürst den Thron besteigt, nimmt er gleich einen andern prächtigen Namen an, so bedeutet Simingto, der goldne oder der gerechte Fürst. Man darf nicht vor ihnen erscheinen ohne bloße Füße und ein unbedecktes Haupt zu haben, auch kann man keine Audienz erhalten, ohne sich vorher mit einem Geschenke zu versehen zu haben; daher müssen sich selbst die Missionarien goldne Zierrathen, kleine Spiegel, wohlriechende Wasser oder dergleichen anschaffen, um vor dem Fürsten gelassen zu werden. Die Regierung ist vollkommen despotisch und alle Unterthanen sind Sklaven. Es darf auch keiner sich ohne Erlaubniß und Vorwissen des Königes aus dem Lande entfernen, und die Erlaubniß dazu zu erhalten hält sehr schwer. Demungeachtet ist in der Hauptstadt ein Rath den sie in ihrer Sprache Rondai nennen, und der alle Zwistigkeiten zwischen Privatpersonen schlichtet. Wenn einer einer Verrätherey, eines Mords oder andrer schwerer Verbrechen angeklagt wird, übergiebt der König die Sache einigen weisen Männern, welche ihm nach reiflicher Untersuchung Bericht davon erstatten; und

Musllnen (Betallas) von Coromandel überzogen. Eben dieser König von Ava ist es auch, der nach aufgehobener Tafel durch den Schall der Trompete allen Königen der Erde Erlaubniß giebt zu speisen, weil Sr. Majestät ihr Oberherr bereits Mittag gehalten. v. Hamiltons Account of the East Indies. V. s. p. 45. 46.

und alsdenn schreibt der König das Todesurtheil wenn der Beklagte diese Strafe verdient. Dieses Urtheil wird vollzogen indem man ihn entweder den Kopf abschlägt, ihn von den Elephanten zertreten, oder in einem Walde einschliessen läßt, bis die wilden Thiere ihn zerreissen. Die Achtung welche die Unterthanen für ihren König bezeigen ist so groß, daß sie nicht allein vor ihm auf die Erde niederfallen, sondern auch sogar vor allen Dingen die ihm angehören; so daß wenn einer zufälligerweise den Speisen begegnet die für den König bereitet werden, er sich hinwerfen und solchen seine Ehrerbietung bezeigen muß. 10) Und diese Speisen sind doch sehr schlecht und armselig, wie es die Wildheit des ganzen Landes mit sich bringt. Ihr ganzes Essen besteht gewöhnlich in gerösteten oder in Wasser gekochten Reiß und den jungen Sprossen einer gewissen Pflanze, mit einer Brühe die sie Prah nennen, und die aus verfaulten Fischen 11) mit Pfeffer und Salz vermischt zubereitet wird.

Die

10) Hamilton hat eben diese übertriebene Ehrfurcht bemerkt, daß wenn nur Wasser oder Früchte zum Gebrauch des Königs durch die Straßen getragen werden, jedermann, der als denn zugegen ist, auf die Knie fallen muß, bis die Träger vorüber gegangen. Hamilton. l. c. p. 46.

11) Hamilton mit dessen Beschreibung von Ava und Pegu unser Verf. sehr genau übereinstimmt, sagt diese Sauce werde aus getrockneten und zerstoßenen klei-

Die Peguaner sowohl als die Barmaner sind von mittler Größe, von starken Knochenbau, ziemlich angenehmer Gesichtsbildung, und den Europäern nicht unähnlich. Ihre Art sich zu kleiden ist mit der Sittsamkeit nicht leicht zu reimen, und die Missionarien hatten viele Mühe es dahin zu bringen, daß die Christen sich in diesem Stücke von der Sitte der Heiden unterscheiden, und mit der den Christen anständiger Bescheidenheit kleideten. Die Männer gehen von dem Gürtel aufwärts ganz nackend, um die Lenden aber tragen sie ein Stück baumwollen Zeug, und nur bey hohen Festen bedecken sie sich mit einem längern und weitern Tuche. Die Weiber haben überdem noch ein Tuch um die Schultern, welches ihnen hinten los auf dem Rücken hängt. Ihre Haare schmücken sie mit großer Kunst, indem sie solche in verschiedenen Reihen auf dem Kopfe zusammenwickeln, und eine Art von Piramide daraus bilden, die sie mit Bändern und Federbüschen zieren. Sie fügen noch andre bunte Zierrathen hinzu, und oben auf stecken sie kleine zierliche Hüte; daher glauben sie auch, daß es ein Zeichen der Eitelkeit sey, einen Hut zu tragen, wenn er auch noch so schlecht und grob ist. 12) Deshalb machten sich unsre

---

kleinen Seekrebsen mit langen Pfeffer und Salz vermischt verfertigt.

12) Wirklich sind auch Hüte, vorzüglich feine von Bleberbaaren verfertigt, das vorzüglichste welches diese Reiche von Europäischen Waaren brauchen.

se Missionarien um jeden Schein einer weltlichen Gesinnung zu meiden, ein Gesetz daraus nie einen Hut zu tragen, sondern sie bedecken den Kopf blos mit dem Mützgen welches die Geistlichen tragen. Ihre Kleidung ist dabey eine Jacke von blauem Tuch, welches das einzige ist so man hier bekommen kann. Diese Völker sind nichts weniger als dumm, da sie aber nicht gebildet sind, bleiben sie in einer bejammerswerthen Unwissenheit. In ihren eignen Geschäften sind sie sehr geschickt und erfinderisch: sie üben sich in Fechten, in schweren und künstlichen Tänzen, in Zähmung der Elephanten und Pferde, im Ringen, Laufen und allerley Fahrzeuge in den Flüssen zu regieren. Sie sind dabey auch weniger wild als viele andre Völker. Hauptsächlich aber haben sie eine große Achtung für die Priester einer jeden Religion, diese mag auch noch so verschieden von der ihrigen seyn. Die Talapoinen, ihre Priester, haben auch einigen Anstrich von Wissenschaften, wenn man anders diesem Namen einem Haufen abgeschmackter Meinungen und grober Irrthümer beylegen kann. Sie erhalten wie die indischen Braminen die alte Ursprache ihres Landes, welche Bali oder Pali genannt wird. In derselben sind alle ihre Religion und Gottesdienst angehende Bücher geschrieben, unter andern die Kirchen Agende der Talapoinen, Lammua genannt, auch ein anderes Werk Namens Padimot. Von beiden verwahrt man Handschriften

ten zu Rom in der Bibliothek der Propaganda.
Die Sitten sind aber unter diesen Völkern äußerst
verderbt, sie begehen die gröste Treulosigkeit und
Unredlichkeit ohne Gewissensbisse, und sind dabey
dem Diebstahl sehr ergeben, so daß die Mißionarien sich des Nachts nicht genug in acht zu nehmen wußten, um sich gegen die Missethäter in
Sicherheit zu setzen, die ihre Kirchen ausräumten
und ihnen ihre armseligen Zierrathen und Geräth-
schaften entwandten. Dieser Fehler ist den Pegua-
nern aber mehr als den Avanern eigen. Nur die
Trunkenheit ist ihnen unbekannt, und das blos
weil sie den Wein und starke Geträuke nicht kennen. Außer dem Ackerbau sind hier alle Künste
unbekannt, selbst diejenigen welche zu Erhaltung
des Lebens nothwendig sind. Höchstens findet man
einige Schmiede welche grobe Arbeit verfertigen,
einige Künstler die Götzenbilder ausarbeiten, und
Töpfer so töpferne Geschirre machen, welches weiter nichts als einige ungeschickte Tröge und Schüsseln sind, aus denen sie ihren Reis essen. Ihr
Hausrath ist daher auch äußerst schlecht und besteht blos aus einer Matte auf der sie schlafen,
einigen Töpfen in denen sie ihren Reis kochen,
und einem elenden Backtrog. Sie haben einigen
Begriff von der Arzneykunst, üben sie aber mit
so vielen abergläubischen Gebräuchen aus, und
verstehen im Grunde so wenig davon, daß den
Kranken selten dadurch geholfen wird. Daher
pfle-

pflegen die Mißionarien gewöhnlich jemanden bey sich zu haben, der etwas von der Chirurgie und Medizin versteht, wodurch sie die Leute an sich ziehen, und sie zur Annahme der christlichen Religion geneigt machen. Unter den Krankheiten welche hier die größten Verheerungen machen sind hauptsächlich die Kinderpocken, vor denen sie eine eben so große Furcht als wir in Europa vor der Pest haben.

Hier herrscht überall die thörichte Meinung von der Seelenwanderung, weswegen sie auch keine Thiere und hauptsächlich keine Hühner schlachten, aus Furcht die Seele irgend eines Menschen zu verscheuchen, die in diesen Thieren gewohnt habe. Sie nennen daher auch einen Europäer wenn sie ihn recht nachdrücklich schimpfen wollen einen Hühnermörder. Von diesem Glauben sind sie so sehr eingenommen, daß wenn sie ein Thier auf den Hinterbeinen stehen sehen, oder einen Papagayen sprechen hören, oder irgend eine Handlung vornehmen die nur auf die entfernteste Art einer menschlichen Handlung ähnlich sieht, sie sich so gleich einbilden, dieses Thier sey seiner Verwandlung zum Menschen sehr nahe. In einem Dorfe an dem Ava gab es auch ein Weib die für einen Papagayen eine so unvernünftige Liebe hatte, daß sie ausrief als er gestorben war, ach mein Sohn! mein Sohn ist hin! er ist nicht mehr! und ihn durch die Talapoinen welches ihre Priester

ster sind mit allen bey Begräbnissen üblichen Ceremonien zur Erde bestatten ließ.

Die Religion der Barmanen scheint einige Aehnlichkeit mit der Tibetanischen zu haben. Nur ist ihre Moral weniger anstößig, und in ihren Lehrsätzen findet man weniger Spitzfindigkeiten. Ich liefere hier eine kurze Nachricht davon, die ich aus ihren eignen Büchern zusammengetragen habe. Sie glauben, daß ehe diese Welt entstand unzählige andre vorher da waren, von denen jede eine bestimmte Anzahl Jahre dauerte, und daß eine jede sich immer aus der Asche und den Ueberbleibseln der lezten selber bildete. Sie glauben auch daß zu gleicher Zeit tausend Millionen Welten von eben der Einrichtung als die unsrige jede für sich bestehen, und daß sie in ihrer Entstehung und Vernichtung denselben Gesetzen unterworfen sind. Ferner, daß es unzählige andre ganz von dieser Erde verschiedene Welten gäbe. Eben so wie sie sich nun einbilden, daß schon zahllose Welten ihr Ziel erreicht haben, glauben sie auch daß eine so unendliche Menge Götter als der Sand am Meer gewesen sind. Sie behaupten ferner, daß einige Welten keinen Gott haben; einige haben einen, oder mehrere in der Folge der Zeiten, bis auf fünf. Sie lehren auch, daß auf unsrer Erde eben so viel Götter seyn werden, vier wären schon da gewesen, und einer sey noch zukünftig. Der lezte welcher erscheint heißt Godoma, und ihn verehehren sie jezt. Was von diesem erzählt wird will ich ganz kurz wiederholen. Nachdem Godoma durch unzählige Verwandlungen gegangen, sich in allen möglichen Thiergestalten gezeigt, und zu verschiedenen Zeiten alle Handwerke und jedes als eine besondre Person verrichtet hatte; nachdem er sich lange in der Hölle aufgehalten, und eben so lange in den Wohnungen der Seeligen verweilt war, ward er endlich in Indien vom Königlichem Stamme unter den Malabaren gebohren. Bey seiner Geburt erfolgten viele Wunder; unter andern soll er gleich nachdem er aus Mutterleibe gekommen, sieben Schritte gegangen seyn und gesagt haben, er wäre über alle Sterblichen erhaben. Ein alter Bramine hat auch seine zukünftige Größe geweissaget, und dergleichen Dinge mehr. Hierauf regierte er bis in das neun und zwanzigste Jahr seines Alters und hatte viele tausend Beyschläferinnen; nachdem er aber einen männlichen Erben von der Königin seiner Gemahlin bekommen hatte, dachte er in Gegenwart eines Priesters, eines alten Mannes, eines Kranken, und eines Todten ernstlich über die Vergänglichkeit aller irdischen Dinge nach, entfernte sich von der Welt, begab sich in einen Wald, nahm den geistlichen Stand an, und brachte dort sechs Jahre in der Einsamkeit und strenger Buße zu. Hierauf ward er zur Belohnung für seine Verdienste in dieser, und in allen andern Welten und unter allen Verwandlungen, unbeschreiblich durch die Erlangung der drey verschiedenen Grade der Weisheit beglückt, die er in drey verschiedenen Augenblicken der Nacht erhielt, und endlich zur Gottheit erhoben ward.

So bald er zu diesem Stande erhöhet ward, versammelte er eine Menge Jünger, die von ihm die Gabe Wunder zu thun erhielten, und beschäftigte sich immer seine Lehre zu predigen, von welcher die Barmaner sagen sie stimme in allen Stücken mit den Lehrsätzen der vorigen vier Götter überein. Er predigte in allen Ländern und in den höhern Gegenden, wo er Menschen fand die der Erlösung würdig waren. Er verrichtete dabey viele Wunder; so gieng er unter andern ohne die Erde zu berühren einher: er schloß sich mit allem Zubehör seines geistlichen Standes in ein Senfkorn ein, ohne daß dieses sich ausdehnte, oder sein Körper zusammenschrumpfte. Sie sagen ferner, er befreiete hierauf mit Zulassung des Niban, eine gewisse bestimmte Anzahl Menschen von den Seelenwandrungen (dies wird auch von allen andern Göttern behauptet) und diese Anzahl ist so groß, daß vielleicht in der ganzen Welt nicht so viele Menschen existiren. Godoma lebte bis in sein achtzigstes Jahr, worauf er dem allgemeinen Naturgesetze zufolge, vermöge dessen alle Menschen gebohren werden, leiden, alt werden und sterben müssen (wovon sich jedoch die Götter wenn sie

sie wollen freysprechen können) an einer Colick sein Leben einbüßte; welche ihm als eine Strafe für einen während seinen Wandrungen begangenen Fehler auferlegt wurde. Vor seinem Tode befahl er den Seinigen sein Ebenbild zu machen, und solches anzubeten, indem er ihnen davon alle Vortheile versprach die seine wirkliche Gegenwart ihnen verschaffen könnte. Er hinterließ das Gesetz als eine Arzeney die selbst in der Abwesenheit des Arztes ihre Würkung thut. Im Tode erreichte er ihrer Meinung nach, den höchsten Grad der Herrlichkeit den sie Niban nennen, und der in einer gänzlichen Abwesenheit des Geistes (in una total annihilazione dello Spirito) besteht. Nichts ist jetzt von ihm mehr übrig als seine Reliquien, die sie noch in ihren Pagoden aufzubewahren vorgeben.

Obgleich ihre Zeitrechnung nur einen Raum von 1131. Jahren in sich faßt, zählen sie doch seit dem Absterben Godomas 2313 Jahr. Nach dem Tode des Lehrers fiengen einige seiner Schüler an in verschiedenen Orten zu predigen, und versammelten sich nach diesem dreymal zu drey besondern Zeiten. Die Absicht dieser Zusammenkünfte war, die Predigten und die Lehre ihres Gottes, die sie auswendig gelernt hatten mit einander zu vergleichen und zu wiederholen. Endlich 480 Jahr nach Godomas Tode faßten seine Jünger die sich auf ihr Gedächtniß nicht mehr

ver-

verlaſſen konnten, ſeine Lehren in der Inſel Cei=
lon, unter der Regierung eines gewiſſen Königes
Namens Doctaçamani ſchriftlich ab. Sie mach=
ten nachher zu beſſerem Verſtändniß derſelben ei=
nen weitläuftigen Commentar darüber, und brach=
ten wieder dieſen zu Erleichterung des Gedächtniſ=
ſes in ein kurzes Compendium. Nun kam etwa
ums Jahr 606 von Godomas Zeitrechnung an,
ein Bramine Namens Buddagaſa von Satton ei=
ner Stadt in Martaban, 13) wo vormals ein
König Namens Malamana regierte, nach der In=
ſel Ceilon. Dieſer kopirte und überſezte die Bü=
cher die Godomas Lehre enthielten, und brachte
ſie nach der oben erwähnten Stadt. In dieſen
Zeiten war die Stadt Ava noch nicht erbauet;
aber in Pagan 40 Meilen gegen Weſten von Ava
herrſchte ein König der Norata hieß, und der als
er die geſagten Bücher nicht durch Bitten von
dem

---

13) Martaban war ſonſt ein berühmter Handelsort in
Pegu, und im ſechszehnten Jahrhundert der wichtig=
ſte dieſes Reichs, woher vorzüglich viel Gummi Lac
geholt ward. Er liegt oſtwärts von Siriam an ei=
nen Meerbuſen in dem ſich der Fluß Pegu ergießt.
Seitdem die Barmaner Pegu beherrſchen, hat der
Handel bisher aufgehört, und Martaban wird nur
von kleinen Fahrzeugen beſucht, weil die Barmaner
bey ihrem Einfalle den Hafen durch verſenkte Schiffe
unbrauchbar machten. Es kann ſeyn, daß vor An=
kunft der Europäer hier ein beſonderes Königreich
geweſen. Von der Stadt Satton aber findet ſich
weder in alten noch neuen Charten eine Spur.

dem Könige von Satton erhalten konnte, ihm solche mit Gewalt wegnahm, und so kamen sie in diese Gegenden: und die Braminen geben vor, dieses wären diejenigen die sie ihre Schrift nennen, und die den ganzen Grund ihrer Religion enthalten.

Dieses sind alle Nachrichten die ich nach den sorgfältigsten Nachforschungen von den heiligen Büchern dieser Nation habe bekommen können. Jezt will ich noch einige allgemeine Begriffe von ihren Meinungen in Absicht auf die Gottheit zu geben suchen. Man findet unter ihnen keine Spur von der innern Lehre die viele Heiden in dieser Gegend von Indien haben. Sie glauben mehrere Götter, aber einen nach dem andern, so daß nie zwey zusammen bestehen. Sobald ein Gott stirbt, hört er sogleich auf zu seyn, und nur seine Reliquien bleiben noch eine gewisse Zeit vorhanden. Viele Jahre verfliessen nachher ehe ein andrer erscheint. Dieser gelangt blos durch sein eignes Verdienst in allen Verwandlungen in unzähligen Welten zum Götterstande, dieser Stand verändert nicht die Natur des Menschen: er besteht blos in einer vollkommenen Ruhe aller Leidenschaften, und einer unendlich über alle menschliche erhabenen Weisheit; übrigens bleibt er wie alle andere Menschen allen menschlichen Zufällen unterworfen. Sie geben zu daß Gott der Inbegriff aller Vollkommenheiten sey: und doch sprechen sie ihm die

Ewig-

Ewigkeit ab, und geben ihm einen Anfang und ein Ende: sie nehmen ihm auch die Gerechtigkeit, indem es ihnen der Gottheit unanständig vorkommt, die Gottlosen zu bestrafen. So benehmen sie ihm auch die Allmacht und Vorsehung, indem sie ihn den Gesetzen der Natur unterwerfen, und behaupten, daß er mit der Regierung der Welt nichts zu thun habe. Sie glauben blos daß ein jeder Gott eine gewisse Zeit existire und Gewalt habe, und daß nach Verlauf derselben weder seine Gesetze noch seine Erlösung ferner gültig seyn. Uebrigens sprechen sie von ihrem Gott in den prächtigsten Ausdrücken, und mit der größten Ehrfurcht. Sie verbergen alles was ihm unanständig seyn könnte, und verblenden sich doch in dem Hauptpunkt, indem sie ihm die Eigenschaften abstreiten die doch zum Wesentlichen der Gottheit gehören.

Eben so viel haben sie auch von dem Ursprung der Seele zu sagen. Sie behaupten daß von daß Gott allein solchen wissen könne. In den Veränderungen der Welt, sagen sie, wären die Seelen aus den höheren Regionen gekommen, wo sie schon vor den bereits vergangenen Welten existirten. Sie nehmen also eine Kette von Seelenwanderungen an, von der außer Gott keiner den Anfang weis. Sie glauben daß die Seelen bey ihrer ersten Erscheinung einen leuchtenden Körper hatten, und daß sie durch das Essen der irdischen

Früch-

Früchte ihren Glanz verloren. Von der Zeit an wurden ihre Leidenschaften rege; und die Geschlechter verschieden. Sie behaupten ferner daß die Thiere eben so wohl als die Menschen Seelen von vernünftiger und geistiger Natur haben, und daß die Thiere mehrentheils blos zur Strafe für vergangene Fehler des Gebrauchs ihrer Vernunft beraubt sind; demungeachtet glauben sie, daß solche weder guter noch böser Handlungen fähig seyn können. Von den Menschen hingegen sind sie überzeugt, daß die bösen entweder an Orte der Strafe kommen, oder Thiere werden; und daß die Guten entweder wieder Menschen werden, oder in die höhern Gegenden der Freude gelangen. Sie nehmen ein und dreißig verschiedene Orte an, in denen die Seelen entweder den Lohn des Guten oder die Strafe eines bösen Wandels erfahren. Demungeachtet giebt es keine ewigen Belohnungen oder Strafen. Nur der Zustand des Niban; welcher wie schon gesagt in einer völligen Annihilation aller Dinge besteht ist keinem Wechsel unterworfen. Alles geschicht demnach von selbst, und es giebt in der Vertheilung des Guten und Bösen keinen andern Richter und kein ander Maas, als blos die guten und bösen Handlungen eines jeden. Sie glauben auch, daß diese beiden entgegengesezten Eigenschaften sehr wohl zu gleicher Zeit in einer Person bestehen können, und daß solche vereiniget in alle Wanderungen mit

über-

übergehen. Daher glauben sie, daß blos die guten oder bösen Handlungen eines jeden, in dem gegenwärtigen, oder dem vergangenen Leben sein künftiges Schicksal bestimmen, und hieraus erklären sie das Glück oder Unglück aller Menschen. In Absicht auf den Ursprung der Dinge sind sie in großer Verlegenheit. Sie denken daß dieses ebenfalls allen Wesen außer Gott unergründlich sey. Von der Entstehung einer Welt steigen sie zur Zernichtung einer andern hinauf, und von dieser wieder zu einer andern, und so fort bis ins Unendliche, wobey sie behaupten es wäre unmöglich bis auf die erste zurückzugehen. Indem sie von der Welt sprechen, bedienen sie sich folgender Ausdrücke. Wenn die Zeit kommt daß eine Welt aufhören soll, so hört sie auf; und wenn der Zeitpunkt ihrer Erneuerung da ist, so erneuert sie sich. Bey ihren Ende wird sie entweder von der vereinigten Hitze verschiedener Sonnen die auf einmal erscheinen, verzehrt; oder vom Wasser überschwemmt, oder von den Winden zerstört. Am Ende der Welt bleibt nichts übrig als der Raum und der Himmel. Endlich bildet sich an statt der Erde durch ungeheure Regenfluthen eine übermäßige Wassermasse. Diese wird einigermaßen durch die Gewalt des Windes ausgetrocknet, und aus dem Satze und den unreinen Theilen die von dem ausgetrockneten Wasser zurückbleiben entsteht die Erde. Dieser Erde geben sie eine Größe

von

von zweyhundert und vierzigtausend Graden, von denen jeder sechs und eine halbe Meile enthält. Sie glauben daß diese Erde von einer Masse Wasser von doppelter Tiefe als dieselbe unterstützt wird, und diese wieder von einer Windmasse von doppelter Tiefe. Die Oberfläche der Erde halten sie für ganz eben, und in vier große Inseln von verschiedener Gestalt und nach den vier Hauptwinden belegen, abgetheilt. Diese sind durch vier unwegsame Meere von einander getrennt. Ferner glauben sie, daß sich in der Mitte dieser Inseln ein hoher Berg befinde, der von sieben Meeren und sieben kleineren Bergen umgeben ist, und daß alle die vier großen Inseln wieder von 2000 kleinen umringt sind. Die Sonne, der Mond und die Sterne, welche wie sie sagen von selbst entstanden, als die Körper der ersten Menschen ihren Glanz verloren, bewegen sich in verschiedenen Richtungen, um den vorerwähnten Berg, und daher sagen sie, entstehen die Abwechselungen von Tag und Nacht. Von dem Ursprung der ersten Pflanzen und Thiere haben sie gar keinen Begriff, und wenn man sie darüber befrägt antworten sie entweder, es gezieme sich nicht alles zu wissen, oder alles sey von selbst entstanden, und bestehe bis zu dieser Stunde durch sich selbst, ohne die Hülfe oder Regierung irgend eines Wesens. Der geringe Grad der Aufmerksamkeit mit dem sie alle Gegenstände

der

der Natur betrachten, führt sie zu diesem abgeschmackten Systeme. Dennoch schien ihnen das was wir ihnen von der Beschaffenheit der Erde und andrer Dinge sagten, sehr zu gefallen. Nur der Umstand von den Antipoden kam ihnen sehr sonderbar vor.

Was ihre Moral anbetrift, so nehmen sie fünf Hauptgesetze in derselben an. Nemlich nicht zu stehlen, nicht zu lügen, nicht die Ehe zu brechen oder andre ungeziemende Handlungen zu thun, keinen Wein zu trinken, und keine Thiere zu tödten. Sie kennen übrigens alle Gesetze der Redlichkeit und Gerechtigkeit, beobachten solche aber eben so wenig als die fünf oben erwähnten Haupttugenden. Sie gestehen, daß es eine abscheuliche Sache sey, den Teufel zu dienen, demungeachtet beten sie ihn öffentlich an, und bringen ihm in Krankheiten mehr Opfer als ihren Gott. Der Diebstahl wird mit dem Tode bestraft und ist daher selten. Der Wucher wird zwar bey ihnen für ein schändliches Laster gehalten, dennoch aber ist er hier sehr gewöhnlich. Der Ehebruch wird gewöhnlich mit einer Geldbusse bestraft, und ist nicht sehr häufig. In den großen Städten giebt es bestimmte Orte für die öffentlichen Weiber; demungeachtet hält man es für unanständig sie zu besuchen. Unter den Reichen ist auch die Vielweiberey eingeführt, sie sehen aber nichts destoweniger die Unschicklichkeit

der-

derselben ein. Je strenger der Gebrauch des Weins außer zur Arzney verboten ist, desto stärker gelüstet ihnen nach demselben. Die Fischerey und Jagd halten sie für entehrende Beschäftigungen, obgleich sie von unzähligen getrieben werden. Aeußerlich sind sie sehr gewissenhaft Thiere zu tödten, und dies ist das einzige was ihnen in unsrer Religion anstößig ist, dennoch ist es bekannt, daß Niemand in seinem Hause dieses Gesetz beobachtet. Obgleich ihr Wohlwollen und ihre Freigebigkeit gegen einander sehr eingeschränkt sind, so geben sie ihren Priestern doch reichliche Allmosen, in der Hofnung den Lohn dafür zu erlangen, welche diese beständig denen die häufig Allmosen geben verheissen. Sie setzen sich bey allen Gelegenheiten in große Unkosten, um in ihren Pagoden große Feste zu geben, oder die Talapoinen reichlich zu beschenken. Von ihrem Königen werden sie wie Sklaven behandelt, demungeachtet begegnen sie ihnen mit der änßersten Ehrfurcht und Unterwürfigkeit. Eben dieselbe Ehrfurcht bezeigen sie auch den geringern Geistlichen, vor denen sie sich auf dieselbe Art als vor ihren Göttern verbeugen. Diese suchen sich wieder durch ein gesetztes Aeusseres eine strenge Lebensart und andre feine Künste in ihrer Achtung zu erhalten. Sie haben unzählige kleine Vorschriften, die sie mit der grösten Sorgfalt geheim halten, und zuweilen gestehen sie denn ganz aufrichrichtig, es wäre unmöglich solche alle genau zu beobachten. Mir ist es gelungen eine Abschrift davon zu bekommen, und ein andermal werde ich, wie auch von allen andern Punkten die Talapoinen betreffend, genaue Nachricht geben.

Doch vielleicht bin ich schon zu weitschweifig gewesen. So viel kann ich aber doch versichern, daß meine Nachrichten nicht aus unzuverläßigen Mährchen des Pöbels zusammen getragen sind, denn ich besitze von allen authentische Beweise, die ich mit großer Mühe von den Talapoinen erhalten habe.

www.ingramcontent.com/pod-product-compliance
Lightning Source LLC
Chambersburg PA
CBHW030746250426
43672CB00028B/1100